CHRISTIAN
NORBERG-SCHULZ

W0073664

BAROCK

DEUTSCHE VERLAGS-ANSTALT

STUTTGART

Aus dem Italienischen übertragen von Hertha Balling
Grafik: Arturo Anzani
Umschlaggestaltung: Hans Peter Willberg, Eppstein

In diesem Buch haben wir nur einige Aspekte des Gesamtkomplexes der Barockarchitektur behandelt. Eine volle ikonographische Interpretation war bei der beschränkten Seitenzahl nicht möglich. Die angewandte Methode konzentriert die Aufmerksamkeit auf die Analyse räumlicher Strukturen, das Verständnis des Raumes, als eine der grundlegenden Existenzdimensionen des Menschen. In dieser Richtung haben wir sowohl die allgemeinen Absichten als auch die regionalen Verschiedenheiten der Barockarchitektur erläutert und ihre Wurzeln im Cinquecento erklärt. Das Buch bespricht die zwei der drei letzten Jahrzehnte des 16. und das 17. Jh. Da Bauten und Bautypen nicht isoliert von einem umfassenden Kontext verstanden werden können, ist der städtische Raum in die Exposition miteinbezogen worden. In der Barockarchitektur sind die Einzelelemente in hohem Maße bestimmt durch das »System«, von dem sie ein Teil sind.

Der Autor dankt allen, die ihm Anregung und Hilfe während seiner Arbeit gegeben haben, besonders den Herren: Prof. Hans Sedlmayr, Prof. Paolo Portoghesi, Prof. Werner Hager, Prof. Rudolf Wittkower, Prof. Staale Sinding-Larsen, Prof. Giulio Carlo Argan und Prof. Ferdinand Schuster. Er dankt auch Herrn Dr. Carlo Pirovano, der die Herstellung dieses Bandes betreut hat, und allen, die die biographischen und bibliographischen Informationen zusammengestellt haben. Besonderer Dank gebührt Frau Marcia Berg für die Korrektur und das Schreiben des Manuskriptes.

CIP-Kurztitelaufnahme der Deutschen Bibliothek

Weltgeschichte der Architektur. – Stuttgart:
Deutsche Verlags-Anstalt
Einheitssacht.: Storia universale dell'architettura (dt.)
NE: EST

Barock/Christian Norberg-Schulz.
[Aus d. Ital. übertr. von Hertha Balling]. – 1985.
Orig.-Ausg. u. d. T.: Norberg-Schulz, Christian:
Architettura barocca
ISBN 3-421-02830-3
NE: Norberg-Schulz, Christian [Mitverf.]

Der Barock und seine Bauten

Das 17. Jh. wurde durch eine bis dahin nicht gekannte Vielfalt charakterisiert. Der einheitliche und hierarchisch geordnete Kosmos des Mittelalters hatte sich während der Renaissance aufgelöst und ein neues Element, die Wahl, war in das Leben der Menschen getreten. »In dem religiösen System des Mittelalters, wie es sich in der Scholastik herauskristallisierte, hatte jede Phase der Realität ihren festen Platz. Und dieser Platz war gleichzeitig eine vollständige Wertbestimmung, die auf seiner größeren oder kleineren Entfernung von der Causa prima (Gott) basierte. Es gab keinen Raum für Zweifel, und in allem Denken wußte man sich in dieser unverletzlichen Ordnung geborgen, die das Denken nicht zu schaffen, sondern nur anzunehmen hatte.[1]« Mit dem Aufkommen des Humanismus jedoch kam auch die Frage des freien Willens des Menschen auf und erhielt in Florenz ihre soziale und politische Untermauerung. In seiner Grabrede für Nanni Strozzi (1428) sagte Leonardo Bruni: »Alle haben die gleiche Freiheit – die Hoffnung auf ein hohes Amt und auf Aufstieg ist für alle gleich.« Das absolute System des Mittelalters wurde so durch ein aktives politisches Leben ersetzt, das eine neue Basis in den Studia humanitatis fand.

Die Vorstellung des geordneten Universums wurde jedoch von der Renaissance nicht aufgegeben. Vielmehr erhielt sie eine neue Interpretation, die auf Geometrie und musikalischer Harmonie beruhte, wobei eine Wertskala eingeführt wurde, die jedem Ding seinen Platz anwies, entsprechend seiner »Perfektion«.[2] Innerhalb dieses Rahmens hatte der Mensch die Freiheit der Wahl, so wie es Pico della Mirandola in seinem berühmten Ausspruch über die Schöpfung formulierte.[3]

Aber der Renaissancegedanke von Freiheit innerhalb eines harmonischen und sinnvollen Universums dauerte nicht lange. Erasmus und Luther verkörperten den Zweifel an der Freiheit und »Würde des Menschen«, und Kopernikus (1545) rückte die Erde aus dem Zentrum des Universums.[4] Die politische Grundlage der florentinischen Kultur brach zusammen, und die Trennung von der Kirche bestätigte den Zerfall der einheitlichen und absoluten Welt. Während des 16. Jhs. wurde die neue Mannigfaltigkeit als ein erschreckender Riß erfahren, der dem Menschen ein Gefühl des Zweifels und der Fremdheit gab.

Gegen Ende des 16. Jhs. wechselte die Haltung. Der Fall von Descartes ist besonders kennzeichnend. Nachdem er gefunden hatte, daß alles bezweifelt werden kann, schloß er daraus, daß sein eigener Zweifel, ein *Gedanke*, die einzige Gewißheit darstellte![5] Auf der Grundlage dieser Gewißheit konstruiert Descartes weiter ein umfassendes System von »Fakten«.[6] Der allgemeine Geist des 17. Jhs. besaß jedoch selten diese Originalität. Der Mensch suchte lieber Sicherheit durch eine Wahl zwischen den gängigen Alternativen seiner Zeit. Der neue Stand der Dinge wurde darum nicht weniger akzeptiert, und die alte einheitliche Welt war für immer dahin. Das bedeutet aber nicht, daß die Konflikte vorüber waren, da der Zerfall der alten Welt seinen Höhepunkt gleichzeitig mit dem Dreißigjährigen Krieg erreichte, der einen großen Teil Mitteleuropas während der ersten Hälfte des 17. Jhs. lähmte. Aber niemand glaubte mehr an eine Wiederherstellung der alten Ordnung. Der Mensch begann in die Zukunft zu schauen. Man kann daher die neue Welt des 17. Jhs. »pluralistisch« nennen, insofern sie dem Menschen eine Wahl anbot zwischen verschiedenen Alternativen, sei es Religion, Philosophie, Wirtschaft oder Politik. All diese Alternativen wurden charakterisiert durch das Ziel, das wir in Descartes' Denken gefunden haben: zu einem vollständigen und sicheren System zu gelangen, das a priori auf Axiomen oder Dogmen beruhte. Der Mensch wollte absolute Sicherheit, und die konnte er finden in der Tradition der wiederhergestellten Römischen Kirche, in einer der Schulen der Reformation, die alle auf dem Glauben an die absolute Wahrheit des biblischen Wortes beruhten, in den großen philosophischen Systemen von Descartes, Hobbes, Spinoza oder Leibniz oder in dem absoluten Königtum »von Gottes Gnaden«. Diese Haltung war höchst natürlich; in der Tat repräsentierte sie verschiedene, aber analoge Versuche, einen Ersatz für die verlorene Weltordnung aufzubauen. Trotz des neuen Pluralismus dürfen wir daher das 17. Jh. als eine einheitliche Epoche betrachten: das Barockzeitalter. Indem wir das tun, erwecken wir weder einen mystischen »Zeitgeist«, noch beziehen wir uns auf bloße »stilistische« Ähnlichkeiten. Wir haben vielmehr die menschliche Grundhaltung im Sinn, den »Esprit de système«, um den Ausdruck D'Alemberts zu gebrauchen.[7]

Durch die Freiheit der Wahl erweiterte der Mensch die Möglichkeiten, sein eigenes Leben aufzubauen, in ungeheuerlicher Weise, wenigstens in der Theorie. In Wirklichkeit wurde seine Wahl durch seine unmittelbare Lage begrenzt. Mit anderen Worten: All diese Alternativen waren nicht überall verfügbar, sondern auf bestimmte geographische Gebiete begrenzt, deren allgemeine Aufteilung nach dem Dreißigjährigen Krieg geregelt wurde.[8] Das 17. Jh. erlebte daher Wanderungen von Menschengruppen, wie die Vertreibung der Hugenotten aus Frankreich (1685). Wenn die Systeme auch mit bestimmten »Gebieten« verbunden waren, so waren sie doch in gewissem Sinne »offen«. Sie waren keine alleinstehenden Gemeinschaften; ihre Ausbreitung war wesentlich, und ein dynamischer, zentrifugaler Charakter wurde allgemein.

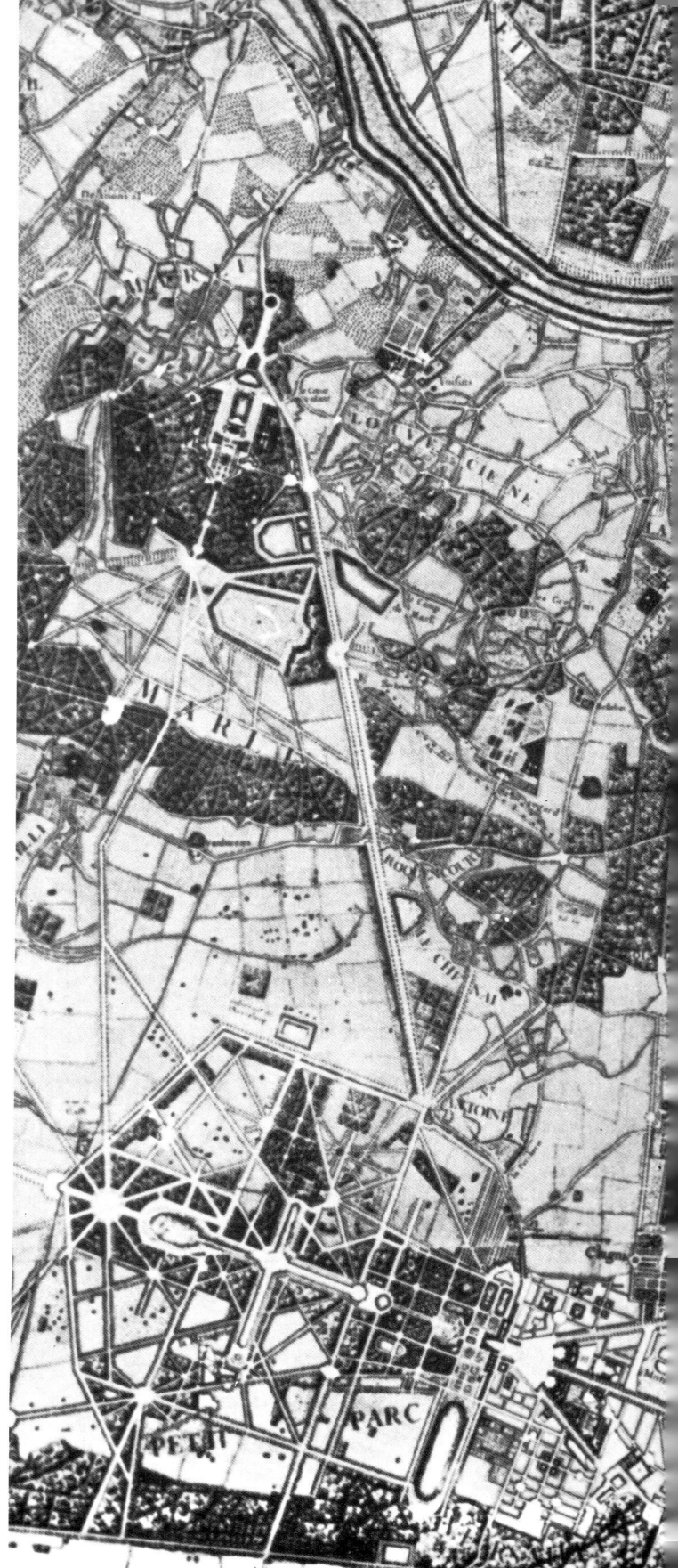

Ausbreitung wird jedoch nur sinnvoll und wirksam in Verbindung mit einem Zentrum, das die grundlegenden Axiome und Eigentümlichkeiten des Systems vertritt. Die religiösen, wissenschaftlichen, wirtschaftlichen und politischen Zentren waren Brennpunkte, von denen Kräfte ausstrahlten, die, vom Zentrum her gesehen, auf keinerlei räumliche Grenzen stießen.

So hatten die Systeme des 17. Jhs. einen offenen und dynamischen Charakter. Von einem festen Punkt ausgehend, konnten sie ins Unendliche ausstrahlen. Diese neue Beziehung zu dem Unendlichen erscheint zuerst in den Schriften von Giordano Bruno, der sagt: »Unendlicher Raum hat unendliche Möglichkeiten, und in dieser unendlichen Möglichkeit können wir einen unendlichen Akt der Existenz preisen.« Dann fährt er fort und stellt sich eine Pluralität von Welten vor: »So gibt es unzählige Sonnen, mit zahllosen Planeten, die ebenfalls um diese Sonnen kreisen[9]...« In dieser unendlichen Welt sind Bewegung und Kraft von ausschlaggebender Bedeutung. Verwandte Gedanken finden wir hundert Jahre später in der Philosophie von Leibniz. Auch in der rationaleren und einfacheren Welt von Descartes finden wir den Gedanken, daß räumliche Ausdehnung die Grundeigenheit aller Dinge ist und daß ihre Unterschiede auf verschiedenen Bewegungen beruhen. Geometrie ist daher das geeignete Werkzeug für das Verständnis der Welt. Das von geometrischen Gesetzen geordnete Universum der Renaissance war geschlossen und statisch. Das Denken des Barockzeitalters brach es auf und machte es dynamisch.

Wir verstehen so, daß die zwei anscheinend widersprüchlichen Aspekte des Barock-Phänomens, Systematismus und Dynamismus, ein bedeutungsvolles Ganzes bilden. Die Notwendigkeit, zu einem absoluten und integrierten, aber offenen und dynamischen System zu gehören, war die Grundhaltung des Barockzeitalters. Sie wurde verstärkt durch die charakteristischen Leistungen der Epoche: Forschungsreisen (die eine immer weitere und komplexere Welt eröffneten), Kolonisierung (die die sozialen und kulturellen Grenzen des europäischen Pluralismus weitersteckte) und wissenschaftliche Forschung (die empirische Studien und Forschung an die Stelle der traditionellen Idee von Harmonie und Graden der Perfektion setzte).[10] Ein notwendiges Korrelat zu dieser allgemeinen Expansion war eine wachsende Spezialisierung der menschlichen Tätigkeiten. Jede Disziplin, jede Tätigkeit wurde gezwungen, ihr eigenes Gebiet zu definieren. In unserem Kontext ist es wichtig, diesen Riß in der Einheit von Kunst und Wissenschaft aufzuzeigen, die die Basis für den Uomo universale der Renaissance gebildet hatte. Der Künstler wagte nicht länger, Philosoph oder Wissenschaftler zu sein, und in Folge davon verlor

die Kunsttheorie im 17. Jh. viel von ihrem Impetus. In der Tat, wenn wir die Absichten der Barockarchitekten verstehen wollen, müssen wir von den Abhandlungen in den vorhergehenden oder nachfolgenden Jahrhunderten ausgehen.[11] Lieber als das Ideal des »Universalmenschen« zu verfolgen, wies die Barockzeit dem Individuum daher einen festen Platz in der sozialen Hierarchie an. Bis zu einem gewissen Grad konnte er wählen, welches System ihm das liebste war, aber kaum seinen Platz im System. Im Grunde genommen hat keine andere Epoche je in diesem Ausmaß versucht, ihre Lebensform sichtbar oder greifbar zu machen. Überzeugung war das Grundmittel, das alle Systeme benutzten, um ihre Alternativen zum Tragen zu bringen. Wissenschaft und Philosophie sollten gewiß eher aufzeigen als überzeugen, aber selbst Descartes benutzt eine »gemeine« Sprache, und er beginnt seinen »Discours de la méthode« mit einem Bericht über sein eigenes Leben, um eine Saite der Sympathie in seinem Leser anzuschlagen. In der Tat »war es das letzte Ziel Descartes', die Menschen davon zu überzeugen, daß für ihre Aufgabe, die Welt zu rekonstruieren, eine Methode, seine Methode, allein wirksam war. Das heißt, daß seine Methode hauptsächlich ein Instrument für Aktion war[12].« Indem die Religion im Prinzip der Wissenschaft überließ, was man demonstrieren konnte, wurde sie abhängiger von Überzeugung als je zuvor. Dieses hatte schon Ignatius von Loyola erkannt und seinen »Geistlichen Übungen« zugrunde gelegt, die er zuerst in schlichtem Spanisch schrieb und die darauf abzielen, Christus durch Mittel der Einbildungskraft und der Einfühlung nachzuahmen. Später begann die Römische Kirche den sichtbaren Bildern eine besondere Bedeutung als Mittel zur Überzeugung beizulegen. »Und die Bischöfe sollen sorgfältig dies lehren: daß durch die Geschichte von den Mysterien unserer Erlösung, wie sie Gemälde und andere Darstellungen bieten, die Leute belehrt und bestärkt werden in der Gewohnheit, sich an die Glaubensartikel zu erinnern und sie ständig im Sinne zu haben[13]...« Aber selbst die protestantischen Kirchen versuchten durch Predigt in der Volkssprache und sakrale Musik zu überzeugen.[14] Die absoluten Monarchien schließlich benutzten große Feste und Feiern, um die Herrschaft des Systems sichtbar zu machen.

Überzeugung hat Teilnahme als Ziel. Solch eine Teilnahme setzt jedoch Einbildungskraft voraus, eine Fähigkeit, die durch die Mittel der Kunst geübt wird. Kunst war daher in der Barockzeit von wesentlicher Bedeutung. Ihre Bilder waren Kommunikationsmittel, eine mehr direkte als logische Demonstration und darüber hinaus dem Analphabeten verständlich. Die Kunst des Barock konzentriert sich daher auf lebhafte Situationsschilderungen, ob real oder surreal, lieber als auf «Historie» und absolute Form. Das allgemeine Ziel war, zu einem Lebensweg in Übereinstimmung mit dem System anzuregen. Kunst wurde dadurch zu einer offiziellen Angelegenheit und in den »Akademien« institutionalisiert.[15]

Die Bauaufgaben des Barock

Um die menschliche Grundhaltung und die Lebensform der Barockzeit zu beschreiben, haben wir Formulierungen gebraucht wie »System«, »Zentralisierung«, »Ausdehnung« und »Bewegung«. Alle diese Ausdrücke können wir ebensogut auf die Beschreibung der Barockarchitektur anwenden. Werfen wir einen Blick auf die Karte von Paris und Umgebung von 1740 (Abb. 1), so finden wir, daß die ganze Landschaft in ein Netzwerk von Zentralsystemen verwandelt worden ist, die in ideeller Hinsicht eine unbegrenzte Ausdehnung haben. Die meisten davon stammen aus dem 17. Jh. In einem noch weiteren Zusammenhang bildete Paris das Zentrum eines analogen Systems, das ganz Frankreich umspannte. Und wenn wir die gleiche Karte mit einem Vergrößerungsglas betrachten, erkennen wir, daß die einzelnen Elemente, die Bauten, nach dem gleichen Muster organisiert sind. Es gibt in der Tat kaum eine historische Epoche, die so sehr die Übereinstimmung zwischen Lebensform und architektonischer Umgebung sichtbar werden läßt. Diese Übereinstimmung ist leicht zu verstehen, wenn wir uns daran erinnern, daß man glaubte, eine geometrisch geordnete Ausdehnung sei die Grundeigenheit der Welt. Auf diese Ausdehnung wird stets als «Zentrum des Sinnes» Bezug genommen.

Auch die Renaissance-Architektur legte den auf ein Zentrum ausgerichteten Organisationsmustern große Bedeutung bei, sowohl in den Bauten als in den Plänen für die »Idealstädte«. Zentralisierung in der Renaissance hat jedoch einen statischen und umschlossenen Charakter. Die Systeme greifen niemals über klar bestimmte Grenzen hinaus, und die Elemente bleiben isoliert in der Landschaft. Sie haben auch eine ausgesprochene Individualität. Die Elemente von Barocksystemen jedoch beeinflussen einander und ordnen sich einem beherrschenden Brennpunkt unter. Während des 16. Jhs. wurde die statische Harmonie des Renaissanceraums zerbrochen, und ein starkes Interesse an Bewegung und Kontrasten kam auf, ebenso ein neues Verhältnis zwischen Innen- und Außenraum.[16]

Wenn auch viele grundlegende formale Strukturen der Barockarchitektur im 16. Jh. entwickelt wurden, so kam die manieristische Architektur dennoch zu keiner echten Typologie.[17] Charakteristisch für jenes Jahrhundert war vielmehr ein ständiges Experi-

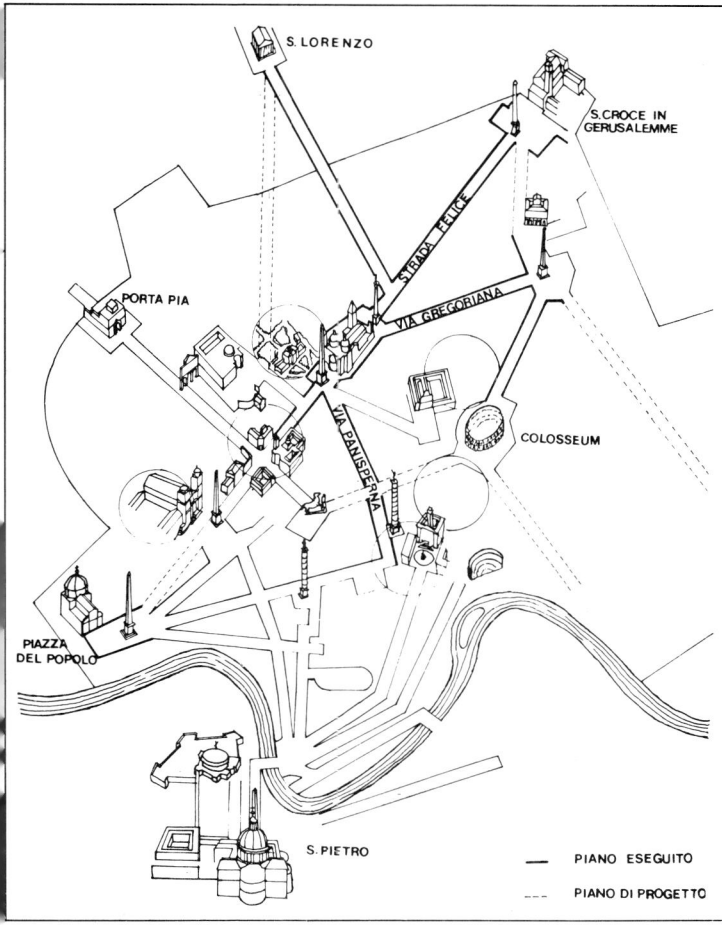

mentieren, das den allgemeinen Zweifel des Menschen und die Unsicherheit der Zeit widerspiegelte.

Gegen Ende des 16. Jhs. brach jedoch ein ausgesprochenes Bedürfnis nach Systematisierung durch. Es begann in Rom und zeigte an, daß die Restauration der Katholischen Kirche vollendet war. Dieses Bedürfnis hatte also eine religiöse Basis, und sein Ziel war, Rom als beherrschenden Mittelpunkt der katholischen Welt darzustellen. Es war daher nur natürlich, daß der »Wendepunkt« ein Werk des Städtebaus war. 1585 gab Papst Sixtus V. einen grandiosen Plan für die städtebauliche Umwandlung Roms bekannt[18] (Abb. 2). Die Grundgedanken des Plans mußten schon entwickelt worden sein, ehe Felice Peretti, Kardinal Montalto, 1585 als Sixtus V. den Päpstlichen Stuhl bestieg. Er befahl sofort seinem leitenden Architekten Domenico Fontana, mit der Arbeit zu beginnen, und 1586 war die erste große neue Straße, die Via Felice (heute Via Sistina), vollendet. Der Plan zielte darauf ab, die wichtigsten religiösen Brennpunkte der Stadt durch breite gerade Straßen miteinander zu verbinden.[19]

Sixtus V. integrierte in seinen Plan auch die Fragmente regulärer Renaissanceplanungen seiner Vorgänger, insbesondere den Dreizack der Piazza del Popolo, von der drei Straßen ausstrahlen, um das Haupttor der Stadt mit verschiedenen städtischen Bezirken zu verbinden.[20] Die neuen Straßen, die Sixtus V. plante, gliederten auch die weiten verlassenen Gebiete zwischen der mittelalterlichen Stadt und der Aurelianischen Mauer. So gab sein Plan der Stadt einen neuen Zusammenhang.

Die Stadt

Der Plan Sixtus' V. machte Rom zum Prototyp der Grundeinheit der Barockarchitektur: der Haupstadt. Das ist höchst natürlich, bedenkt man Roms Rolle als Zentrum eines der großen Systeme der Zeit und seine glorreiche Vergangenheit als Caput mundi der antiken Welt. Die Entwicklung der Hauptstadt ist so die erste konkrete Antwort auf die Notwendigkeit einer »sichtbaren« Verkörperung der Struktur der Barockwelt. Das Zitat aus Domenico Fontana zeigt, daß der verwendete Plan auch als Mittel zur Überzeugung diente: Er machte einen »systematischen« Besuch der heiligen Stätten zwingend und leicht. So war das ganze Gebiet der Stadt durchtränkt mit ideologischen Werten, sie wurde eine echte Città santa.

Waren die Städte des Mittelalters und der Renaissance relativ statische und geschlossene Welten, so wurde die neue Hauptstadt das Zentrum von Kräften, die weit über ihre Grenzen hinausgriffen. Sie wurde ein Bezugspunkt für die ganze Welt, in einem konkreteren Sinne, als – sagen wir – Jerusalem oder das frühe

9

Rom es gewesen waren. Während die Bautypen der Barockarchitektur die Weiterentwicklung bestehender Modelle darstellen, ist die Hauptstadt von Grund auf eine Neukonzeption, die das ganze System, zu dem sie gehört, beeinflußt. Schon im 17. Jh. hatte man erkannt, daß die Hauptstadt die sekundären Zentren zu bloßen Satelliten herabdrückte.

Im 16. Jh. begegnen wir zum erstenmal der Tendenz, das Netzwerk der städtischen Straßen in die Staatsstraßen außerhalb der Stadt einzubeziehen. Dies konnte jedoch kaum in Übereinstimmung mit der idealen Absicht geschehen. Erstens brauchten die meisten Städte immer noch einen breiten Festungsgürtel, der sie von der Umgebung trennte, und zweitens erlaubte die bestehende innere Struktur kaum die Entwicklung eines konsequenten Barockplans. So finden wir üblicherweise Fragmente eines barocken Systems, die jedoch die allgemeine Absicht klar anzeigen. Dies ist auch der Fall in den wichtigsten Hauptstädten, wie Rom und Paris. Die Mängel, die aus der Anpassung der neuen Ideen an die bestehende städtische Situation herrührten, veranlaßten Ludwig XIV., eine neue Stadt außerhalb der alten Hauptstadt zu erbauen. Versailles (Abb. 3) ist in der Tat mehr als ein Palast. Das Jagdschloß Ludwigs XIII. wurde das Zentrum einer vollständigen »Idealstadt«.

Der dynamische und »offene« Charakter der Hauptstadt wird auch durch ihre innere Struktur ausgedrückt. Die weiten und geraden Straßen erlaubten eine stärkere Bewegung von Menschen und Fahrzeugen, in Übereinstimmung mit dem neuen Bedürfnis nach »Teilnahme«. Sie taten auch das Bedürfnis des Barock nach »Systematisierung« kund. Schon 1574 erließ Papst Gregor XIII. neue Baubestimmungen für Rom und bereitete so den großen Plan seines Nachfolgers vor. Er verlangte, daß die Häuser miteinander verbunden und offene Stellen zwischen den Gebäuden mit Blindmauern geschlossen würden.[21] Das Ziel war ganz offensichtlich die Vereinheitlichung des Stadtbildes, indem man zusammenhängende Räume schuf, die durch fortlaufende Baufronten bestimmt wurden.[22]

In der Barockstadt verliert das einzelne Gebäude daher seine gestaltende Individualität und wird Teil eines überlegeneren Systems. Das bedeutet, daß der Raum zwischen den Gebäuden eine neue Bedeutung erhält. Er wird das wirklich konstitutive Element der Gesamtstadt. Der Plan Sixtus' V. ist eher ein Plan von Räumen als eine Verteilung von Gebäuden. Der Barockplan organisiert Ausdehnungen in Beziehung zu Brennpunkten, von denen einer gewöhnlich der beherrschende ist. Da diese Brennpunkte die horizontale Bewegung beenden, sollten sie durch eine vertikale Achse gekennzeichnet werden. Sixtus V. und Fontana waren sich

dieses Grundproblems des Raumes bewußt und nutzten ägyptische Obelisken, die man zwischen den römischen Ruinen gefunden hatte, um die Knotenpunkte ihres Systems zu markieren.[23] In anderen Fällen dienten Gebäude zu diesem Zweck. Die hohen Kuppeln der Kirchen waren besonders geeignet, um die horizontale Ausdehnung der Stadt zu begrenzen, so daß der Symbolismus der Kirche ein organischer Teil des Stadtsystems wurde. Wenn diese Monumentalbauten auch einen stark gestaltenden Wert haben, so sind sie doch niemals vom Ganzen isoliert. Sogar die freistehenden Massen spätbarocker Residenzen erhalten Sinn als Brennpunkte eines umfassenden Systems. Die Barockfassade ist ebensosehr eine Funktion des Stadtraumes vor ihr als des Gebäudes, zu dem sie gehört. Im allgemeinen können wir sagen, daß die Barockstadt auf Monumentalbauten, die die Grundwerte des Systems darstellen, zuläuft oder von ihnen ausstrahlt. »Das Monument bildet einen Brennpunkt von größtem Ansehen innerhalb des Rahmens einer Stadt und wird im allgemeinen in die Mitte eines weiten Raumes gestellt, der so geplant ist, daß er die ästhetische Bedeutung des Monuments steigert[24]...« Argan erkennt in St. Peter zu Recht den Prototyp eines solchen Monuments.[25] Man kann die Brennpunkte der Gesamtstadt also in rein räumlichen Begriffen ausdrücken, als Piazza oder als Viereckplatz. Das Viereck hat eine lange Tradition als das wahre Herz der Stadt. Aber während es gewöhnlich öffentlichen staatlichen Zwecken oder dem Bürgerleben diente, ließ das Barockzeitalter den Platz zum Teil eines allgemeinen ideologischen Systems werden. Das wird besonders deutlich an der französischen Place royale, wo der Raum symmetrisch auf eine Statue des Herrschers hin angelegt ist. Den Prototyp schuf Heinrich IV. in der Place Dauphine, 1605 (Abb. 35-37). Der größte aller »ideologischen« Plätze jedoch ist der Petersplatz in Rom (Abb. 25, 26, 30, 32), wo Bernini durch die Kolonnaden, die den ovalen Raum auf beiden Seiten begleiten, die »offenen und umschließenden Arme« der Kirche symbolisieren wollte. Wegen seiner besonderen Bedeutung und Form bildet der Platz somit eine Ergänzung zu der Kirchenkuppel dahinter, deren symbolisches Gewölbe in ein repräsentatives Gefäß umgewandelt wurde, das von der natürlichen Himmelskuppel[26] überdeckt wird. Die Schaffung monumentaler Plätze wurde unabdingbar für alle Barockstädte.

Die Struktur der Barockstadt besteht aus solchen Brennpunkten (monumentalen Gebäuden und Plätzen), die durch gerade und gleichmäßige Straßen miteinander verbunden sind. Die Gebäude sind in das Modell integriert, das die Straßen festlegt, so daß eine neue Wechselwirkung zwischen Innen und Außen erreicht wird. Eine analoge Wechselwirkung wird auch zwischen der Stadt und

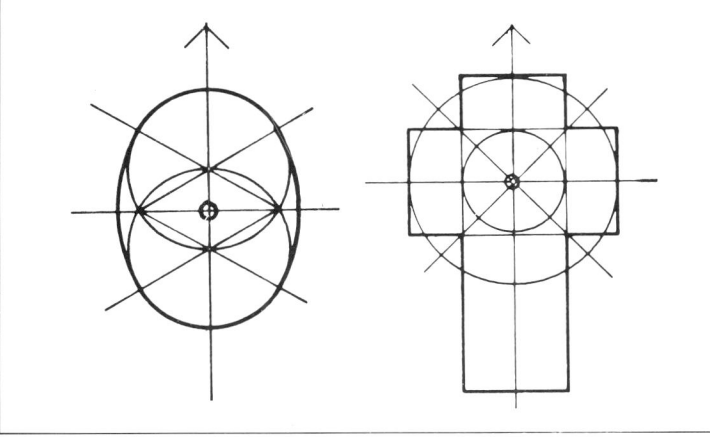

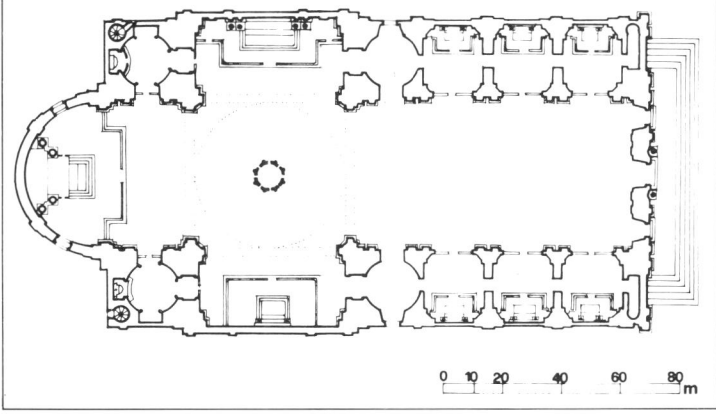

0 10 20 40 60 80 m

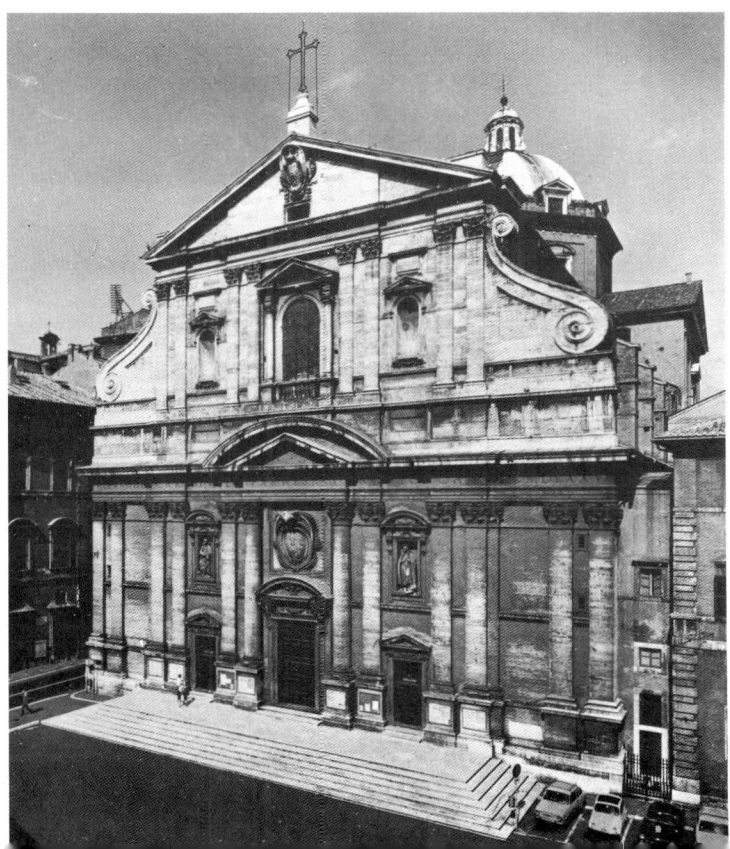

5. Rom, Giacomo da Vignola,
Il Gesù, Grundriß.
6. Rom, Giacomo da Vignola,
Il Gesù, Fassade.

der Umgebung hergestellt. Zwischen den Hauptstraßen wurden Bezirke von einer gewissen Einheitlichkeit gebildet, so daß sie die Haupteigenheiten des Systemes nicht störend beeinflußten. In der Tat mußten sich die Gebäude eines Bezirkes einem Programm unterordnen, das den allgemeinen Charakter des Entwurfs festlegte. Als die Rue Dauphine in Paris Anfang des 17. Jhs. gebaut wurde, erhielten die Einwohner den Befehl, »die Fronten ihrer Häuser alle in gleicher Weise zu gestalten[27]...« Im Barock wird daher die Umgebung in Begriffen hierarchischer Tradition geordnet. Die Stadt als Ganzes ist der Brennpunkt eines territorialen Netzwerks. Innerhalb der Stadt finden wir ein dichteres Netzwerk, in dessen Mittelpunkt Monumentalbauten stehen, die ihrerseits in ein geometrisch noch stärker verdichtetes System eingeordnet sind, bis das wahre Zentrum erreicht ist: in Versailles das Bett des Herrschers! Die wesentlichen Monumentalbauten der Barockarchitektur waren die Kirche und der Palast. Sie stellen die beiden Elementarkräfte der Zeit dar.

Die Kirche

Im 15. und 16. Jh. wurde die Rolle der Kirche als ein Brennpunkt der Stadt klar erkannt. So sagt Alberti: »Im ganzen Bereich der Baukunst gibt es nichts, worauf man mehr Gedanken, mehr Sorgfalt und mehr Fleiß verwenden sollte als auf die Planung und den Schmuck eines Tempels, denn ein gutgebauter und wohlgeschmückter Tempel ist das größte und vornehmste Schmuckstück einer Stadt. Darüber hinaus ist er die Wohnung der Götter[28]...« Und Palladio fügt hinzu: »...gibt es Hügel in der Stadt, so muß man deren höchsten Punkt wählen. Gibt es aber keine solche erhöhten Plätze, so muß man den Grund des Tempels so hoch wie nur möglich über die Stadt anheben.[29]« Zur selben Zeit finden wir, daß die Theoretiker einen Zentralgrundriß für die Kirche empfehlen, da der Kreis und das regelmäßige Vieleck die »vollkommenen« Formen seien.[30] Aber der Zentralplan war für liturgische Anforderungen nicht sehr geeignet, obgleich er damals die Abwendung von der allgemeinen Tradition der Kirche bedeutete, die die Basilika sanktioniert hatte.[31] Daher erhob sich bereits im 15. Jh. Kritik an dem Zentralplan, und selbst Alberti entwarf seine bedeutendste Kirche, S. Andrea in Mantua, auf dem Grundriß eines lateinischen Kreuzes, wenn auch eine starke Neigung zum Zentralbau sichtbar wird.[32] Im allgemeinen akzeptierte man Zentralgrundrisse für kleinere Gebäude (Kapellen) und wenn eine besondere Funktion oder Weihe dies als natürliche Lösung verlangte.[33] Im 16. Jh. begegnen wir ersten Versuchen einer Verbindung von Zentral- und Langhausbau, einem Problem, das höchst natürlich durch das Oval gelöst wurde, das

11

7. Rom, Giacomo da Vignola,
Il Gesù, Inneres.

zuerst in Plänen von Peruzzi und Serlio auftaucht.[34]
Nach dem Konzil von Trient (1563) wurde die ablehnende Haltung gegen den Zentralbau allgemein, wenngleich das Konzil liturgische Reformen verabschiedet hatte, die ihn funktionell annehmbar machten. Der Grund dafür war offensichtlich der Wunsch, die Tradition zu stärken und »heidnische« Formen der Renaissance abzuschaffen. So schreibt der hl. Karl Borromäus: »Eine Kirche sollte in Übereinstimmung mit der Tradition auf einem Kreuz als Grundriß erbaut sein; Rundbauten wurden für Tempel heidnischer Götter benutzt und selten für christliche Kirchen.[35]« Als diese Worte veröffentlicht wurden, stand in Rom bereits die Kirche Il Gesù (Abb. 5, 6, 7).[36] In Il Gesù kam Vignola dem neuen Ideal einer Gemeindekirche nach, die einer großen Anzahl von Menschen erlaubt, an den liturgischen Funktionen teilzunehmen. Der Plan zeigt eine Längsplanung mit einer ausgesprochenen Integration des Raumes. Die Fassade von Della Porta betont die Hauptachse und erscheint als ein großer Eingang. Sie nimmt als aktives Element an der städtischen Umgebung teil. Die Kuppel ist nicht länger mehr das Symbol einer abstrakten kosmischen Harmonie, vielmehr ist ihre Vertikalachse ein ausdrücklicher und überzeugender Kontrast zu der horizontalen Bewegung. Il Gesù gibt somit eine neue aktive Intepretation der zwei traditionellen Motive: Pfad zur Erlösung und Himmelskuppel.
Die Lösung entsprach den Bedürfnissen der Jesuiten, und viele Gelehrte vertraten die Meinung, der Orden habe sie als allgemeines Modell verwandt. Spätere Forschungen haben gezeigt, daß dies nicht der Fall ist, da die Kirchen der Gegenreformation auf einer viel umfassenderen Typologie basieren und viele lokale Varianten aufweisen.[37] Il Gesù jedoch enthält viele der Grundabsichten des Barockkirchenbaus und verlangt daher unsere gebührende Aufmerksamkeit. Erstens zeigt sie eine ausgesprochene Neigung zur Verschmelzung von Langhaus- und Zentralbau und zweitens den Wunsch, die Kirche zum Teil eines größeren Ganzen, das heißt des städtischen Raumes, zu machen. Die Gliederung der Fassade wie auch des Innenraumes muß als Funktion dieser allgemeinen Ziele angesprochen werden. Heute ist der Innenraum von Il Gesù reich ausgestattet. Vignola hatte ihn schlichter geplant, doch entsprach er noch dem allgemeinen Wunsch nach überzeugender Pracht, wie der hl. Karl Borromäus ihn ausgedrückt hatte.[38]
Die Entwicklung der Kirchenarchitektur des Barock beruht auf den oben dargelegten Haupttypen und Prinzipien. Die größeren Kirchen waren gewöhnlich von dem traditionellen Schema der Basilika abgeleitet, die kleineren hingegen und die Kapellen zeigen Zentrallösungen. Es ist jedoch wichtig zu erkennen, daß die

Anlage der großen Langhauskirchen in der Regel aus einem starken Mittelpunkt besteht, der durch Kuppel und einbezogene Rotunde markiert wird, während die kleineren Kirchen im allgemeinen eine Längsachse haben. Beide Typen werden so dem neuen Bedürfnis zur Teilnahme in einem erweiterten Raumsystem gerecht. Ohne Rücksicht auf Größe und besondere Funktion ist jede Kirche ein Brennpunkt oder »Ort«, wo die Grunddogmen dargestellt werden. Zentralisation im Barock unterscheidet sich daher von Zentralisation in der Renaissance sowohl im Wesen als auch in der Form. Die beiden Grundtypen der Sakralarchitektur im Barock sind: die zentralisierte Langhauskirche und die gestreckte Zentralkirche (Abb. 4).

In Barockkirchen erhält der Raum eine neue konstitutive Bedeutung. Im Gegensatz zur Konstruktion gestaltender »Glieder« besteht der Bau aus der Wechselwirkung von Raumelementen, die gemäß den äußeren und inneren »Kräften« geplant sind, die das besondere Bauwerk formen. Man kann natürlich auch von Raum in Verbindung mit Renaissance-Architektur sprechen, aber als einer einheitlichen Substanz, die durch geometrisch geplante Architekturglieder unterteilt wird. Den Barockraum hingegen kann man nicht in dieser Weise verstehen, da er starke Qualitätsunterschiede enthält, die auf Eigentümlichkeiten, wie Bewegung, Offenheit, Umschließung usw., bezogen sind. Argan sagt: »Die große Neuheit war die Idee, daß der Raum nicht die Architektur umgibt, sondern durch sie geschaffen wird[39]...« Die kritischen Raumprobleme sind die Übergänge zwischen den verschiedenen Bereichen, wie außen und innen, oder zwischen den Raumelementen eines gesamtarchitektonischen Organismus. In der Kirche fallen diese Probleme besonders ins Auge und können zu starken und konsequenten Lösungen führen, da die Bauaufgabe relativ einfach ist und nicht viele verschiedene und qualitativ unterschiedliche Räume enthält.[40] Daher findet die Barockarchitektur ihren ersten starken Antrieb in den Sakralbauten des völlig entwickelten römischen Barock, das heißt in den Werken von Bernini, Borromini und Pietro da Cortona. Die letzten Schlußfolgerungen zieht später, im 17. Jh., Guarino Guarini, der seine Tätigkeit auf einen großen Teil der katholischen Welt ausdehnt.

Der Palast

Zwei Bautypen dominieren die Profanarchitektur des 17. Jhs.: der Stadtpalast (palazzo, hôtel) und das Landhaus (villa, château). Wir finden auch interessante Übergänge zwischen beiden Typen (villa suburbana). Drei wesentliche Umgebungen werden dabei in Verbindung gebracht: die private Welt des Wohnens, die öffentliche Welt der Stadt und die natürliche Welt des Gartens und der Landschaft. Der Stadtpalast gibt dem Menschen seinen Platz im sozialen Kontext, die Villa verbindet ihn mit der Natur, und in den Übergangsfällen werden alle drei Elemente miteinander verquickt. Den Ursprung dieser Unterscheidung kann man bis ins 15. Jh. zurückverfolgen.[41] In der toskanischen Renaissance finden wir neben dem älteren Stadtpalast die Villa[42] und Übergangslösungen, wie etwa den Stadtpalast mit Garten.[43] Alberti schenkt allen Grundtypen die gebührende Beachtung.[44] Aber er sieht auch den Wert einer engeren Verbindung beider Lebensarten: »Es gibt eine andere Art des Privathauses, in dem beide, die Würde des Stadthauses und die Wonnen und Freuden des Landhauses, verlangt werden... Das ist das Lusthaus, gerade vor den Toren der Stadt. Solch eine Villa am Stadtrand würde das Vergnügen gewähren, niemals der Stadt oder des Landes müde zu sein.«[45]

Serlio wiederholt die Typologie Albertis und legt eine Reihe von Plänen vor für »Häuser in der Stadt zu erbauen«, »Häuser außerhalb der Stadt zu erbauen« oder »Landhäuser«. Letztere sollten »in geräumigen Gebieten, fern von den städtischen Plätzen, im Grünen« erstellt werden.[46] Es ist interessant festzuhalten, daß er vierundzwanzig Projekte für Landhäuser und nur eines für einen Stadtpalast vorlegt, was zeigt, daß dieser als feststehender Typus mit wenig Möglichkeiten zur Variation angesehen wurde. Palladio geht in seinem zweiten Buch von einem ähnlichen Standpunkt aus und spricht von »Häusern innerhalb und außerhalb der Stadt«. Die Villa ist ein Ort, wo »der Körper seine Kraft und seine Gesundheit leichter erhalten wird; und endlich wird hier die Seele, die von den Aufregungen der Stadt ermüdet ist, sehr erholt und getröstet werden...«[47] Die Entwicklung des Stadtpalastes und der Villa steht in Beziehung zu dem bezeichnenden Wandel in der politischen, wirtschaftlichen und sozialen Struktur, von der wir oben sprachen und die wir hinter dem Aufstieg der Hauptstadt wirksam gefunden haben. In diesem Kontext bedeutete das einen Verlust der Wichtigkeit des Feudalsitzes, des Schlosses, und die Notwendigkeit, einen Ersatz dafür innerhalb der Stadt zu schaffen, das heißt einen Stadtpalast. Diese Entwicklung ist im Grunde gleich, ob der Palast nun der Sitz eines neuen Typs von »Kapitalist« (Florenz), eines »Fürsten« der Kirche (Rom) oder eines aristokratischen Mitglieds eines zentralisierten Hofes (Paris) war. Den Bedarf für ein ergänzendes Landhaus haben Alberti und seine Anhänger mit den obigen Zitaten festgestellt. Die zwei Bautypen jedoch tendierten von Anfang an zu einer Synthese, wie es der Gedanke der Villa suburbana zeigt. Im 17. Jh. fand das Problem seine Lösung in Gartenpalästen, wie dem Palazzo Barberini in Rom (Abb. 199) und dem Palais du Lu-

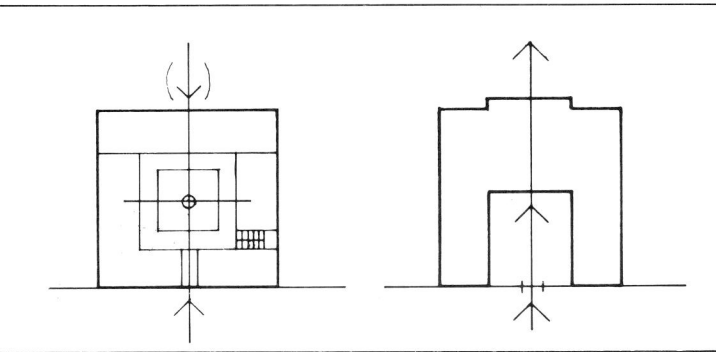

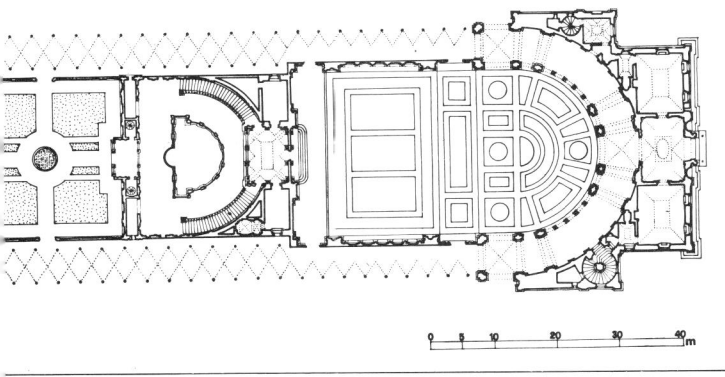

xembourg in Paris (Abb. 225-228), die die Vorbilder der großen europäischen Residenzen wurden, von Versailles bis zu Schlauns Schloß in Münster (1767).

Grundsätzlich war der Stadtpalast ein Familiensitz. Er stellte ein »Haus« dar in der doppelten Bedeutung des Wortes. Durch sein Ausmaß und seine Gliederung bestimmte er die Position der Familie in einem weiteren bürgerlichen Kontext und gab der Stadt als Ganzes einen neuen und größeren Maßstab, der mit dem engen Gewebe der mittelalterlichen Stadt kontrastierte.[48] Verschiedene kleinere Wohnungen wurden oft in einem Palast untergebracht und integrierten so die weniger Wohlhabenden in das gleiche allgemeine Modell.

Der Charakter des Palastes war vor allem der eines privaten Ortes. Er war eine abgeschlossene Welt, die ihre innere Struktur hinter massiven Mauern verbarg. »Privat« heißt jedoch nicht individuell und subjektiv, Eigenheiten, die eher in der Villa ausgedrückt wurden. Wieder macht Alberti den Unterschied klar: »Zwischen einem Stadt- und einem Landhaus ist dies... der Unterschied..., daß der Schmuck für das Stadthaus viel ernster sein muß als für das Landhaus, wo die fröhlichsten und gewagtesten Verschönerungen gestattet sind. Ein weiterer Unterschied besteht darin, daß man sich in der Stadt in verschiedener Hinsicht mit Rücksicht auf die Privilegien des Nachbars mäßigen muß, wohingegen man auf dem Lande viel mehr Freiheit hat[49].« Dieser Grundunterschied galt noch im Rom des 16. und 17. Jhs. und selbst im kaiserlichen Wien zu Beginn des 18. Jhs.[50] So wurde der schwere und nüchterne römische Stadtpalast im Cinquecento entwickelt, während zur gleichen Zeit spielerische Villen in den Randbezirken und im Gebiet Roms gebaut wurden. Kein Wunder daher, daß der gleiche Architekt anscheinend verschiedene »Stile« in seinen Stadtpalästen und in seinen Villen verwandte. Der Wunsch nach Synthese jedoch, der im 17. Jh. manifest wurde, führte auch zu gewissen Wandlungen in den Grundtypen. Der Stadtpalast tendierte zu weniger Abgeschlossenheit und mehr Wechselbeziehungen mit seiner Umgebung, während die Villa typisiert wurde, wie es die französischen Schlösser und später die Gartenpaläste Mitteleuropas zeigen. Diese Entwicklung war verwandt mit der wachsenden Zentralisation der absoluten Macht, die sowohl den privaten Charakter des Stadtpalastes als auch den individualistischen Ausdruck der Villa beeinflußte. Der Palast des Herrschers konnte offensichtlich nicht durch eine spitzfindige Wechselwirkung zwischen dem Gebäude und der bürgerlichen Umgebung begrenzt werden, wie wir sie in den Palästen der Renaissance finden. Er wurde vielmehr als Brennpunkt von Kräften erkannt, die frei in den unendlichen Raum ausstrahlten. Damit übernahm er einige der traditionellen Eigentümlichkeiten der Villa, und eine Synthese war höchst natürlich.

Gliederung

Der räumliche Charakter eines Bauwerks wird durch die Beziehung zwischen innen und außen ausgedrückt, und die Definition dieser Beziehung wird nicht nur von den räumlichen Eigenheiten beider Bereiche abgeleitet, sondern von der Gliederung ihres Kontaktpunktes, das heißt der Mauer.[51] In den Bauten der Renaissance und des Barock haben alle Elemente eine charakteristische Funktion, sei es infolge ihrer räumlichen Eigenheiten oder wegen ihrer konventionellen Bedeutung. In diesem Zusammenhang sind die klassischen Säulenordnungen von besonderer Bedeutung. In der Tat baute die Architektur bis zum Ende des 18. Jhs. auf Vitruv auf. Der Charakter eines gegebenen Gebäudes wurde durch den Gebrauch klassischer Elemente definiert, die eine von allen verstandene Bedeutung hatten. 1716 schrieb Leonhard Christoph Sturm: »Die Säulenordnungen sind das Alphabet der Architektur: gerade, wie man aus 24 Buchstaben eine Unzahl von Worten und Gesprächen bilden kann, so kann man durch die Kombination von Säulenordnungen zu den verschiedenartigsten Formen der Baudekoration gelangen, gemäß den sechs Arten ihrer Ordnungen...«[52] Der französische Theoretiker Daviler nennt die Säulenordnungen »caractères expressifs« (1691)[53], und noch 1923 schrieb Le Corbusier: »Alle großen Kunstwerke basieren auf dem einen oder anderen großen Maß des Herzens... Wir müssen fähig sein, ›dorisch‹ zu sprechen, wenn der Mensch, in edlem Bestreben und unter voller Aufgabe von allen Zufälligkeiten in der Kunst, die höchste Stufe des Geistes erreicht hat: strenge Einfachheit... Ein Hauch von Zärtlichkeit wehte, als der ionische Stil geboren wurde.«[54]

Man kann also die Säulenordnungen als Konkretisierung von grundsätzlichen menschlichen Charaktereigenschaften ansehen. In der Tat spricht Vitruv von dem männlichen Charakter des dorischen und dem weiblichen Charakter des korinthischen Stils, wohingegen er im ionischen Stil das Dazwischenliegende sieht. Die Bauaufgabe muß daher eine Wahl zwischen den Ordnungen treffen.[55] Forssman hat gezeigt, daß die klassischen Charaktere sowohl auf die Sakral- als auch auf die Profanbauten der Renaissance und des Barock übertragen wurden.[56] Serlio sagt: »Die Alten weihten ihre Tempel Jupiter, Mars, Herkules und anderen unter den Mächtigen, aber nach der Fleischwerdung unseres Erlösers mußten wir Christen anderen Ordnungen folgen: Wenn wir aber eine Kirche bauen zu Ehren unseres Erlösers Jesus Christus, von St. Paulus, St. Petrus, St. Georg oder ähnlichen Heiligen...,

solchen Heiligen, wie wir sie hatten, deren Mut und Stärke sie veranlaßten, ihr Leben für den Glauben an Christus zu wagen, dann ist es passend, den dorischen Stil anzuwenden...[57]« Man nahm allgemein an, daß die drei klassischen Ordnungen in der Lage waren, alle Grundcharaktere auszudrücken, da sie zwei Extreme und ein Mittel umfaßten: Die toskanische und die römische Säulenordnung wurden als weitere Differenzierungen hinzugefügt. Eine besondere Rolle wurde jedoch der Rustika zugewiesen. Eher als eine Ordnung, die eine menschliche Genügsamkeit ausdrückte, sollten die Buckelquader die Natur selbst ausdrücken als etwas Ungeformtes und Unbearbeitetes, den dialektischen Gegensatz zu den Werken des Menschen. Serlio nennt die Rustika daher »opera di natura«, die Säulen hingegen »opera di mano«.[58]

Der Charakter eines Bauwerks wurde jedoch nicht nur durch die Wahl zwischen diesen Ordnungen bestimmt, sondern auch durch die Art ihrer Verwendung. In der Renaissance wurde das Prinzip Vitruvs eingeführt, das Übereinanderstellen, wobei die »leichteren« Säulenordnungen auf den »schwereren« ruhten und das Ganze auf einem Erdgeschoß aus Rustika. In bestimmten Werken aus der Zeit des Manierismus erscheint ein grundlegender Zweifel an dieser menschlichen Erklärung. So läßt z.B. Peruzzi in seinem Palazzo Massimo (1532-1536) die Säulen eine Mauer aus Rustika tragen. Er stellte sozusagen die Welt »auf den Kopf«. In der Barockarchitektur finden wir wieder die Säulenordnungen über einem Rustika-Erdgeschoß, aber im allgemeinen wird das Übereinanderstellen durch eine Kolossalordnung ersetzt, die die gesamte Wand integriert und dem Bau *einen* dominierenden Charakter gibt. Indem sie weiter die Möglichkeiten plastischer Modellierung, variierender Proportionen und immer neuer Kombinationen traditioneller Elemente mit einbezog, sprach die »klassische« Architektur eine sehr flexible und ausdrucksvolle Sprache. Dazu begegnen wir vielen Versuchen, aus dem Kanon auszubrechen. In der manieristischen Architektur ist diese Tendenz natürlich, und die neuen Erfindungen Michelangelos waren für spätere Entwicklungen von großer Bedeutung. Im 17. Jh. setzte Borromini diese Forschungen fort, und der mehr klassisch gesinnte Bernini bezeichnete den Charakter seiner Werke als »phantastisch«.[59] Während der Aufklärung schließlich welkte der Glaube an die Dogmen von Vitruvs Architekturlehren dahin.

Schlußfolgerung

Die Grundeigenheiten der Lebensform des Barock sowie ihres räumlichen Gegenstücks, der Architektur, haben wir dargelegt. Heidegger sagt: »Die Einzelwelt enthüllt jedesmal den räumli-

chen Charakter des Raumes, der ihr eigen ist.«[60] Von Kindheit an schafft sich der Mensch ein räumliches Bild seiner Umgebung, das wir seinen »Existenzraum« nennen können.[61] Bestimmte Grundeigenheiten dieses Existenzraumes müssen notwendigerweise der Öffentlichkeit zugewandt sein, um soziale Teilnahme und Integration zu gestatten. Die Struktur des Existenzraumes kann in den Begriffen von »Orten«, »Pfaden« und »Domänen« analysiert werden. Die Orte sind die Brennpunkte menschlicher Tätigkeiten, die Pfade beschreiben seine Möglichkeiten, die Umgebung in Besitz zu nehmen, und die Domänen sind qualitativ bestimmte Gebiete, die mehr oder weniger gut bekannt sind. Alle diese Elemente erscheinen auf verschiedenen Stufen der Umgebung. Landschaft ist die umfassendste Stufe, die wir zu bedenken haben, und wird bestimmt durch die Wechselwirkung zwischen dem Menschen und seiner natürlichen Umgebung. Sie beinhaltet die städtische Stufe, welche im allgemeinen durch soziale Wechselwirkung bestimmt wird. Schließlich müssen wir die Stufe des Hauses betrachten, das im Grunde eine private Sphäre im städtischen Kontext ist. Auf allen Stufen sind die Beziehungen zwischen »innen« und »außen« von größter Wichtigkeit, das heißt die Beziehung zwischen einem Ort und seiner Umgebung. Wir können den architektonischen Raum als eine Konkretisierung des Existenzraums bezeichnen.[62]

Die Barockarchitektur stellt also, wie wir gesehen haben, ein klares System von Orten, Pfaden und Domänen dar, die zusammen eine auf einen beherrschenden Brennpunkt ausgerichtete Hierarchie bilden. Die Bautypen vergangener Perioden werden umgeformt, damit sie in dieses Generalschema hineinpassen. Die traditionellerweise umschlossene Stadt wird so, wo immer möglich, geöffnet, die Kirche wird in bezug auf eine Achse organisiert, die sie in die städtische Umgebung integriert, und den Palast versteht man lieber als Zentrum ausstrahlender Bewegungen, denn als massive Festung. Schließlich war die Landschaft im 17. und 18. Jh. in Europa mit Barockelementen gesättigt – sei es in Form ausgedehnter Wege in profanen Gärten oder geheiligten »Objekten«, wie Wegkreuzen, Kapellen und Heiligtümern. Die Welt des Barock war dynamisch und offen, auch wenn sie autoritär war, und enthielt Elemente, die von grundlegender Bedeutung für unsere Welt geworden sind.

12. Rom, Plan Sixtus' V. Rom,
Vatikanische Bibliothek.
13. Rom, Michelangelo, Entwurf
für den Kapitolshügel.
Stich von Dupérac.
14. Rom, Giovanni Battista
Piranesi, Piazza del Popolo. Stich.

Einleitung

Die Geschichte der Barockstadt ist die Geschichte der Ausbreitung von allgemeinen Absichten und Prinzipien, wie sie oben dargelegt wurden (Abb. 2).[1] Sie begann in Rom, und im 17. Jh. wurde das große Programm, das Sixtus V. angeregt hatte, fortgeführt. Da ein allgemeiner Plan bereits angenommen worden war, bestanden die neuen Beiträge hauptsächlich in der Schaffung großer, monumentaler Brennpunkte. Paris, die zweite Hauptstadt Europas, erhielt im 17. Jh. eine völlig neue städtische Struktur. In Paris war der Ausgangspunkt nicht der Wunsch, bereits bestehende Brennpunkte, so wie die großen römischen Basiliken, miteinander zu verbinden; daher konnte eine neue Struktur auf mehr systematische Weise entwickelt werden. In London wurden in der ersten Hälfte des Jahrhunderts einige Versuche zur Systematisierung begonnen, aber sie wurden durch den Bürgerkrieg gehemmt. Nach dem großen Brand von 1666 entwarf man einen echt barocken Stadtplan. Madrid erhielt im Jahre 1617 eine neue Plaza mayor, aber sie wurde nicht Teil eines ausgedehnteren Barocksystems, das auf der Iberischen Halbinsel nur selten anzutreffen ist.

Eine der interessantesten städtischen Entwicklungen des 17. Jhs. finden wir jedoch in einer kleineren Stadt, in Turin, der Hauptstadt von Piemont (Savoyen), das eine gewisse Bedeutung als unabhängiges Herzogtum erlangt hatte. In Turin wurden die römischen und französischen Erfahrungen zu einer einzigartigen städtischen Synthese zusammengefaßt, was dadurch erleichtert wurde, daß dem symmetrischen Plan des alten Turin ein römisches Castrum zugrunde lag. In Mitteleuropa wurde die städtische Entwicklung durch den Dreißigjährigen Krieg gehemmt und in Österreich durch den Einbruch der Türken. Daher gehören die interessantesten Stadtpläne dieser Regionen dem 18. Jh. an. Viele kleinere Städte wurden im 17. Jh. wiederaufgebaut oder neu gegründet, vor allem in Frankreich. Charleville (1608) und Richelieu (1635-1640) sind wohlbekannte Beispiele dafür, wenn ihre Pläne auch nicht die Neuerungen enthalten, die wir in Versailles finden (1671). Den vielen neuen Städten in Skandinavien lagen konventionelle Renaissancepläne zugrunde, und das gleiche gilt für die Städte, die in Sizilien nach dem großen Erdbeben wiederaufgebaut wurden (1693). Sie bieten ein ausgesprochen spätbarockes Stadtbild.

Rom

Wir haben schon von den allgemeinen Absichten gesprochen, die dem Plan von Papst Sixtus V. zugrunde lagen. Das daraus resultierende Netzwerk läuft nicht auf einen Hauptbrennpunkt zu, sondern verbindet eine Vielzahl von Brennpunkten, Bauten sowohl als Plätzen. Ein paar der geplanten Verbindungen wurden nicht ausgeführt, so die Straße zwischen S. Giovanni in Laterano und S. Paolo fuori le Mura. Von besonderer Bedeutung sind in dem System der Dreizack, der von der Porta del Popolo in die Stadt führt, und die sternartige Anlage rund um S. Maria Maggiore.[2] Die Hauptstraßen wurden durch Obelisken markiert, die nicht nur einen vertikalen Akzent einführten, sondern als »Achsen« für den Wechsel der Straßenrichtung dienten. Sixtus V. bezog auch die Trajanssäule und die Mark-Aurel-Säule der Römer in sein Schema ein und krönte sie mit Statuen des hl. Petrus und des hl. Paulus. Sehr zu Recht legt Giedion dar, wie einige dieser Obelisken und Säulen die Entwicklung von Plätzen in den nachfolgenden Jahrhunderten beeinflußt haben.[3] Seit dem Zusammenbruch des römischen Imperiums war die Wasserversorgung der Hauptstadt ziemlich ungenügend, und so baute Sixtus einen neuen Aquädukt, der 27 Brunnen mit Wasser versorgte (1589). Dies war der Anstoß für den Bau der Brunnen, die soviel zum Charakter des barocken Rom beitragen.[4] Aber die originellste aller Ideen von Sixtus V. war vielleicht der Gedanke, das Kolosseum in eine Wollspinnerei zu verwandeln. Sein früher Tod verhinderte die Verwirklichung dieses Projekts.

Die meisten Pläne von Sixtus V. wurden von Domenico Fontana ausgeführt. Im allgemeinen gilt er als ein einfallsloser, trockener Architekt. Aber wir sollten nicht vergessen, daß er doch einige neue und recht fruchtbare Einfälle hinsichtlich der Behandlung des Raumes hatte. Man kann seine Trockenheit als einen Aspekt seines Wunsches nach Systematisierung verstehen, eines Wunsches, den seine Nachfolger mit mehr künstlerischer Einbildungskraft weiterführen sollten.[5] Im allgemeinen erscheint das Netzwerk der Straßen, das für Sixtus V. ausgeführt wurde, ziemlich hart und schematisch in bezug auf die Topographie und das Gefüge der Stadt. So schreibt Fontana: »Nun hatte Sixtus, zu wirklich unglaublichen Kosten und in Übereinstimmung mit dem Geist eines so großen Fürsten, diese Straßen von einem Ende der Stadt zum anderen ausgedehnt, ohne Rücksicht darauf, ob sie Hügel oder Täler kreuzten; die einen ließ er abtragen, die anderen auffüllen und machte sie so zu sanften Ebenen...[6]« In der Tat war die Idealtopographie der Barockzeit das flache Land, das unendliche Ausdehnung gestattete.

Der Plan von Sixtus V. und Fontana war jedoch keine fundamentale Neuerung. Er stammte von dem allgemeinen Interesse an Bewegung ab, das für die manieristische Architektur typisch war. In vielen Fällen bezeichnete dieses Interesse einen aktiveren Kontakt zwischen einem Gebäude (oder einer Gruppe von Gebäuden) und

15. Rom, Carlo Rainaldi, Entwurf
für die Piazza del Popolo. Rom,
Vatikanische Bibliothek
(Cod. Vat. Lat. 13442).
16. Rom, Schema des Dreizacks
der Piazza del Popolo.

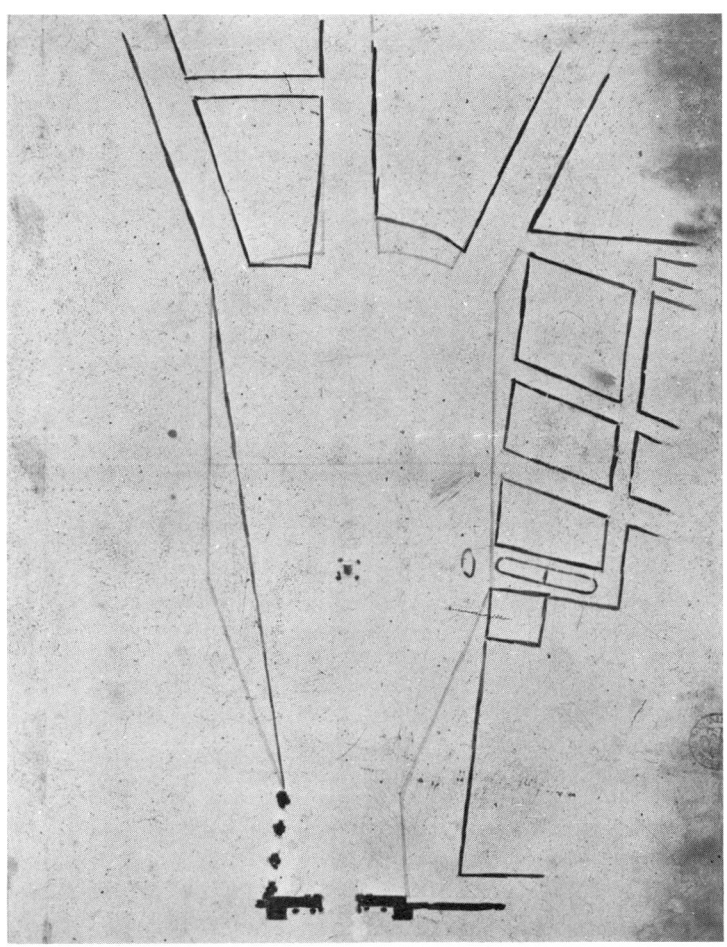

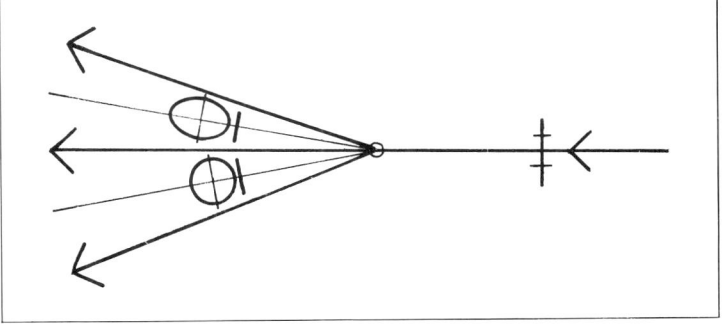

seiner Umgebung. Als besonders interessantes Beispiel dürfen wir Giacomo della Portas Umwandlung von Michelangelos Projekt für den Kapitolinischen Hügel anführen (Abb. 13).[7] Michelangelo hatte einen geschlossenen Raum voller Spannungen geplant. Dupéracs Radierungen zeigen, daß die Wandbehandlung aller Bauten gleich sein und so eine fortlaufende Umgrenzung der drei Seiten des Platzes bilden sollte. Da die vierte Seite schmaler war, gab sie dem Platz eine trapezoide Form, aus der ein Effekt der Verkürzung resultierte. Im Gegensatz zu dieser Bewegung zeichnete Michelangelo ein Oval in den Boden, das sich infolge seines konvexen Schnittes und eines sternähnlich ausstrahlenden Musters im Pflaster von der im Zentrum aufgestellten Statue des Kaisers Mark Aurel nach außen zu weiten scheint.[8] Dieses Oval repräsentiert wahrscheinlich das Caput mundi und machte dadurch das Kapitol zum ersten beabsichtigten Brennpunkt des Rom der Gegenreformation.[9] Nach Michelangelos Tod im Jahre 1564 veränderte Della Porta den Entwurf wesentlich. Vor allem änderte er die Fassade des Palazzo dei Senatori und ließ ihn leichter und entfernter erscheinen und für das Auge getrennt von den beiden seitlichen Palästen. Die Mittelachse des Palazzo dei Conservatori wurde durch ein großes Fenster betont, so daß die uniforme Umschließung des Raumes noch geringer wurde. Schließlich drehte er die Statuen auf der Balustrade, so daß sie in die Stadt schauten, anstatt auf die Aufgangsrampe. Alles in allem verwandelte Della Porta den geschlossenen Raum Michelangelos in eine Barockkomposition, die auf einer Längsachse basiert, welche den Platz mit der Stadt unten verbindet.[10] Die Endlösung ähnelt in verschiedener Hinsicht den U-förmigen Palästen (hôtels) des 17. Jhs., wo ein Ehrenhof den Übergang zwischen Außen- und Innenraum herstellt. Noch früher hatte Michelangelo selbst geplant, eine verbindende Achse zwischen dem Palazzo Farnese und der Villa Farnesina auf der anderen Seite des Tibers zu schaffen (1549),[11] und brachte so den aufkeimenden Wunsch zum Ausdruck, die statischen, selbstgenügsamen Einheiten der Renaissancestadt aufzubrechen.

Wir haben schon die Piazza del Popolo als ein besonders wichtiges Element erwähnt, das bereits existierte und in den Plan des barocken Rom aufgenommen wurde. Die Piazza del Popolo stellt wirklich den Prototyp eines der Grundmotive barocker Städte dar – die ausstrahlenden Straßen, die entweder auf einen bedeutenden Platz zulaufen oder von ihm wegführen.[12]
Im Falle der Piazza del Popolo ist der Brennpunkt der Haupteingang zur Heiligen Stadt. Jahrhundertelang kamen die Reisenden auf der Via Flaminia nach Rom gezogen, entlang des schmalen Landstreifens zwischen den Parioli-Pincio-Hügeln und dem Tiber.

Das Stadttor steht dort, wo die Hügel und der Fluß sich trennen und die weite Fläche für die Stadt freigeben. Bis zur Zeit Sixtus' V. war die Piazza del Popolo einfach der Ausgangspunkt von drei Straßen, aber der Obelisk, der 1589 aufgestellt wurde, machte sie zu einem städtischen Knoten (Abb. 14), und um die Mitte des 17. Jhs. wurde sie in eine barocke Piazza umgewandelt. Am 15. März 1662 wurden die Grundsteine für die Zwillingskirchen von Carlo Rainaldi gelegt. Die beiden Kirchen sind symmetrisch auf die zwei Baugrundstücke plaziert, die zwischen den drei ausstrahlenden Straßen liegen, und erscheinen so als monumentaler Eingang, als Haupttor zur Stadt mit ihrer Hauptstraße, dem Corso.[13] Der eintretende Besucher hat die Kuppelkirchen vor sich und wird hierdurch »eingeführt zu den Schätzen, die in der berühmten Stadt verborgen sind«, wie Titi in seinem Führer von 1686 schrieb. Der einladende Dreizack wurde so zu einem Instrument barocker Überredung umgeformt.
Rainaldis Kirchen stellen einen interessanten Fall im Städtebau dar und verdienen daher eine eingehende Besprechung.[14] Die ausstrahlenden Straßen der Piazza del Popolo luden zur Entwicklung einer monumentalen Symmetrie ein, wie sie dem Barock lieb war, und was konnte für die Heilige Stadt geeigneter sein als der Bau zweier Kirchen. Aber eine anscheinend unüberwindliche Schwierigkeit mußte bewältigt werden: Die zwei Baugrundstücke waren verschieden groß. Selbst wenn Rainaldi die Häuserfronten auf jeder Seite gestreckt hätte, so blieb doch das Gelände zwischen der Via di Ripetta und dem Corso breiter als das an der Via del Babuino. Mit anderen Worten: Die beiden Kirchen hätten Kuppeln mit verschiedenem Durchmesser erhalten und hätten ungleich anstatt symmetrisch gewirkt. Rainaldi löste das Problem auf geniale Weise. Indem er die Kirche auf dem engen Grundstück oval machte, schob er ihren Durchmesser zurück, bis er dem Durchmesser ihres Zwillings entsprach. Vom Stadttor aus gesehen erscheinen die beiden Kirchen gleich, trotz ihrer tatsächlichen Differenz. Wir verstehen so, daß architektonische Gleichwertigkeit nicht unbedingt physische Gleichartigkeit bedeuten muß. Die Kirchen von Rainaldi schaffen auch einen erfolgreichen Übergang zwischen dem Häuserblock dahinter und der Piazza, da sie tiefe Portikus haben, die in den städtischen Raum vorstoßen. Die Säulen der Portikus setzen sich entlang der Seitenwände der Kirchen fort, die ohne Unterbrechung mit den Blockfronten dahinter verbunden sind. Die Vorhallen sind somit nicht nur Massen, die den Kirchen »hinzuaddiert« sind, sondern sie bilden einen organischen Teil des Ganzen.[15] Die Kirchen erscheinen daher als eine monumentale Front zu den dahinter befindlichen Häuserblocks und zu der ganzen Stadt. Gleichzeitig bilden die

Portikus zusammen mit den drei Straßen eine rhythmische Abfolge von Öffnungen, welche die Grenzen der Piazza festlegen. Rainaldi gelang so eine überzeugende Synthese von Raumbestimmung und Tiefenbewegung. Ein paar Jahre vor der Planung der Zwillingskirchen baute Bernini zu Ehren der Ankunft der Königin Christina von Schweden (1655) das Stadttor wieder auf. Er führte den krönenden Abschluß des Mitteljoches aus.[16]

Heute hat die Piazza del Popolo ein völlig anderes Gesicht. 1816 begann Giuseppe Valadier mit einem Umbau, der eine Querachse einführte, die durch große Exedren auf beiden Seiten bestimmt wurde.[17] Seine Idee war, den Platz mit dem Abhang des Pincio auf der einen und dem Tiber auf der anderen Seite zu verbinden. Valadier markierte auch die vier Ecken des so gebildeten neuen Platzes mit gleichartigen Palästen. Seine Veränderungen reduzierten den Effekt des barocken Dreizacks; anstatt einen Knoten zwischen der Via Flaminia und den drei ausstrahlenden Straßen zu bilden, ist die Piazza ein weites und etwas unentschlossenes Gebilde geworden. In der Tat, nichts konnte der städtischen Struktur mehr schaden, als an dem Punkt, an dem man die Stadt betritt, eine grüne Querachse einzuführen. Offensichtlich ist der Gedanke von Berninis Petersplatz übernommen, wo er eine ganz andere Bedeutung hat. Die weltbekannte Vedute von Piranesi um 1750 zeigt, wie die Piazza del Popolo vor dem Eingriff von Valadier erfahren wurde – als ein aktives Hin- und Widerspiel von Masse und Raum, mit Bewegung in die Tiefe als beherrschender Eigenschaft und dem Obelisken als notwendigem Bezugspunkt für das Ganze.

Unter den Barockplätzen Roms spielt die Piazza Navona (Abb. 17) eine besondere Rolle. Ihre Grundform war von alters her festgelegt; sie war bestimmt durch das Stadion des Kaisers Domitian, das im Jahr 86 n. Chr. zum erstenmal benutzt wurde. Im Mittelalter wurden Häuser auf den römischen Ruinen erbaut, jedoch der Raum blieb frei und diente als Bühne für Volksfeste. Papst Sixtus IV. (1471-1484) machte den Platz zum Marktplatz für den nahe gelegenen Renaissancebezirk. Aber trotz ihrer langen Geschichte ist die Piazza Navona ein Teil des barocken Rom. Papst Innozenz X. (1644-1650), dessen Palast an dem Platz stand, verwandelte ihn in einen charakteristischen Brennpunkt der Epoche. Wegen seiner einzigartigen Eigenschaften beherrschte er seine Umgebung, auch wenn er nicht in irgendein Barocksystem von Straßen einbezogen war. Im 17. Jh. wurde die Piazza Navona in der Tat der »Salotto dell'Urbe«, das wahre Zentrum des Bürgerlebens. Heute noch ist der Platz ein Magnet, der mehr als irgendein anderer in der Stadt den Besucher anzieht.[18]

Welche architektonischen Eigenschaften geben nun der Piazza

19. Rom, S. Agnese, Grundriß.
20. Rom,
Rekonstruktionszeichnung des
Borromini-Projekts für S. Agnese.
Zeichnung von Carlo Ranzi.

21. Rom, S. Agnese, Fassade.

Navona diese Bedeutung? Der Raum ist lang und ziemlich schmal und könnte als verbreitete Straße bezeichnet werden. Er hat daher eine Richtung, durch die wir ihn als eine Fortsetzung der umgebenden Straßen erfahren. Gleichzeitig aber ist er so umgrenzt, daß er mehr zum »Platz« als zur Durchgangsstraße wird. Diese Umgrenzung resultiert aus der Tatsache, daß der Platz von einer ununterbrochenen Mauerwand umgeben ist. Die Bauten haben das gleiche Maß und wirken eher als Flächen denn als Massen. Die Straßen, die in den Platz hineinführen, sind ganz eng und unregelmäßig angelegt. Weite, symmetrisch geplante Straßen hätten leicht den Charakter der Abgeschlossenheit zerstört. Der innere Zusammenhang wird gesteigert durch eine gemeinsame Farbskala und den Gebrauch verwandter architektonischer Details. Die einfacheren Häuser wie auch die ausgearbeitete Fassade von S. Agnese sind durch Mittel der gleichen klassischen Elemente gegliedert. Sie sind verschiedene »Aussagen« in der gleichen »Sprache«. Die Kirche dient als Hauptbrennpunkt. Wenn wir uns vorstellen, sie wäre nicht da, würde das Ganze viel von seinem Wert einbüßen, nicht so sehr, weil die Kirche dominiert, sondern weil sie die anderen Bauten als einfachere Variationen des gleichen Grundthemas erscheinen läßt, so daß sie einen Sinn erhalten, den sie allein nicht hätten. Die begrenzende Wand der Piazza Navona hat so eine barocke, hierarchische Struktur. Die Fassade von S. Agnese bildet einen organischen Teil dieser Wand und verhilft dem Platz dazu, ein »Innenraum« zu werden. Daß sie ein Raum im barocken Sinn des Begriffes ist, ist in der Tat die Grundeigenschaft der Piazza Navona. Anstatt eine abstrakte, geometrische Eigenschaft zu haben, lebt sie aus den ständigen Wechselbeziehungen mit ihrer Begrenzung, was besonders in der konkaven Fassade von S. Agnese offensichtlich wird.[19] Borromini vollbrachte hier zwei Dinge: Erstens traten Kirche und Piazza in aktive Wechselbeziehungen, so daß der Außenraum in die Masse des Gebäudes einzudringen scheint, zweitens brachte er die konvexe Kuppel darüber in Verbindung mit dem Platz. Die Kuppel von S. Agnese ist die einzige große Masse, die am Ganzen teilnimmt, und die konkave Fassade von Borromini bringt dies mit voller plastischer Kraft zum Ausdruck. So wird eine aktive Beziehung zwischen Raum und Masse geschaffen, wie sie für die Barockarchitektur typisch ist. Die drei Brunnen spielen auch eine bedeutende Rolle in der Gesamtanlage. Sie teilen den Platz in vier verschiedene Zonen menschlichen Maßes, während sie gleichzeitig den Raum bevölkern und die Gefahr ausschließen, daß man einen Horror vacui empfindet. Berninis großer Brunnen der vier Weltflüsse (1648-1651) ist der wahre Brennpunkt der Piazza (Abb. 22).[20] Sein Obelisk ist eine Vertikalachse, die die horizontale Bewegung des Raumes begrenzt und zentralisiert, während gleichzeitig die allegorischen Figuren eine neue Dimension des Gedankens einführen, indem sie die Macht der Kirche symbolisieren, die in alle vier Teile der Welt ausstrahlt, hier dargestellt durch die Donau, den La Plata, den Ganges und den Nil. Der Brunnen ist auch eine der überzeugendsten Antworten auf den Wunsch des Barock nach einer Synthese von zwei Gegensätzen: Opera di natura und Opera di mano. Zu dem überzeugenden Eindruck auf den Besucher trägt auch die geniale Verwendung von Wasser bei. Ihre Vollendung findet die Anlage in der einladenden Fassade und der bekrönenden Kuppel von S. Agnese, die Berninis großer Rivale erbaut hat. Der Gesamteindruck wird etwas abgeschwächt durch die beiden Kampanile, die viel höher gebaut wurden, als Borromini sie geplant hatte. Im allgemeinen stellt die Piazza Navona den typischen Raum römischer Barockarchitektur dar, einen Raum, der ungeheuer dynamisch, vital und abwechslungsreich ist.

Nahe bei der Piazza Navona finden wir einen anderen Platz, der hinsichtlich des Maßstabs ihr genaues Gegenteil ist. Die Piazza von S. Maria della Pace (Abb. 23, 24) ist in der Tat ein kleiner Platz. Aber sie ist eines der seltenen Beispiel eines städtischen Raumes, der von einem einzigen Architekten geplant und ausgeführt wurde, aber vor allem ist sie eine der erregendsten Leistungen der Barockarchitektur. Dieses Meisterstück von Pietro da Cortona zeichnet sich durch die aktive Wechselwirkung von Masse und Raum in verdichteter und gesteigerter Form aus. 1656 litt die römische Bevölkerung sehr unter der Pest, und gleichzeitig drohte ein Einmarsch der Franzosen. Papst Alexander VII. entschloß sich daher, die Kirche von S. Maria della Pace neu zu bauen als »Bittgebet um Gnade und Frieden«.[21] Den Auftrag erhielt Pietro da Cortona, der den Zugang zu der alten Kirche verbessern mußte, die an der Gabelung von zwei engen Straßen gelegen war. Die einzig mögliche Lösung war die Schaffung einer kleinen Piazza. Ein erhaltener Entwurf von Cortona zeigt, welche Gebäude abgerissen werden mußten, um den Plan durchzuführen, und auch, wie absichtsvoll er der Piazza eine Begrenzung gab, die die Kirche zwingt, weit in den Raum vorzustoßen. Diese Lösung gibt dem Besucher das Gefühl, sich in der Kirche zu befinden, sobald er die Piazza betritt. Der tiefe Portikus greift in die Mitte des Raumes hinein und bildet doch gleichzeitig einen organischen Teil der Kirche dahinter. Die Integration von Kirche und Raum wird weiterhin verstärkt durch die Wandbehandlung. Die Häuser, die eine fortlaufende Fläche rund um die Piazza bilden, haben zwei Stockwerke und ein niedriges Dachgeschoß. Das Kranzgesims und die Brüstung dieses Dachgeschosses werden

23. Rom, Pietro da Cortona,
Entwurf für S. Maria della Pace.
Nach P. Portoghesi, Roma
Barocca.

24. Rom, Pietro da Cortona,
S. Maria della Pace.

25. Rom, Giovanni Lorenzo
Bernini, Piazza S. Pietro
(Petersplatz), Grundriß.

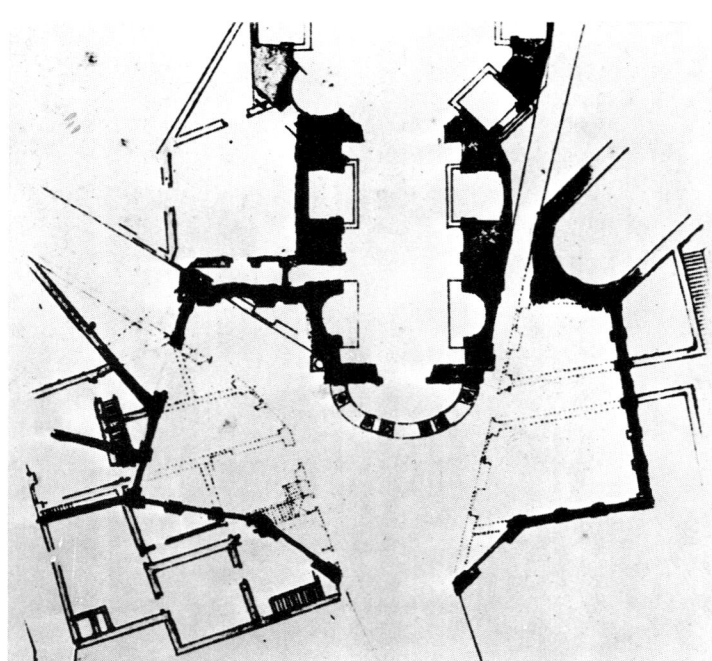

hinter den Längsflügeln der Kirche weitergeführt und wenden sich entlang einer konkaven Kurve nach innen. Man könnte von einer gegenseitigen Durchdringung von Elementen sprechen, die zur Piazza beziehungsweise zur Kirche gehören, während die vorspringende Bewegung der Kirche gleichzeitig verstärkt wird. Diese Durchdringung wird durch die Tatsache verstärkt, daß die gekrümmten Wände, die zu den Häusern »gehören«, durch Pilaster gegliedert sind, die eine Fortsetzung der Gliederung des Obergeschosses der Kirche bilden. Das Erdgeschoß der Gebäude rund um die Piazza führt die Kontinuität fort, wenn auch einfacher. So wird die Kirche einmal als unabhängige vorspringende Baumasse und zum anderen als Teil einer rund um den Platz laufenden Wand definiert. Die Lösung ist verwandt mit Borrominis Fassade von S. Agnese, aber wenn Borromini die Fassade einzog, um die Kuppel wirksam zu machen, mußte Pietro da Cortona dem Schiff der bestehenden Kirche plastischen Wert verleihen. Das Resultat ist der einladendste aller barocken Kircheneingänge. Der überzeugende Effekt wird verstärkt durch die meisterliche Handhabung des plastischen Details wie auch von Licht und Schatten.[22] Das Obergeschoß stößt konvex vor, um das starke Sonnenlicht einzufangen. Es zeigt die Masse der dahinter befindlichen Kirche an, aber nicht als ein abgesondertes Reich. Ein vertikaler Einschnitt in der Mitte und ein betonter Ziergiebel verwandeln das Ganze in einen großen Eingang. Cortona gab so eine »hochbarocke« Interpretation zu dem Thema von Il Gesù (Abb. 6). Bernini wiederholte die Lösung in vereinfachter Form in S. Andrea al Quirinale (1658), wo wir auch die vorspringende Vorhalle finden (Abb. 87). In der Tat plante Pietro da Cortona während des Pontifikats von Alexander VII. einen ähnlichen, aber viel monumentaleren Rahmen für Il Gesù.[23] Ein symmetrischer Zugang wird durch die seitlich vorspringenden Portikus geschaffen, hinter denen eine Piazza sichtbar wird. Die Kirche selbst ist rechts von dem Hause der Jesuiten durch den Durchbruch an einer neuen Straße abgetrennt worden, so daß sie die Bedeutung eines echten barocken »Brennpunktes« erwirbt.

Zu Beginn sprachen wir von S. Maria della Pace als einem städtischen Ereignis und hörten mit der Analyse besonderer architektonischer Eigenschaften auf. Dies sollte zeigen, wie römische Barockarchitektur durch eine beständige Wechselwirkung zwischen den beiden Ebenen charakterisiert wird. Die städtischen Räume bereiten auf die Kirchen vor, die dann ihrerseits der Umgebung Bedeutung verleihen. Beide sind Teile des gleichen öffentlichen Bereichs. S. Maria della Pace demonstriert auch, wie dem Barockraum nicht a priori eine allgemeine und richtungunabhängige (isotropische) Eigenschaft gegeben wird. Er wechselt vielmehr

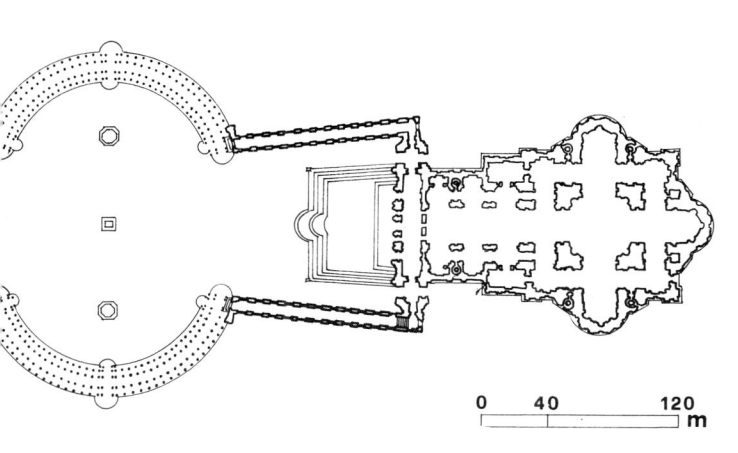

26. Rom, Schema der Piazza
S. Pietro.

27. Rom, Piazza S. Pietro mit
dem Projekt der 3. Kolonnade.
Stich von Falda.

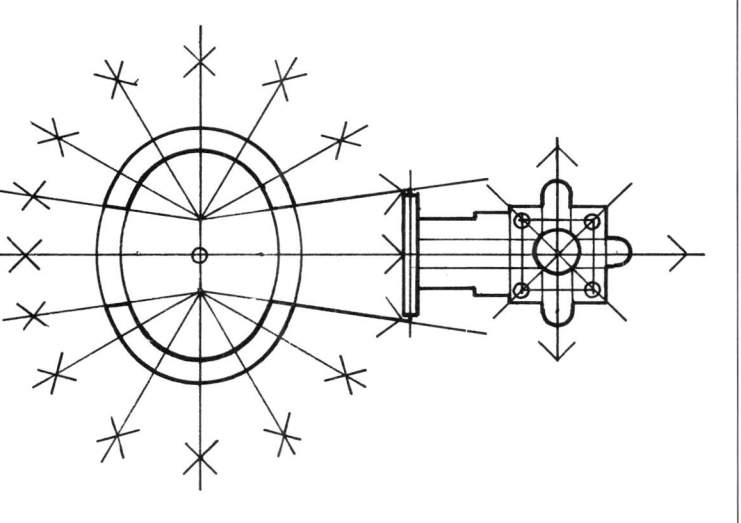

ständig, je nach Lage, mit anderen Worten: Der Raum wird zur Erscheinung.

Die Krönung aller Barockplätze Roms ist Berninis Petersplatz. Die Geschichte dieses Platzes ist lang und umfassend und braucht hier nicht erzählt zu werden. Uns interessiert die Endlösung, die unter dem Pontifikat Alexanders VII. (1655-1667) durchgeführt wurde.[24] Im Sommer 1656 legte Bernini einen ersten Plan vor mit einer trapezoiden Piazza, deren Seiten auf die heutige Piazza Rusticucci zulaufen. Diese kaum befriedigende Idee wurde bald fallengelassen, und Bernini wandte sich einem Kreisplan zu. Nachdem er die Lage an Ort und Stelle studiert hatte, entschied er sich für die letzte, die ovale Lösung, die er dem Papst am 17. März 1657 vorlegte.[25] Der große Ovalraum, die Piazza obliqua, wird mit der Kirche durch einen kleineren, trapezoiden Platz, die Piazza retta, verbunden, deren Seiten zur Kirche hin auseinanderstreben. Die Form des Hauptplatzes wurde durch verschiedene funktionelle Forderungen bestimmt: volle Sichtbarkeit der Fassade von St. Peter, bequemer Zugang zum Vatikanpalast und eine gedeckte »Wandelhalle« für Prozessionen. Zuallererst aber lag ihm ein Symbol zugrunde, das Bernini so ausdrückte: »... denn da die Kirche von St. Peter die Mutter fast aller anderen Kirchen ist, mußte sie Kolonnaden haben, damit es aussähe, als breite sie die Arme aus, um die Katholiken mütterlich zu empfangen und sie in ihrem Glauben zu bestärken, um die Häretiker wieder mit der Kirche zu vereinen und die Ungläubigen im wahren Glauben zu erleuchten.«[26] Der Raum wurde so zu einer Art von unendlich erweitertem Atrium, ein Charakter, der durch den monumentalen Eingang verstärkt worden wäre, der nach Berninis Entwurf zwischen den beiden »Armen« gebaut werden sollte. Dieser »terzo braccio« wurde niemals ausgeführt, da Alexander VII. 1667 starb.[27]

Kein anderer Platz ist so oft analysiert worden wie der Petersplatz (Abb. 25, 26, 30, 32), insbesondere um zu zeigen, wie Berninis Lösung der übermäßigen Länge von Madernos Fassade entgegenwirkt. Da die ursprünglich geplanten Kampanile niemals gebaut wurden, erhielt die Fassade unschlüssige und langweilige Proportionen. In Berninis Lösung ist die Öffnung zwischen der Piazza obliqua und der Piazza retta schmaler als die Fassade, aber man empfindet sie spontan als gleich (die Piazza retta wird so als rechteckig empfunden), daher erscheint die Fassade kürzer, als sie ist, und entsprechend höher.[28] Dieser Effekt wird verstärkt durch die Behandlung der Seitenwände der Piazza retta, die in der Höhe abnehmen, je näher sie der Kirche kommen. Die Höhe der Kirchenfassade wird also »gemessen« in Beziehung zu den kleineren Pilastern und nicht zu jenen, die am Anfang der Piazza

28. Rom, Giovanni Lorenzo
Bernini, Entwurf für die Fassade
von S. Pietro mit den Kampanilen.

29. Rom, Giovanni Lorenzo
Bernini, Piazza S. Pietro.
30. Rom, Piazza S. Pietro.

retta stehen. Das Queroval der Piazza obliqua schließlich bringt die Kirche dem Beschauer relativ näher. Berninis letzter Entwurf für die Vorderansicht mit Kampanile, die von der Hauptfassade abgetrennt sind, hätte die geniale Lösung vervollständigt. Die Bedeutung in Berninis Plan liegt aber nicht in diesen perspektivischen »Tricks«. Was den Petersplatz zu einem der großartigsten Plätze macht, die je konzipiert wurden, sind seine allgemeinen Raumeigenschaften. Die Piazza obliqua kann man als gleichzeitig geschlossen und offen bezeichnen. Der Raum ist klar definiert, aber die ovale Form schafft eine Ausdehnung entlang der Querachse. Eher als eine statische, fertige Form wird hier eine Wechselbeziehung mit der Welt jenseits davon hergestellt, was auch durch die »transparenten« Kolonnaden ausgedrückt wird. Ursprünglich sah man Gärten durch diese Säulen, so daß die Piazza als Teil einer offenen, weiten Umgebung erschien. Der Raum wird wirklich der »Treffpunkt der gesamten Menschheit«, während gleichzeitig seine Botschaft in die ganze Welt ausstrahlt.[29] Auch die trapezoide Piazza retta ist Teil dieses Generalplans. Der Obelisk hat eine bedeutsamere Funktion als der Knoten, in dem alle Richtungen vereint und mit der Längsachse verbunden werden, die zur Kirche führt. Hierdurch wird eine ideale Synthese von Konzentration und Längsrichtung auf ein Ziel hin geschaffen. In der Kirche wird das Thema wieder aufgenommen, und hier findet die Bewegung ihre endgültige Motivierung in der Vertikalachse der erhobenen Kuppel. Argan sagt:»... die Kuppel erhebt sich und wird über den Kolonnaden sichtbar, gerade so wie ihr ursprünglicher symbolischer Sinn in dem allegorischen Zweck von Berninis Piazza klar enthüllt wird... Die umschlossene Form der runden Kuppel ist einbegriffen, im plastischen wie im symbolischen Sinn, und sichtbar auch in der offenen, elliptischen Kurve der Kolonnaden, deren allegorischer Zweck es ist - wie Bernini in einem seiner Entwürfe erklärt -, die Arme eines gedachten Körpers darzustellen, dessen Kopf die Kuppel ist: Die Umarmung des Universums durch die Kirche ist so der Prolog zu der höchsten Enthüllung...«[30]

So ist der Petersplatz ein überragendes Beispiel von Raumkomposition, wert seiner Funktion als Hauptbrennpunkt der katholischen Welt. Er zeigt, wie ein System von Plätzen, welches seiner Umgebung in besonderer Weise verbunden ist, fähig ist, einen Gehalt zu symbolisieren, der die tiefsten Probleme der menschlichen Existenz umfaßt. Gleichzeitig ist es Bernini gelungen, die Essenz des Barockzeitalters mit einzigartiger Einfachheit zu konkretisieren. Dennoch hört sein Werk nie auf, den Beschauer herauszufordern. Besser als jedes andere Beispiel zeigt der Petersplatz, daß die Grundlage des Barock eher in allgemeinen Grund-

33. Rom, Giovanni Antonio
de Rossi, Palazzo Altieri.
Stich von Specchi.
34. Rom, Martino Longhi d. Ä.,
Carlo Rainaldi, Palazzo Borghese,
Grundriß.

sätzen gefunden wird als in überschwenglichen Details. Das Opus magnum von Bernini ist in der Tat aus einem einzigen Element komponiert: der klassischen Säule.

Wir haben das Rom des Barock besprochen, indem wir seine bedeutendsten städtischen Elemente analysierten. In der Tat bildet dieses barocke Rom nicht eine systematische Ganzheit geometrischer Art. Die sieben Basiliken, die den Hauptausgangspunkt für den Plan von Sixtus V. bilden, hatten ihren Platz eher in Beziehung zu historischen Ereignissen gefunden als aus topographischen, städtebaulichen Gründen. Einige befinden sich außerhalb, andere innerhalb der Stadtmauer. Das Rom der Barockzeit spiegelt daher eher die Anpassung einzelner Umstände wider als einen Idealplan, und sein »System« liegt mehr in der Schaffung eines allgemeinen Charakters als eines konkreten, geordneten Bildes. Das wird besonders gut durch einige kleine Anpassungen illustriert, wo der barocke Wunsch für räumliche Kontinuität und Wechselwirkung trotz besonderer Bedingungen verwirklicht wurde.

Carlo Rainaldi gab 1671 dem weitläufigen und komplexen Organismus des Palazzo Borghese (Abb. 34) seine endgültige Form.[31] Er faßte alle Räume der alten Fassade zum Ripetta-Flügel zusammen, so daß sie eine lange Flucht von Gemächern bildeten, deren Türen er in einer Linie hintereinander ausrichtete. Der hierdurch erreichte Blick fiel jedoch auf die glatte Wand des anstoßenden Hauses. Da es auch den Borghese gehörte, durchbrach Rainaldi das Haus mit einem schrägen Durchgang, um den Blick auf den Tiber hin auszuweiten. Ein Brunnen in der Öffnung machte den Effekt noch überzeugender und rief in der Tat den Eindruck hervor, als ob der Brunnen jenseits des Tibers läge. Ein weiteres Beispiel einer sehr anderen Art von Anpassung bietet der Palazzo Altieri (1650-1660; Abb. 33).[32] Die lange Wand dieses Palastes verläuft zum Teil entlang der Seite von Il Gesù und blickt zum Teil auf die Piazza vor der Kirche. In Anpassung an diese unterschiedliche Lage entwarf Giovanni Antonio de Rossi den Teil der Wand, der auf die Piazza schaut, als ein symmetrisches Risalit, das in sich abgeschlossen ist. Damit aber der ganze Organismus nicht auseinanderfiel, mußte er den verbleibenden Teil stark asymmetrisch gestalten, so daß ein symmetrischer Flügel notwendig wurde, um das völlige Gleichgewicht herzustellen. De Rossi löste das Problem mit Hilfe eines »Pseudorisalits« am rechten Ende und vor allem, indem er ein langes asymmetrisches Belvedere auf dem Dach errichtete.

So wimmelte die römische Barockarchitektur von unerwarteten und originellen Erfindungen. Rom ist daher die mannigfaltigste aller Barockstädte. Anstatt ihr ein dominierendes System aufzu-

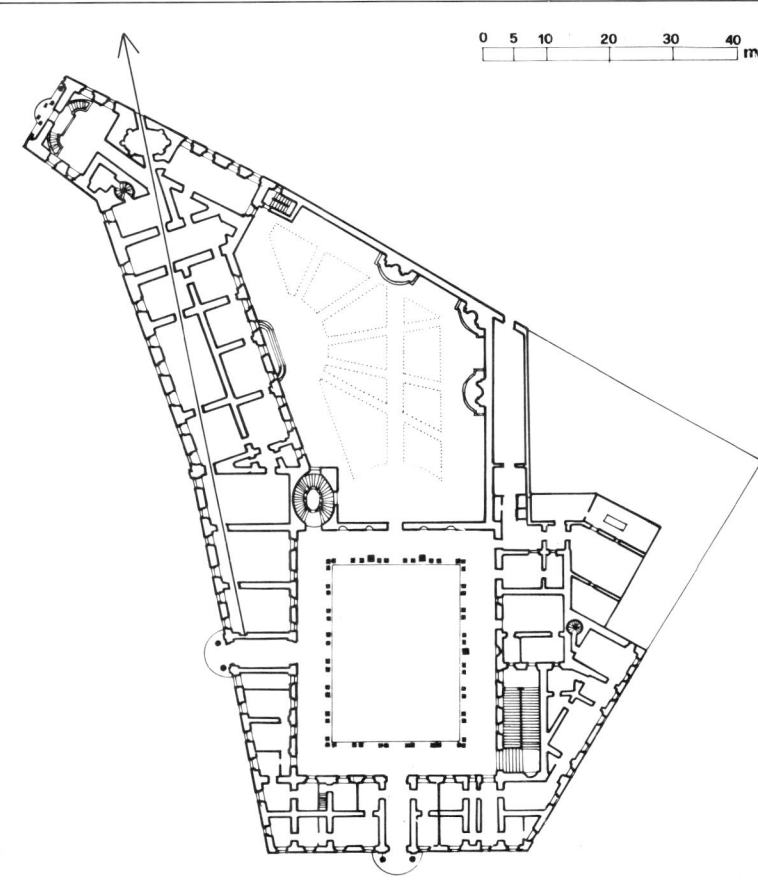

zwingen, lieferte das Barockzeitalter einen großen Beitrag zu ihrer ewigen, aber sich entfaltenden Struktur.[33]

Paris

Die Stadtentwicklung von Paris im 17. Jh. verlief sehr anders als die von Rom. Anstatt mit einem System zu beginnen, kamen in Paris eine Reihe monumentaler Bewegungen langsam zusammen und bildeten eine zusammenhängende, systematische Struktur. Diese Entwicklung wurde im 18. und 19. Jh. fortgeführt. Wir müssen jedoch hinzufügen, daß der Wunsch nach einem System von Anfang an mehr oder weniger deutlich vorhanden war. Aber es gibt auch Ähnlichkeiten zwischen den beiden Städten. In beiden Fällen mußte eine »barocke« Lebensform konkretisiert werden, und dies wurde beide Male durch die Schaffung sinnvoller »Brennpunkte« erreicht. Was Sixtus V. für Rom tat, tat Heinrich IV. für Paris. Die Zeit ist praktisch die gleiche, nur ein wenig später, wegen des französischen Bürgerkriegs. Nach seinem Einzug in Paris, 1594, stellte Heinrich IV. die Monarchie wieder her, stärkte sie und gewann durch liberale Konzessionen allgemeine Anerkennung seiner Autorität. Während der letzten Jahre seines Lebens wünschte er, seiner Hauptstadt ein Gesicht zu geben, das des neuen Systems würdig wäre.

Während Sixtus V. von den schon bestehenden städtischen Brennpunkten ausgehen konnte (nämlich den sieben Basiliken), mußte Heinrich ganz neu anfangen. So schuf er ein neues städtisches Element, die Place royale. Dieser Platz ist ein städtischer Raum, der um die Statue des Königs als Mittelpunkt entwickelt ist. Der absolute Herrscher ist so der wahre Brennpunkt. Der Prototyp ist offensichtlich der Kapitolsplatz von Michelangelo, wo der erste Monarch von Gottes Gnaden in den Mittelpunkt eines Raumes gestellt ist, der den Mittelpunkt der Welt symbolisiert.[34] Die Place royale Heinrichs IV. weicht aber in einem bedeutenden Punkt von dem Prototyp ab: Sie ist von Wohnhäusern umgeben und nicht von rein monumentalen, Bürgerzwecken dienenden Bauten. Sie macht daher die neuen Beziehungen zwischen dem Herrscher und seinem Volk anschaulich und drückt doch gleichzeitig einen gewissen Bürgerstolz aus. Die Place royale war von ausschlaggebender Bedeutung für die städtische Entwicklung in den folgenden Jahrhunderten, nicht nur in Frankreich.

Das erste von Heinrichs Projekten, die Place Dauphine (Abb. 35-37), ist von besonderem Interesse wegen ihrer Beziehung zu der Stadt als ein Ganzes. Vor der Ile de la Cité lagen zwei kleine Inseln. Heinrich III. hatte schon an dieser Stelle mit dem Bau einer neuen Brücke über die Seine begonnen (1578). Sie sollte nach tradi-

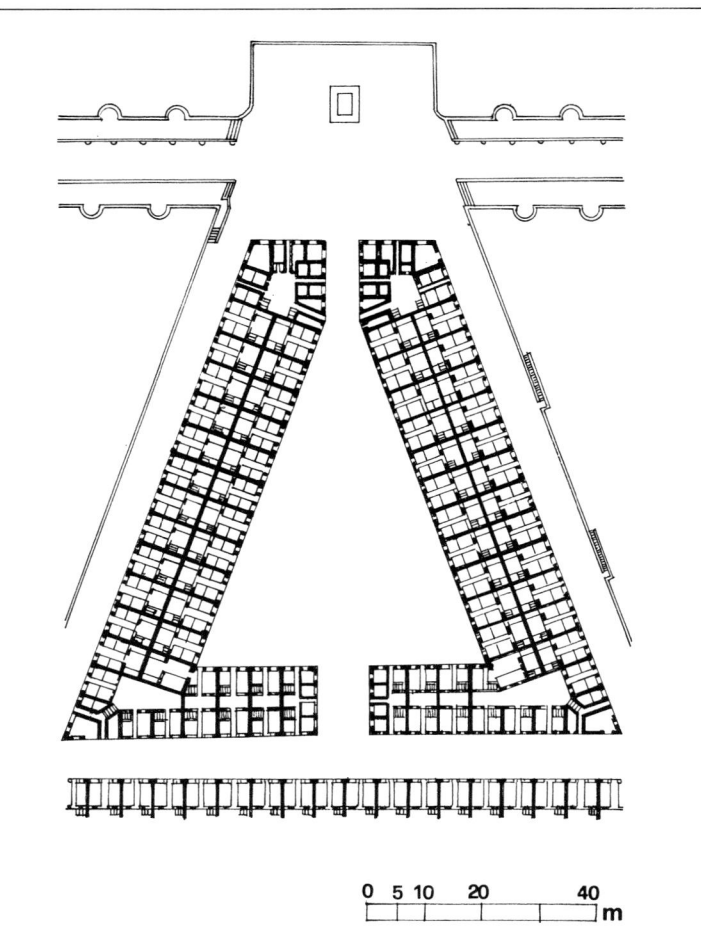

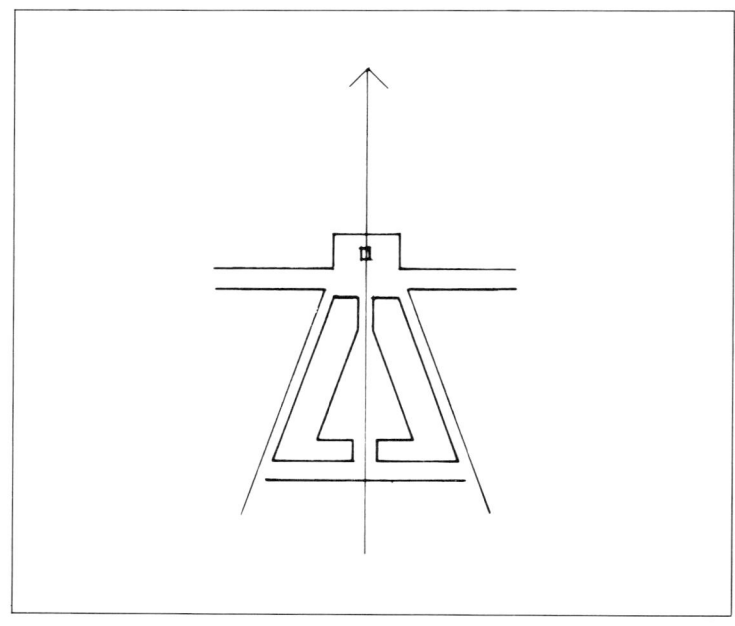

35. *Paris, Place Dauphine,*
Grundriß.

37. *Paris, Place Dauphine.*
Stich von Perelle.

36. *Paris, Schema der Place*
Dauphine.

38. *Paris, Place des Vosges,*
Teilansicht eines Palais.

39. *Paris, Place des Vosges.*
Stich von Perelle.
40. *Paris, Jules Hardouin-Mansart,*
Place des Victoires.
Zeitgenössischer Stich.

tionellem Muster auf beiden Seiten von Häusern eingefaßt werden. Der Bau des Pont Neuf wurde jedoch durch den Bürgerkrieg gestoppt und erst 1606 beendet. Heinrich IV. strich die Häuser und machte die Brücke zum Teil eines umfassenderen städtischen Plans. Zwischen der Brücke und der alten Ile de la Cité entwickelte er einen neuen, dreieckigen Platz, die Place Dauphine. Wo die Achse dieses Platzes die Brücke kreuzt, wurde ein Reiterstandbild des Herrschers aufgestellt.[35] Die Brücke wurde auf beiden Seiten mit geraden Straßen verbunden, die auf der Nordseite zu der Kirche St-Eustache und auf der Südseite zu der Porte St Germain führten. So erhielt Paris seine erste Stadtachse. Dieser Querweg kreuzt im rechten Winkel die Seine, die die Hauptachse des Systems selbst ist. Die Place Dauphine macht in der Tat die Flußachse architektonisch manifest und war der erste in einer Reihe von Plänen, die der Seine eine Bedeutung gaben, welche die der Flüsse all anderen Hauptstädte übertrifft.[36] Der Platz besteht aus zwei langen Gebäuden mit angebauten Flügeln, die so ein Dreieck bilden.[37] Die Straßen verlaufen entlang den Außenseiten, so daß, zusammen mit der Hauptachse, ein Dreizack, der auf die Statue hin ausgerichtet ist, gebildet wird. Die Bauten enthalten eine Reihe einheitlicher, verhältnismäßig kleiner Wohnungen mit Läden im Erdgeschoß. Die Gliederung zeigt eine etwas unsichere Betonung von Oberfläche und Masse (bestimmt durch hohe, steile Dächer) und nicht den italienischen Gebrauch von Masse und plastischen Gliedern. Auf dem Platz selbst steht kein Denkmal. Die Statue Heinrichs IV. wurde so aufgestellt, daß sie auch als Mittelpunkt für die ganze Stadt diente.

Etwa zur gleichen Zeit, als die Place Dauphine geplant wurde, begann Heinrich IV. eine andere, typischere Place royale, die heutige Place des Vosges (Abb. 39).[38] Dieser Platz liegt im Marais-Distrikt und war als »promenoir« für die Einwohner gedacht. Er wird von Häusern allgemeinen Charakters umgeben, die denen der Place Dauphine ähneln, mit Wohnungen für die Wohlhabenden. Jedermann hatte sich dem allgemeinen Plan zu fügen; die Kontinuität der Wand, die den Raum bestimmte, wurde durch Arkaden betont. Die einzelnen Einheiten werden jedoch durch Abschnitte in den Dächern und durch hohe Schornsteine angezeigt. Ein gewisser axialer Effekt wird durch den Pavillon du Roi und den Pavillon de la Reine geschaffen, die beide als Hauptzugang dienen. Der ganze Platz ist auf ein Reiterstandbild Ludwigs XIII. ausgerichtet, das 1639 aufgestellt wurde. Die Gliederung der Fronten zeigt ein »gotisches« Ineinandergreifen von vertikalen und horizontalen Linien, nicht so sehr eine klassische Struktur. Die Pilaster der Erdgeschosse tragen daher auch keinerlei Gebälk, sondern nur einen dünnen Fries. Die allgemeine Wirkung

41. Paris, Place des Victoires,
Grundriß.

42. Paris, Place Vendôme,
Grundriß.

43. Paris, Jules Hardouin-Mansart,
Place Vendôme. Stich von Le
Pautre.

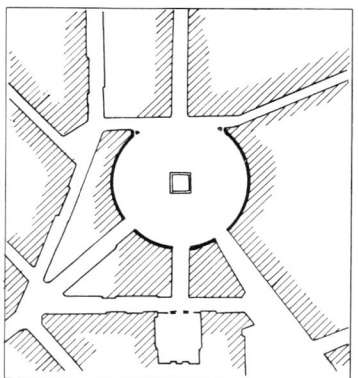

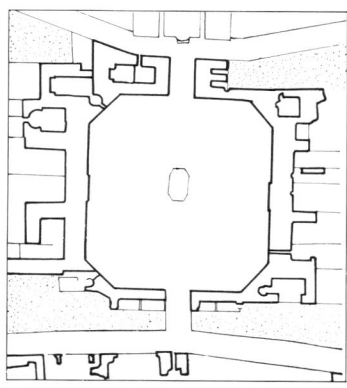

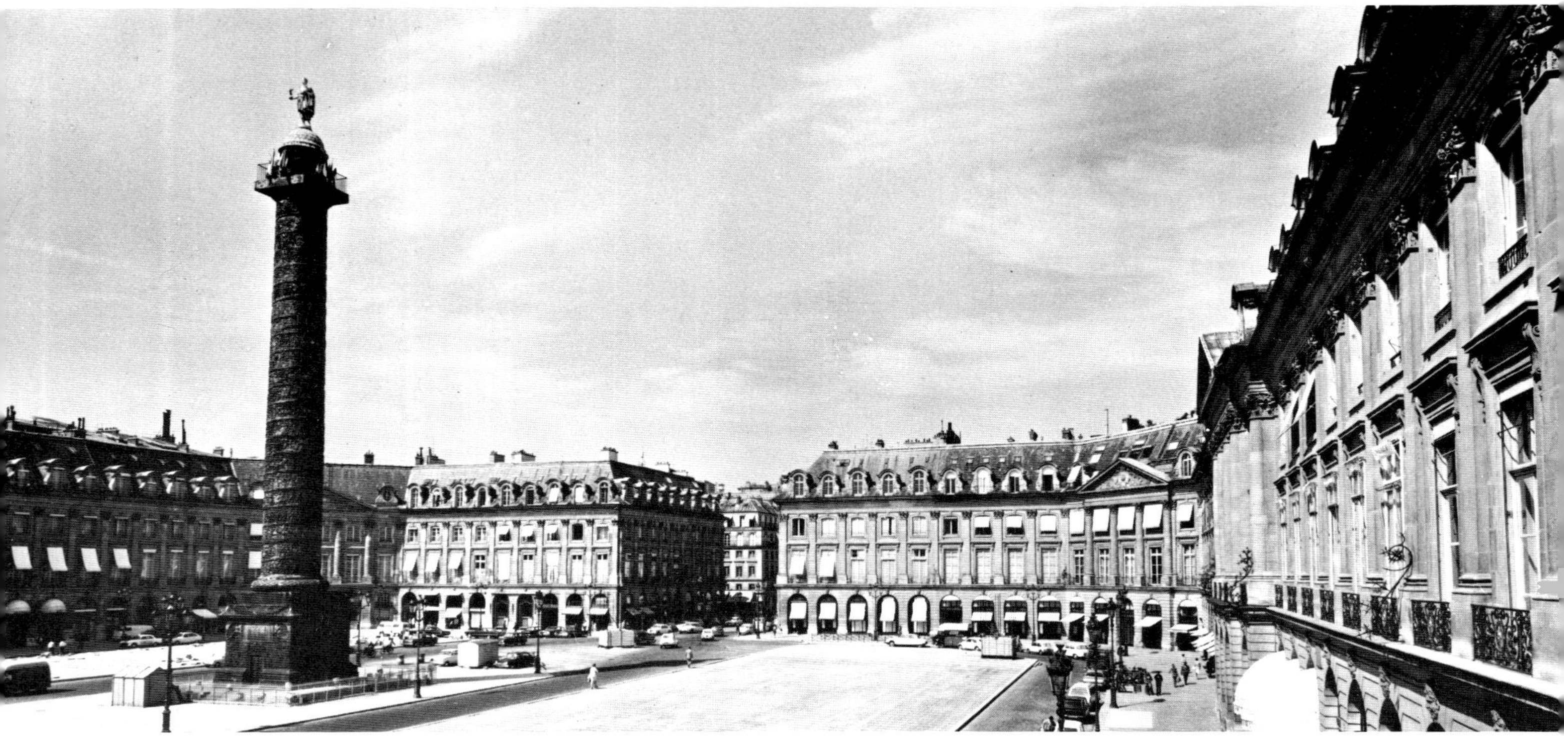

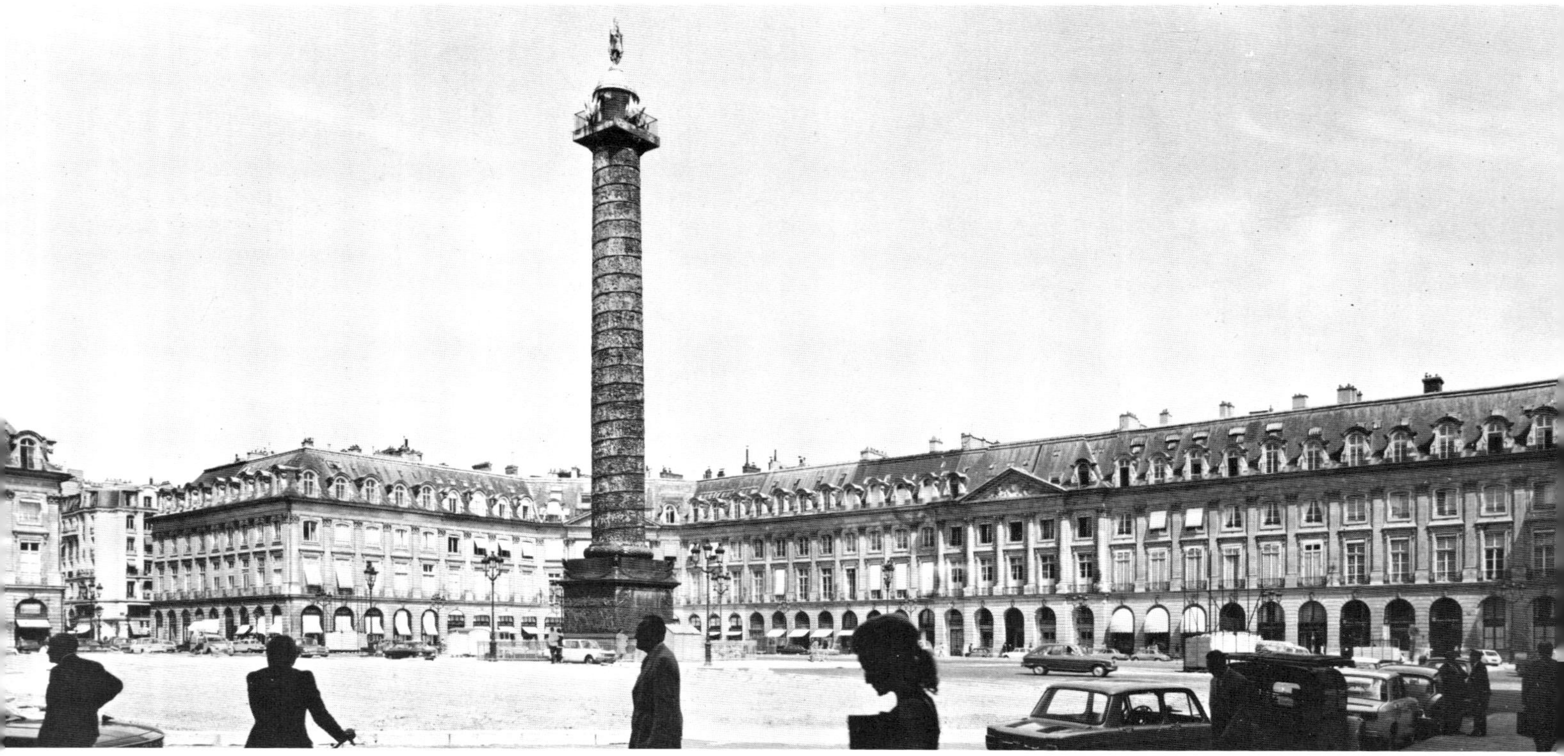

ist jedoch nicht die eines Skeletts. Die Wände erscheinen in der Tat als geschmückte Oberfläche. Die Place royale wurde in vielen Städten Europas nachgeahmt, vor allem in London.[39]
Weiter ostwärts, zwischen der Bastille und dem Tempel, plante Heinrich IV. eine andere große Stadtentwicklung (1610).[40] Seine Place de France ist die erste sternförmige Komposition barocker Städteplanung und zeigt acht Straßen, die von einer Grundlinie ausgehen, mit einem neuen Stadttor als Mittelpunkt. Die acht Straßen sollten die Namen der bedeutendsten französischen Provinzen tragen und so den Plan zum Ausdruck des neuen nationalen Gedankens machen. Während Stadttore bis auf den heutigen Tag ihre Namen von besonderen »geographischen« Umständen erhalten, war die Porte de France ein rein symbolischer Name, in Übereinstimmung mit der Rolle von Paris als Hauptstadt. Die Ausführung des Projektes wurde begonnen, aber wegen des Todes des Königs nicht durchgeführt. Die Place de France war nicht als eine Place royale geplant. Sie zeigte vielmehr die Tendenz zu einer integrierten städtischen Stuktur an, und in der Tat war hundert Jahre später das ganze Gebiet von Paris von diesem Sternenmuster bedeckt.
Während der Regierung Ludwigs XIII. (1610-1643) wurden keine neuen städtischen Brennpunkte geschaffen. Die Aktivität konzentrierte sich vielmehr auf die Schaffung regulärer Stadtdistrikte. Einer der ersten war die Rue Dauphine, die als Fortsetzung des Pont Neuf gebaut wurde. Ihre Einwohner erhielten den Befehl, »die Fronten ihrer Häuser alle gleich zu machen, denn es wäre ein schöner Schmuck, wenn am Ende der Brücke diese Straße eine lange Fassade bildete.«[41] Von größerer Bedeutung war die vollständige Bebauung der Ile St-Louis auf der Basis eines systematischen rechtwinkligen Plans.[42] Die Bautätigkeit dauerte einige Jahrzehnte, und Louis Le Vau, der auf der Insel wohnte, nahm aktiven Anteil daran. Der Richelieu-Distrikt wurde nach 1633 außerhalb der alten Stadtmauern entwickelt, nördlich des Louvre und der Tuilerien. Wie die Ile St Louis war er um zwei Straßen herum geplant, die einander rechtwinklig kreuzten. Bedeutender als diese Leistungen im Städtebau war die allgemeine architektonische Entwicklung während der Regierungszeit Ludwigs XIII. Salomon de Brosse und François Mansart[43], die Begründer des großen französischen Klassizismus der folgenden Epoche, benutzten in der Tat eine »korrektere« und schöpferischere klassische Sprache.
Während der langen Regierungszeit Ludwigs XIV. (1643-1715) erlebte Paris einige Wechsel, die einen entscheidenden Einfluß auf die weitere Entwicklung der Stadt haben sollten. Zwei weitere Places royales wurden geschaffen, und die Gärten der Tuile-

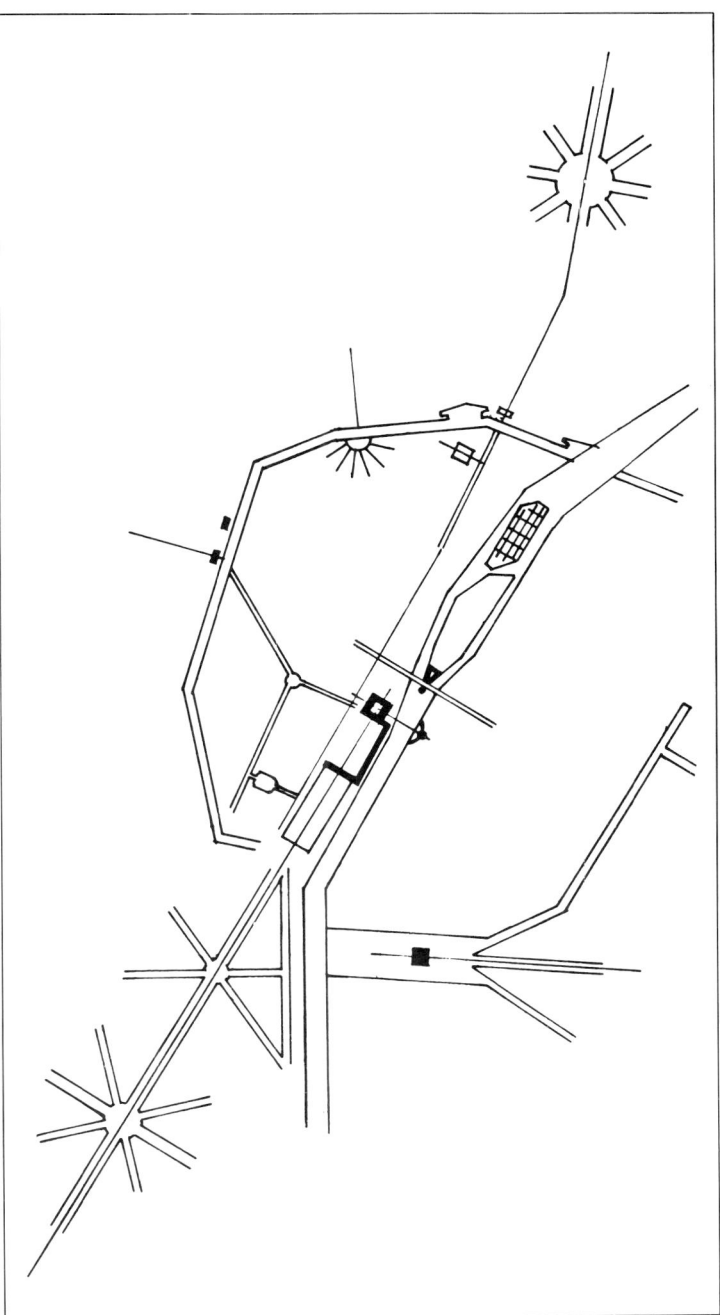

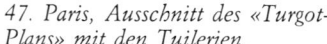

rien dienten als Ausgangspunkt für eine Raumausweitung nach Westen. Bedeutender jedoch war das Aufgeben der Festungswerke, die unter Ludwig XIII. vollendet worden waren und nun durch einen fast vollständigen Ring von »Boulevards« ersetzt wurden[44], so daß Paris ein offener Raum wurde. Betrachten wir zunächst die neuen Plätze.

Zwischen 1682 und 1687 erhielt der Distrikt nördlich des Louvre seinen städtischen Brennpunkt, die Place des Victoires (Abb. 40, 41), ursprünglich Place Louis XIV. Der Platz war von dem führenden Architekten der Zeit, Jules Hardouin-Mansart, geplant und in ganz ungewöhnlicher Weise entworfen. Anstatt einen relativ isolierten Raum zu planen, wie die Place des Vosges, verband sein Entwurf verschiedene bedeutende Richtungen innerhalb des Stadtgefüges: die Rue des Fossés Montmartre (Rue d'Aboukir), die durch die alte Stadtmauer Heinrichs IV. bestimmt wurde, die Rue Croix des Petits Champs, die direkt nach Süden, zum Louvre, führte, und die Rue de la Feuillade, die zu den neuen Distrikten im Norden der Tuilerien führte. Der Kreis war die einzige Form, die für diesen Zweck brauchbar war, und die Place des Victoires wurde so zum Prototyp einer Reihe von großen kreisförmigen städtischen Räumen in ganz Europa. Die Place des Victoires ist jedoch nicht ein reguläres Rondell. Die Rue des Fossés Montmartre, die, von der Porte St Denis kommend, den Platz mit dem Ring der Boulevards und mit der Hauptstraße, die nach Norden führt, verbindet, wird als Achse benutzt, die über das Kreismuster gelegt ist. Sie endet im Ehrenhof des Hôtel de la Vrillière (Hôtel de Toulouse). Die beiden anderen erwähnten Straßen zweigen symmetrisch von dieser Achse ab. Im Mittelpunkt der ganzen Komposition steht ein Reiterstandbild Ludwigs XIV. (1686).[45] Eine einförmig gegliederte Wand umgibt den Raum. Sie besteht aus einem Rustika-Erdgeschoß und einer Kolossalordnung ionischer Säulen, die zwei Stockwerke umfassen. Die Lösung stammt von Bernini, aber hier ist der Charakter leichter und weniger plastisch als in verwandten römischen Beispielen. Das System findet nur auf die Platzwand Anwendung, während die Seitenwände entlang der Straßen einfacher gegliedert sind. So wird der Raum zu einem konstitutiven Element der Komposition und nicht so sehr die umgebenden Bauten, ein Gedanke, der auf Michelangelos Entwurf für den Kapitolinischen Hügel in Rom zurückgeht.

Diese Grundtatsache wird noch sichtbarer in der zweiten der Places royales, die während der Regierung Ludwigs XIV. gebaut wurde, der Place Vendôme (Abb. 42-45) oder Place Louis le Grand, die als Brennpunkt für die neuen Distrikte im Westen der Stadt gedacht war. Ein erster Entwurf wurde 1685 von

48. *Paris, André Le Nôtre,*
Tuileriengärten. Stich von Perelle.

41

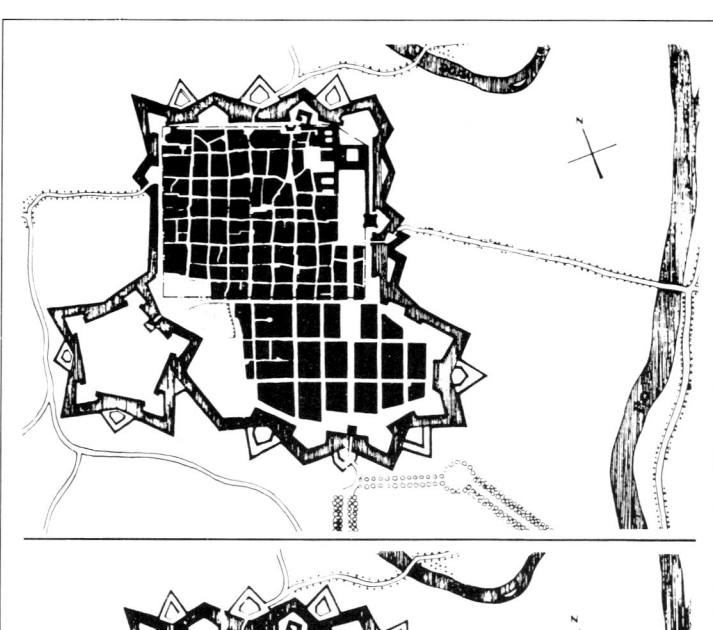

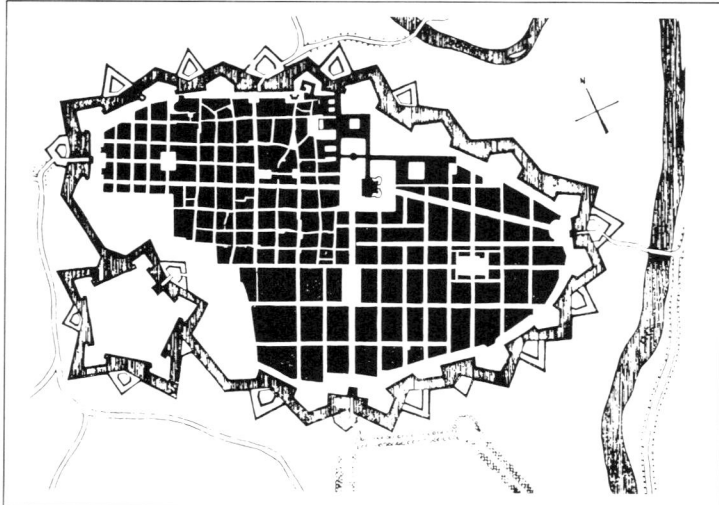

49-50. Turin, Grundriß der Stadt mit der ersten Erweiterung nach Süden (oben), der zweiten Erweiterung (Mitte) und nach der dritten Erweiterung (unten).

Hardouin-Mansart gemacht, und Teile der Fassaden wurden errichtet, ohne daß dahinter Häuser standen. Ursprünglich war eine Reihe öffentlicher (oder königlicher) Bauten geplant, wie Akademien, eine Bibliothek, die Königliche Münze und Botschaften, aber 1698 ließ man den Plan fallen und riß die Fassaden nieder. Hardouin-Mansart machte einen neuen, kleineren Entwurf, der einen rechtwinkligen Raum mit abgeschnittenen Ecken vorsah, ein Oktogon mit ungleichen Seiten. Wieder wurden Fassaden errichtet (1699-1708) und die Baugrundstücke dahinter an Einzelpersonen verkauft. So wiederholt die Place Vendôme in etwa die allgemeine Lösung der Place des Vosges. Die Schließung des Raumes wird durch die abgeschnittenen Ecken und die strenge und regelmäßige Gliederung der Wände betont. Gleichzeitig wird die Form in die Länge gestreckt, in Übereinstimmung mit der Nord-Süd-Achse, die ursprünglich die nahe gelegenen Kirchen Les Capucines und Les Feuillants verband. Diese Lösung stellt eine typische Barocksynthese von Kreis und Längsachse dar, von Geschlossenheit und Widerspiel mit der Umgebung. Die Wandgliederung wiederholt das allgemeine System der Place des Victoires, aber die Joche sind schlanker und die Details reicher. Der Mittelpunkt wurde durch eine Reiterstatue aus Bronze von Ludwig XIV. als römischer Imperator markiert.[46]

Die vier Places royales von Paris sind Variationen eines allgemeinen Themas. Grundsätzlich sollen sie Räume sein. Sie sind nicht abhängig von besonderen Bauten wie die römische Piazza[47], sondern sie sind als »städtische Interieurs« konzipiert. Die fortlaufende begrenzende Mauer ist daher wichtig, ebensosehr wie die Festlegung eines Mittelpunktes. Das allgemeine Thema wird durch die Wahl der Form und die Beziehung zur Umgebung variiert. Die Plätze von Paris basieren so auf vier geometrischen Grundformen: dem Dreieck, dem Quadrat, dem Kreis und dem Rechteck. Unvermeidlich spiegeln sie die rationale und systematische Haltung der Gesellschaft wider, für die sie erbaut wurden. Places royales wurden auch in anderen Städten eingeführt, wie z.B. in Dijon, wo Jules Hardouin-Mansart einen halbkreisförmigen Raum vor der Front des Palais des États de Bourgogne schuf (1686).

Während die Places royales Paris eine neue innere Struktur gaben, schufen der Ring der Boulevards und die Zentrifugalachsen neue Beziehungen zur Umgebung. Die Idee hinter diesen Neuerungen stammt aus der Gartenarchitektur und spiegelt eine neue Haltung gegenüber der Landschaft wider. Die ersten entscheidenden Beispiele finden wir in Italien. Aber die französische Entwicklung war vor allem das Werk eines einzigen Mannes: André Le Nôtre (1613-1700). 1637 wurde Le Nôtre zum Gärtner der Tuilerien ernannt (Abb. 48), und während seiner langen und unglaublich aktiven Laufbahn wohnte er dort. Die bestehenden Gärten waren im typischen Renaissancestil geplant und bildeten eine Abfolge von »statischen« Quadraten und Rechtecken (1563). Le Nôtre wandelte den ganzen Plan völlig um und führte ein System von Achsen ein und eine Vielzahl verschieden geformter Räume. Vor allem öffnete er das Gebiet nach Westen, indem er eine lange Avenue (die Champs-Élysées) schuf, die in einem großen Rondell (L'Étoile) endete. Eine entsprechende Achse, die nach Osten von der Porte St Antoine nach Vincennes führen sollte, war gleichfalls geplant und wurde auch zum Teil ausgeführt. Hierdurch wurde ein System ausstrahlender «Pfade» begonnen, das die Rolle von Paris als Hauptstadt von ganz Frankreich ausdrückt. Die ausstrahlenden Straßen und Avenuen wurden durch den Ring der Boulevards miteinander verbunden, welche das Gebiet der Stadt bestimmen, ohne es einzuschließen. Die Boulevards Ludwigs XIV. sind 36 m breit und bestehen aus einem Hauptfahrweg, den schmälere Straßen begleiten. Wo sie die ausstrahlenden Straßen kreuzen, wurden Triumphbögen errichtet, natürlich rein symbolische Stadttore, die den Grundgehalt des Raumsystems ausdrücken sollten.[48]

Während der Regierung Ludwigs XIV. wurde die Grundstruktur von Paris festgelegt. Ihr systematischer Charakter ist offensichtlich, und ihre konstitutiven Elemente sind Raumknoten, Pfade und regelrecht programmierte Distrikte. Die Gebäude sind in Beziehung zu diesem System geplant und besitzen daher keine starke, plastische Individualität. Eher denn als Massen erscheinen sie als Oberflächen, die die städtischen Räume und deren Fortsetzung, die Ehrenhöfe, bestimmen. Der dynamischen Kraft des französischen Städtebaus im 17. Jh. fehlt so die dramatische Eigenschaft des römischen Barock. Die Betonung des systematischen Aspekts führte zu einer Gliederung, die auf dem regelrechten und korrekten Gebrauch klassischer Elemente beruhte. Wir dürfen jedoch den Begriff »Barock« insofern anwenden, als ein starker Wunsch nach Integration, Kontinuität und »Offenheit« vorhanden ist. Rom ist die typische »Heilige Stadt« des Barock, Paris ist ihr weltliches Gegenstück.

Turin

Die Hauptstadt des Piemont liegt auf halbem Weg zwischen Rom und Paris, und ihre Geschichte ist in der Tat eng mit beiden verknüpft. Als Turin gegen Ende des 16. Jhs. die Hauptstadt des Herzogtums Savoyen wurde, war es noch eine kleine Stadt, die den quadratischen Grundriß des ursprünglichen römischen Oppidum hatte. Herzog Carlo Emanuele I. (1562-1630) setzte die poli-

tische Restauration fort, die sein Vater Emanuele Filiberto begonnen hatte, und veranlaßte die Umwandlung von Turin in eine Barockhauptstadt. Zur gleichen Zeit jedoch stand Piemont unter dem Einfluß der Gegenreformation. Die beiden »Hauptkräfte« der Epoche trafen daher aufeinander und bildeten eine einzigartige Synthese, in der sie die sakralen und die weltlichen Aspekte vereinten.[49]

Die alte Stadt war durch ein rechtwinkeliges System von Straßen organisch gegliedert, mit einem Stadtplatz in der Mitte. Im Osten an der Stadtmauer lag ein Kastell, ursprünglich ein römisches Stadttor, das im Mittelalter umgebaut worden war. Herzog Carlo Emanuele nahm dieses Kastell natürlich als Ausgangspunkt und beauftragte seinen Architekten, Ascanio Vitozzi, es zum Mittelpunkt einer regelrechten Piazza zu machen (1584).[50] Um die Funktionen dieses »Zentrums« zu konkretisieren, plante Vitozzi, die Piazza mit einer neuen, radial angelegten Stadt zu umgeben. Der Gedanke wurde jedoch fallengelassen zugunsten einer besseren Anpassung an das bestehende rechtwinklige System, und auf dieser Basis wurde eine Stadterweiterung nach Süden und Osten begonnen. Diese Entwicklung dauerte fast das ganze 17. Jh. hindurch an, aber wir sollten betonen, daß der allgemeine Plan festgelegt war, als Vitozzi die Piazza Castello (Abb. 51) schuf. Dieser Platz wurde von einheitlichen Fassaden umgeben, deren Gliederung auf fortlaufenden horizontalen Linien und Rhythmen beruhte. Der geschlossene Charakter wurde durch Rustika-Arkaden im Erdgeschoß betont. Kurz vor seinem Tod (1615) entwarf Vitozzi eine neue Straße, südlich der Piazza verlaufend, die Via Nuova (heute Via Roma), die die Hauptachse eines neuen Distrikts bilden sollte, der Città Nuova. Die Fronten dieser Straße waren als Fortführung der Wände des Platzes entworfen und führten so den Gedanken eines homogenen Systems für die ganze Stadt ein. Vitozzi plante auch einen neuen Herzogspalast am Ausgangspunkt der Achse, mit einem Hof, der sich zur Piazza Castello hin öffnete. Die allgemeine horizontale Kontinuität der Gliederung wurde nur durch die neue Fassade des alten Kastells unterbrochen, die durch starke vertikale Pilaster betont wurde. Das Werk Vitozzis wurde von seinem Nachfolger Carlo di Castellamonte fortgeführt, der von 1615 bis zu seinem Tod, 1641, Architekt des Herzogs war. Von 1621 an führte Carlo di Castellamonte die Stadterweiterung nach Süden durch. Er übernahm das rechtwinklige Straßensystem und schuf einen neuen, zweiten Brennpunkt für den Distrikt, die Piazza Reale (heute Piazza San Carlo; Abb. 52-54), die in die Via Nuova integriert wurde und eine rechteckige Form erhielt, in Übereinstimmung mit der Richtung der Straße. Der Platz war auf eine Reiterstatue hin ausge-

45

54. *Turin, Piazza San Carlo.*

richtet und hatte den Charakter einer echten Place royale.[51] Verglichen mit den französischen Plätzen jedoch ist da ein wichtiger Unterschied: wo die Via Nuova die Piazza verläßt, markieren zwei symmetrische Kirchen die Ecken, eine Lösung, die etwas den Zwillingskirchen der Piazza del Popolo in Rom ähnelt.[52] So ist das »sakrale« Element völlig beteiligt, genau wie in der Piazza Castello. Der neue Palazzo Ducale (später Palazzo Reale) ist direkt mit dem Dom von Turin verbunden, und gemeinsam bilden sie einen einzigen Brennpunkt, in dem die schlichten, städtebaulich bestimmten Wände des Palastes mit der deutlich hervortretenden Kuppel und dem Kampanile der Kirche kontrastieren.[53] In der ganzen Geschichte des barocken Turin finden wir, daß sakrale und weltliche Elemente zusammengebracht sind, die reiche und ausdrucksvolle Gegengewichte bilden.

Carlos Sohn, Amedeo di Castellamonte, führte das Werk, das Vitozzi und sein Vater begonnen hatten, treulich weiter. Er erbaute den neuen Palazzo Ducale (1645-1658), der auf interessante Weise mit dem Platz davor verbunden wurde. Die Rustika-Arkaden der Piazza wurden fortgeführt, um eine Verbindung zwischen dem Stadtraum und dem Ehrenhof des Palastes zu bilden. Das mittlere Portal wurde von einem turmartigen Aufbau bekrönt, S. Sindone, der dazu diente, das größte Heiligtum Turins, das Allerheiligste Leichentuch (Abb. 177-180), auszustellen.[54] Amedeo di Castellamonte plante weiter eine neue, große Stadterweiterung nach Osten, zum Po hin (1659). Auch hier wurde das rechtwinklige System entwickelt und der Bezirk auf eine andere Place royale ausgerichtet, die Piazza Carlina. Ihre Ost-West-Achse zieht weiter zur Piazza San Carlo. Ein besonderes Element der neuen Stadterweiterung ist jedoch eine lange Straße, die das ganze System diagonal durchschneidet, um die Piazza Castello mit der Porta del Po zu verbinden, einem herrlichen Stadttor von Guarini (1676).[55] Die Konstruktion der Via Po (Abb. 56) wurde 1673 nach einem Plan von Amedeo di Castellamonte begonnen. Ihre einheitlichen Fassaden mit Arkaden im Erdgeschoß bestimmen die großartigste Straße des 17. Jhs., die noch besteht. Zum Po hin endet die Straße in einer offenen Exedra, die von außen gesehen als eine Art von »städtischem Ehrenhof« erscheint. Daher ist die Stadt, anstatt sich abzuschließen, der Umgebung geöffnet, während sie gleichzeitig den Besucher empfängt. Das Motiv wurde in den folgenden Jahrhunderten öfter wiederholt, insbesondere von Filippo Juvarra bei der Porta di Susa (Quartieri Militari) und der Porta Palazzo, wenn auch der halbrunde Grundriß nie direkt imitiert wurde. Die Werke von Juvarra wurden in Verbindung mit der letzten Barockerweiterung von Turin (nach 1706), diesmal nach Westen, gebaut, wieder nach dem gleichen Plan, ja sie

schlossen sogar eine neue Place royale ein: die Piazza Savoia.
Wir sehen so, wie Turin um die Piazza Castello herumwuchs, die
historisch, politisch und religiös der Mittelpunkt der Stadt war.
Nach Norden wurde das Stadtgebiet jedoch nicht ausgedehnt.
Wir finden hier die Gärten des Palastes, die mit der offenen
Landschaft in Verbindung stehen. Die Lösung entspricht dem
zeitgenössischen Plan der Tuileriengärten (Abb. 48);[56] aber während man aus Paris eine offene Stadt machte, mußte Turin seine
Befestigungen bis zur Napoleonischen Zeit erhalten. Seine theo-
retisch offene Barockstruktur war so immer mit einem Ring von
Bastionen umgrenzt. Diese Struktur jedoch ist sicher homogener
und systematischer als in irgendeiner anderen Hauptstadt des 17.
Jhs. Wir verdanken dies hauptsächlich dem glücklichen Umstand,
daß der wohlerhaltene römische Straßenplan als Ausgangspunkt
diente und voll in die Barockstadt integriert wurde. Daher dürfen
wir annehmen, daß der römische Entwurf absichtsvoll benutzt
wurde, um die Bedeutung des neuen Turin und auch seine glorreiche Vergangenheit zu symbolisieren. Die hierarchische Struktur
der Barockstadt wird zum Teil auch in Turin sichtbar. Die Piazza
Castello dient als hervorragendster Brennpunkt. Die alte Stadt
hat einen zweiten Brennpunkt in der Piazza Palazzo di Città,
die 1756 ihre endgültige Ausgestaltung erfuhr.[57] Die neuen Distrikte sind alle auf einen neuen Platz bezogen. Die Plätze werden
durch große Durchgangsstraßen miteinander verbunden, von denen die meisten ins Land hinausführen. Die Distrikte als solche
wurden entsprechend dem gleichen Ideal von Einförmigkeit und
Kontinuität geplant und gebaut, das wir in Paris antrafen.
Der Plan des barocken Turin drückt auf diese Weise klar das
Idealsystem der absoluten Monarchie aus. Seine Raumstruktur
hat den französischen Charakter eines horizontal ausgedehnten
Netzwerkes, das auf ein Hauptzentrum bezogen ist, das ihm seinen Gehalt gibt. »Die städtebaulichen Elemente, die eine Stadt
ausmachen, sie sei groß oder klein, müssen alle zusammenwirken,
um ein integraler Bestandteil der alleinigen, großen Vision des
Stadtorganismus zu werden; genau wie wir z.B. in der parallelen
sozio-politischen Organisation der Nation finden, daß jedes Individuum seinen Platz in einer bestimmten sozialen Klasse oder Ka-
tegorie hat innerhalb eines geeinten, pyramidal aufgebauten Staates, an dessen Spitze der Monarch steht.«[58] In Turin jedoch kontrastiert dieses weltliche System mit den vertikalen Türmen und
den Kuppeln der Kirchen. Ein Druck des 18. Jhs., wo man von
Osten her auf Turin blickt, gibt einen fast mittelalterlichen Eindruck dichtgedrängter vertikaler Elemente. So repräsentiert Turin eine einzigartige Synthese von plastisch-expressiven und
räumlich-systematischen Eigenschaften, wie wir sie für Rom bzw.

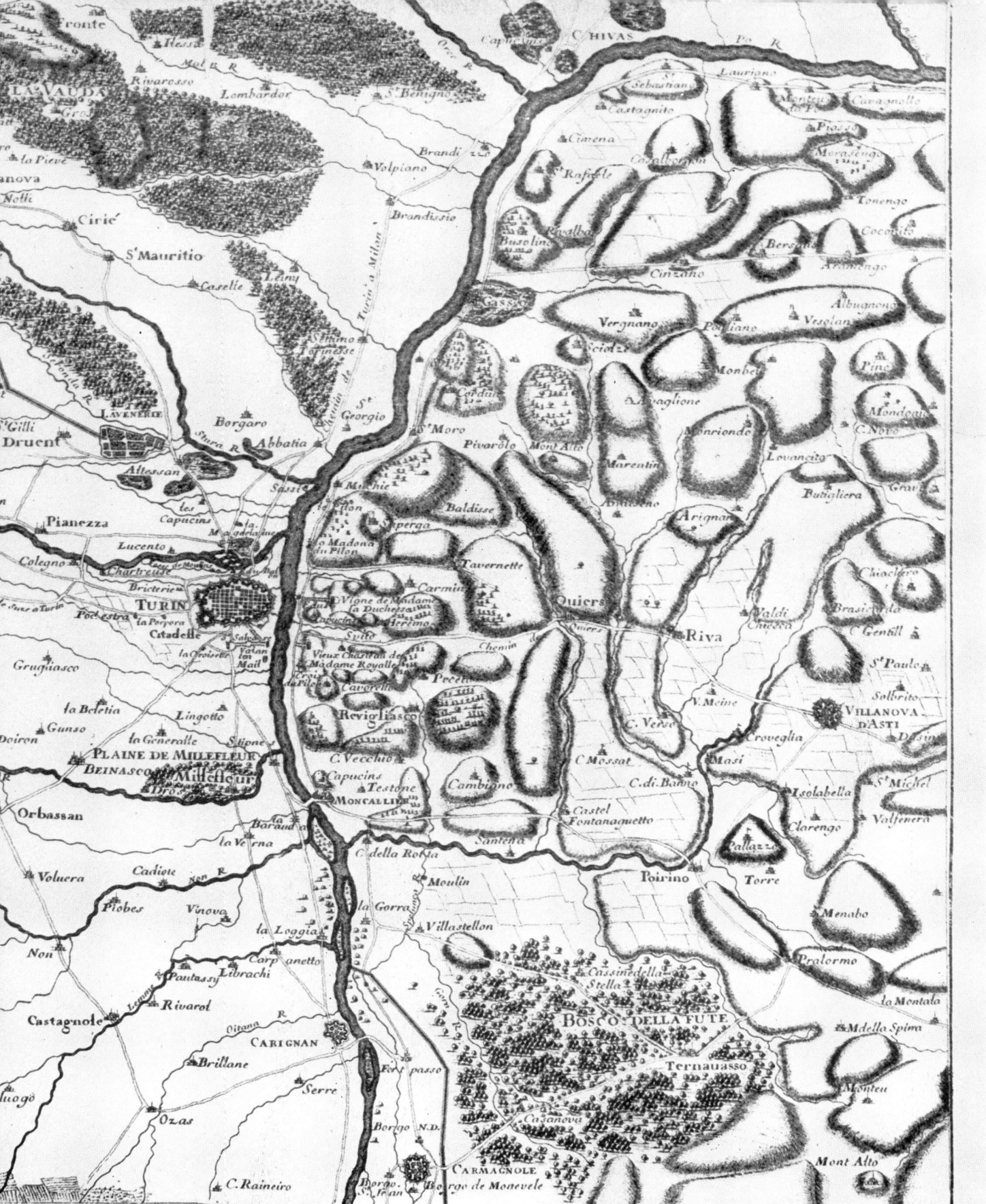

für Paris als typisch gefunden haben.

Dieser »doppelte« Charakter wird auch in der Umgebung der Stadt gefunden. Vitozzi trug zu beiden Aspekten bei. Er erbaute die Kirche S. Maria al Monte dei Cappuccini (Abb. 58) auf einem hohen Felsen am Fuß der Pohügel und leitete dadurch die Schaffung einer »Sakrallandschaft« des Barockzeitalters in die Wege, die ihren Höhepunkt in den Pilgerkirchen und Klöstern des 18. Jhs. in Mitteleuropa fand.[59] Aber er nahm auch teil an der Planung der weltlichen Residenzen rund um Turin. Beide Aspekte wurden von Vater und Sohn Castellamonte entwickelt. Amedeo plante eine kleine Idealstadt in Verbindung mit der Herzogsresidenz auf dem Lande, die Venaria Reale (1660-1678).[60] Die Hauptachse des Entwurfs ist auf den Ehrenhof des Palastes ausgerichtet, kreuzt aber eine Querachse, die durch zwei symmetrisch plazierte Kuppelkirchen bestimmt wird. Der Plan bestätigt das große städtebauliche Talent Castellamontes und ist einer der interessantesten Idealpläne des 17. Jhs. Wie die Umgebung von Paris, wurde auch die von Turin durch ein System ausstrahlender Straßen und geometrisch geordneter Gärten organisch gegliedert. Aber die Landschaft wurde ebenso durch die Kuppeln der Heiligtümer markiert. Beide Aspekte wurden im 18. Jh. weiterentwickelt und fanden ihren Höhepunkt in den großen Schöpfungen von Juvarra: der Basilica di Superga und dem Stupinigi-Palast. Schließlich sollten wir noch die schöne Piemonteser Landschaft erwähnen, die dazu beiträgt, Turin zu einer wahrhaft großartigen Stadt zu machen.

Schlußfolgerung

Unser kurzer Überblick über den Stadtgedanken des 17. Jhs. hat gezeigt, wie die Grundideen von Zentralisierung, Kontinuität und Ausdehnung auf die verschiedenste Weise verwirklicht wurden, entsprechend der jeweiligen Situation, das heißt sowohl des sozio-kulturellen Systems als auch der gegebenen architektonischen und topographischen Umstände. Wir haben einige charakteristische Themen herausgeschält, solche wie den symbolischen Platz oder »Brennpunkt«, die richtunggebende Straße oder den »Pfad« und den einheitlichen, untergeordneten Distrikt. In den meisten Städten der Epoche sind diese Elemente nicht wirklich systematisch integriert; in einigen Fällen jedoch wurden Idealpläne in kleinerem Maßstab ausgeführt. Der berühmteste und typischste davon ist Versailles (Abb. 59, 60).[61]

Die städtebauliche Entwicklung von Versailles begann 1661 mit der Erweiterung des Königsschlosses durch Le Vau. Die Gärten wurden von Le Nôtre geplant, der diese Arbeiten während mehr als 30 Jahren beaufsichtigte. Den Gesamtplan kann man als Er-

gebnis von gleichzeitigen oder aufeinanderfolgenden Beiträgen von Le Vau, Le Nôtre und Jules Hardouin-Mansart betrachten. Der Palast steht mitten im Zentrum, und seine beiden langen Flügel teilen das Gebiet in zwei Hälften: die Gärten auf der einen und die Stadt auf der anderen Seite. Die Stadt ist durch drei Hauptstraßen organisch gegliedert, die vom Zentrum ausstrahlen, die Avenue de Paris, die Avenue de Saint-Cloud und die Avenue de Sceaux. Zweitrangige Straßen und Plätze sind auf einem rechtwinkligen Raster entworfen. Der Plan für die Gärten zeigt ein System ausstrahlender Pfade und Rondelle. Beide Hälften sind so durch unendliche Perspektiven charakterisiert, die immer auf den Palast ausgerichtet sind. Die ganze umgebende Landschaft wird durch das anscheinend grenzenlose System in Besitz genommen. Die bescheidene Notre-Dame-Kirche von Hardouin-Mansart hat einen asymmetrischen Platz und bietet keinen vertikalen Akzent. Statt dessen plante Hardouin-Mansart die Krönung des Palastes mit einer Kuppel, um den Monarch »von Gottes Gnaden« zu glorifizieren.[62] Versailles ist die wahre Essenz der Stadt des 17. Jhs.: Herrschaft und Begrenztheit, aber auch dynamische Kraft und Aufgeschlossenheit. Sie ist daher mehr als ein Ausdruck des Absolutismus, ihre Struktur hat allgemeine Eigenschaften, die ihr die Fähigkeit verleihen, andere Inhalte aufzunehmen. Und heute wird Versailles in der Tat von zahllosen Menschen besucht, die dort eine Bereicherung ihrer Existenz erfahren, wie sie einst Ludwig XIV. vorbehalten war. Die Gärten von Versailles sind der Höhepunkt einer Entwicklung, die mehr als hundert Jahre früher begonnen hatte. Der Garten der Frührenaissance hatte noch den Charakter des mittelalterlichen Hortus conclusus. Er war jedoch geometrisch angelegt, um den Gedanken einer Idealnatur auszudrücken, die die Idealstadt der Epoche ergänzen sollte. Im 16. Jh. wurde dies Konzept statischer Perfektion ersetzt durch die Idee einer geheimnisvollen und phantastischen Welt, die aus einer Vielzahl von »Orten« bestand. »Der Gedanke einer ›gleichmäßigen‹ Natur wurde von einer ›kapriziösen‹ Natur abgelöst, voller ›Erfindungen‹ und dem Unvorhersagbaren..., die Idee eines Gartens als eines wundervollen, phantastischen Ortes, vielleicht sogar magisch und verzaubert, führte dazu, die Mauern und Zäune niederzureißen und den Garten in eine Gruppe von verschiedenen ›Bereichen‹ umzuwandeln, von denen jeder in Beziehung zu menschlichen Empfindungen gestaltet war.«[63] In verschiedenen Villen des 16. Jhs. jedoch erkennen wir den Beginn einer Festlegung von »Grundcharakteren«, die eine fundamentale Bedeutung für die weitere Entwicklung haben sollten: den dekorativen Garten, der aus Blumenbeeten besteht, die Ausweitung der Wohnfunktion auf ein Boskett,

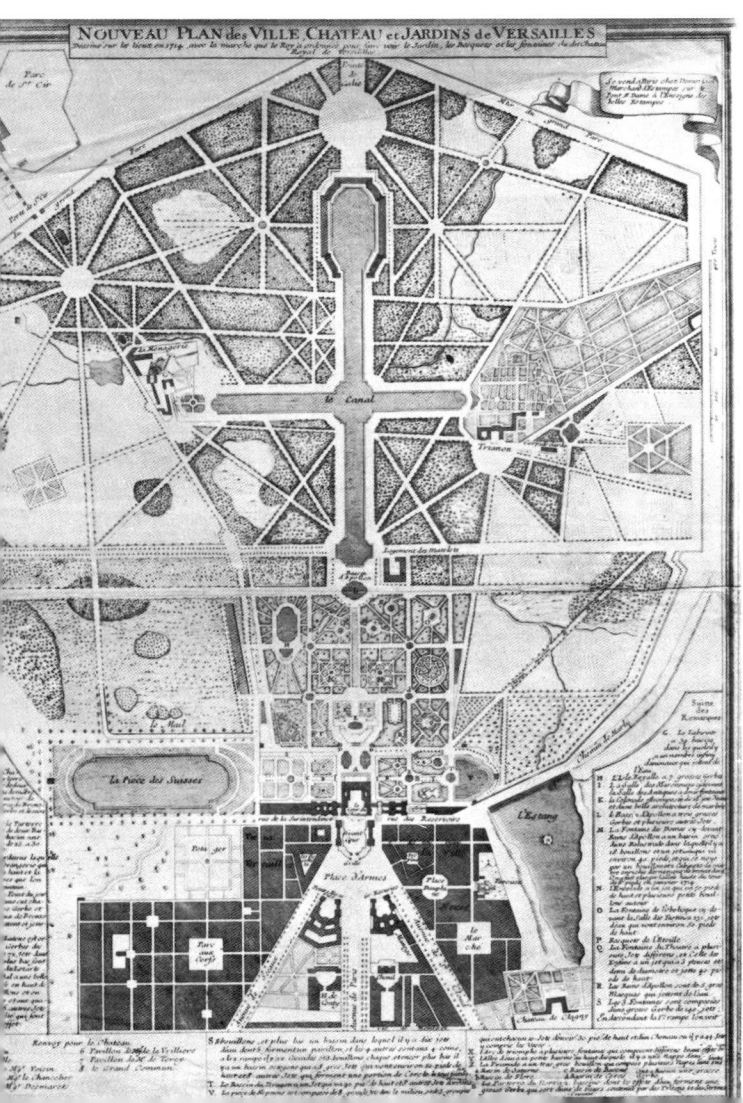

gebildet aus Hecken und anderen »gezähmten« Naturelementen, und die Einführung freier Natur in ein Selvatico (»Wildnis«).[64] In der Villa Montalto (Abb. 65) in Rom, 1570 von Domenico Fontana für Sixtus V. erbaut, ehe er Papst wurde, waren alle diese Elemente gegenwärtig, aber auch ein neu artikulierter Wunsch nach räumlicher Integration. Von dem Seiteneingang, nahe bei S. Maria Maggiore, zweigte ein Dreizack ab, um den Palazetto und seine Seitenbeete festzulegen. Die Hauptachse führte weiter durch das Gebäude, kreuzte eine Querachse und endete an einem fernen Aussichtspunkt. Das Schema wurde von Della Porta und Maderno (1601/02, 1603-1606) in der Villa Aldobrandini in Frascati (Abb. 66-68) wiederholt, wo die Hauptachse durch die hohen Mittelrisalite des Palastes betont wird.[65] In beiden Villen jedoch ist die Beziehung zwischen den sinnvollen »Bereichen«, von denen wir oben sprachen, und dem System von Knoten und Pfaden etwas unentschieden. Dies kommt auch von der charakteristischen Unterbringung des italienischen Gartenhauses in der Mitte des ganzen Gebiets, anstatt es zu einem Übergang von der städtischen Welt zur Natur zu machen. Die weitere Entwicklung des Barockgartens verdanken wir hauptsächlich André Le Nôtre, der mehr als irgendein anderer den barocken Raumgedanken für die Stadt und für die Landschaft verwirklichte.[66] Trotz ihrer unendlichen Verschiedenheit beruhen seine Gärten auf wenigen einfachen Grundsätzen. Ihr Hauptelement ist natürlich die Längsachse. Sie bildet den »Pfad«, der den Betrachter zum »Ziel« führt: der Erfahrung des unendlichen Raumes. Alle anderen Elemente sind auf diese Achse bezogen; der Palast, der den Pfad in zwei verschiedene Hälften teilt, die Ankunft aus der »städtischen« Welt des Menschen durch den »offenen« Hof und sein Fortgehen in die Unendlichkeit, definiert als stufenweises Fortschreiten aus der noch »zivilisierten« Welt der Blumenbeete durch die »gezähmte« Natur der Boskette und die »natürliche« Natur des Selvatico. Querachsen und ausstrahlende Muster sollen die allgemeine Offenheit des Systems zeigen.[67] Um diese Ausdehnung noch wirkungsvoller zu gestalten, werden Reihen von flachen Terrassen angelegt, und lange Oberflächen spiegelnden Wassers verstärken das Erlebnis. Die Brunnen, Bassins und Kanäle führen ebenfalls ein dynamisches Element in die ganze Anlage ein. Man erlebt ein Echo des offenen Ozeans, das stets mit dem Wetter wechselt. Das programmatischste Werk von Le Nôtre ist der Garten von Vaux-le-Vicomte (1656-1661; Abb. 69-72). Der Dreizack der italienischen Villen ist hier umgekehrt, um auf den Eingang zu konzentrieren. Und nachdem man der Längsachse durch den Palast und den Hauptteil des Gartens gefolgt ist, strahlt die Bewegung wieder in Form einer anderen Patte-d'oie (Gänsefuß) aus-

60. Versailles, Schema der Anlage.
61. Versailles, Louis Le Vau,
Gartenfassade des Schlosses.

62. Versailles, André Le Nôtre,
Hauptachse des Schloßparks.
63. Versailles, Gesamtansicht.
Stich aus dem 17. Jh.

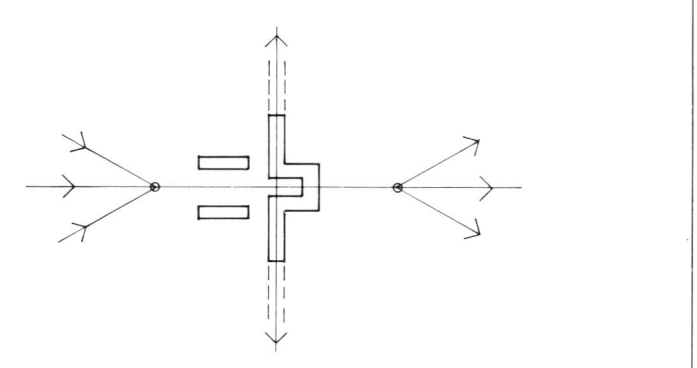

einander, einem Motiv, das man als Le Nôtres Warenzeichen betrachete. In verschiedener Hinsicht ist der Entwurf neuartig. Die Blumenbeete und Boskette sind nicht hintereinander geordnet, sondern nahe beieinander und geben dem Raum entlang der Hauptachse eine wunderbare Weite. In Vaux-le-Vicomte wurden die Grenzen des italienischen Gartens aufgegeben. Lieber, als Raum durch Grenzen festzulegen, benutzte Le Nôtre ein offenes, aber regelmäßiges System von »Pfaden«. Kein Wunder, daß man seine Werke Jardins d'intelligence nannte. In Versailles wurde das gleiche Schema zugrunde gelegt, doch in viel größerem Maßstab und mit mehr Abwechslung, besonders in den Bosketten, wo wir Räume finden, die Namen tragen wie Grüner Saal, Tanzsaal, Ratssaal, Saal der Festgelage (Salle verte, Salle de danse, Salle du conseil, Salle des festins). Das Selvatico ist noch in dem Grand Parc vorhanden, wenngleich es ganz zahm geworden ist und es den Jagdgesellschaften leichtmacht, schnell von einem Ort zum anderen zu gelangen. Das ganze Gebiet ist durch einen großen Kanal gegliedert, der die Hauptrichtung des Entwurfs anzeigt. Wir haben schon von der Bedeutung von Le Nôtres Gedanken zur Städteplanung gesprochen. Gewöhnlich jedoch mußte das Raumsystem von einem Festungsring begrenzt werden. Im Verlauf des 17. Jhs. änderte sich dessen Charakter völlig. Wegen der weiterragenden Artillerie mußte man die Bastionen niedriger und breiter machen, und neue Erdarbeiten führten zu einem stufenweiseren Übergang zwischen der Stadt und der sie umgebenden Landschaft, wenn auch die physische Trennung stärker war als je zuvor. Diese Erneuerungen sind vor allem das Werk des französischen Festungsbaumeisters Sébastien Le Prestre de Vauban, der eine Reihe genialer Festungswerke, aber auch neue Städte entwarf.[68] Am bekanntesten ist das wohlerhaltene Neu-Breisach (1698; Abb. 73). Wir sollten nochmals betonen, daß die Idee der Barockstadt deren offene Ausdehnung ist und daß die Befestigungen nicht länger mehr einen Teil der Grundkonzeption ihres Raumes bildeten.

65. Rom, Domenico Fontana,
Villa Montalto. Zeitgenössischer
Stich.

66. Frascati, Villa Aldobrandini,
Plan von D. Barrière.

67. Frascati, Giacomo della Porta,
Carlo Maderno, Villa
Aldobrandini.

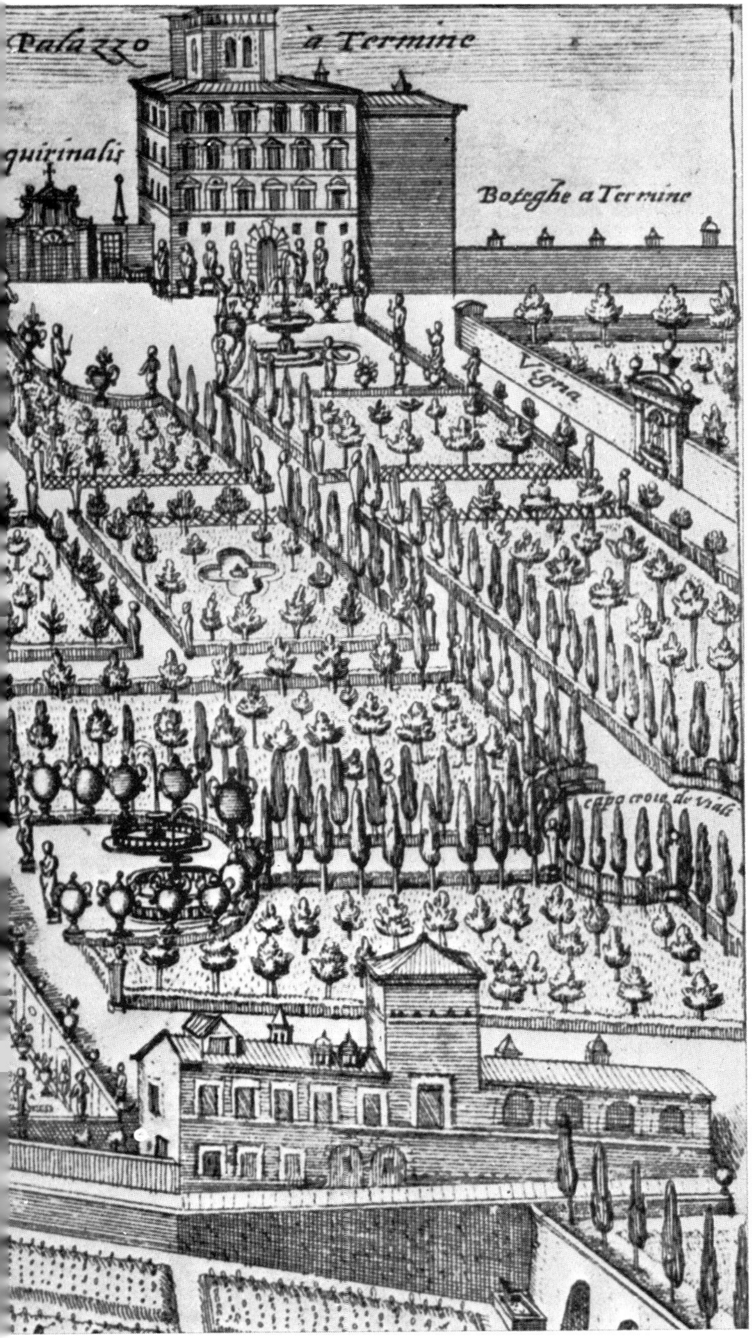

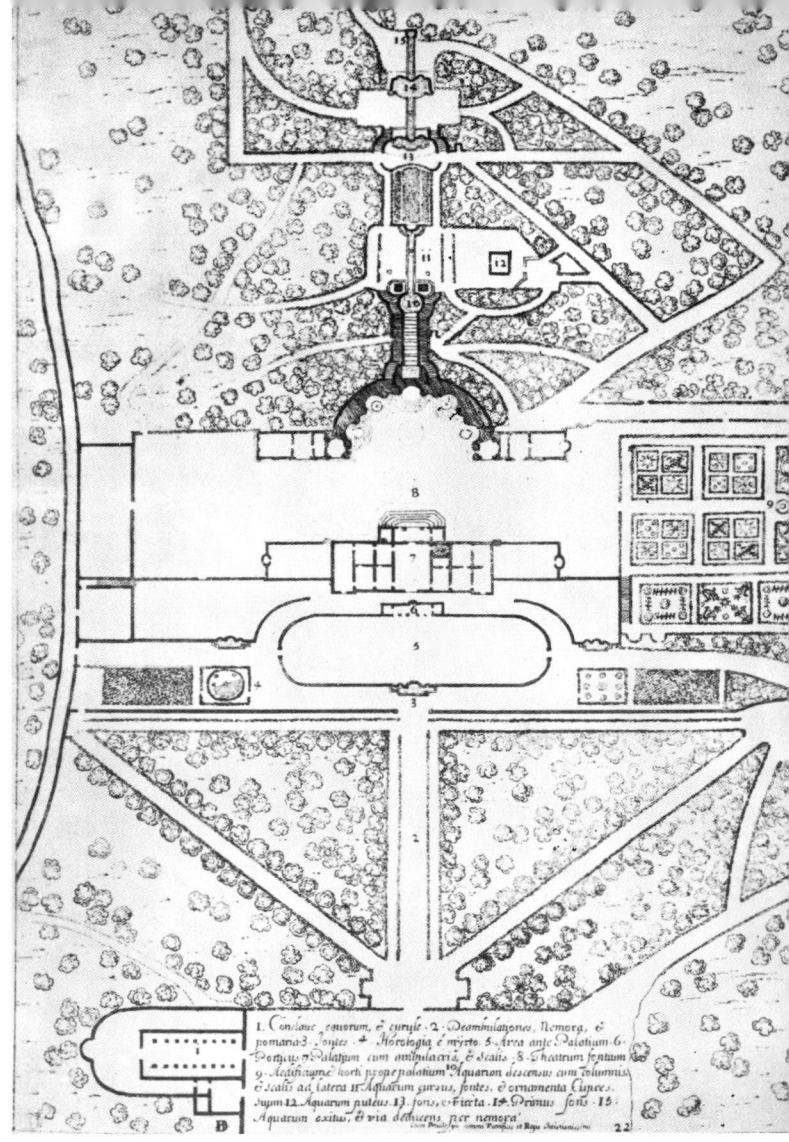

57

70. Louis Le Vau, André Le Nôtre, Schloß Vaux-le-Vicomte, Hauptachse.

71. André Le Nôtre,
Vaux-le-Vicomte, Luftaufnahme
von Schloß und Gärten.

73. Neu-Breisach, Sébastien Le
Prestre de Vauban, Festungsanlage.
Zeitgenössischer Stich.

72. Schloß Vaux-le-Vicomte,
Gartenansicht. Stich von Perelle.

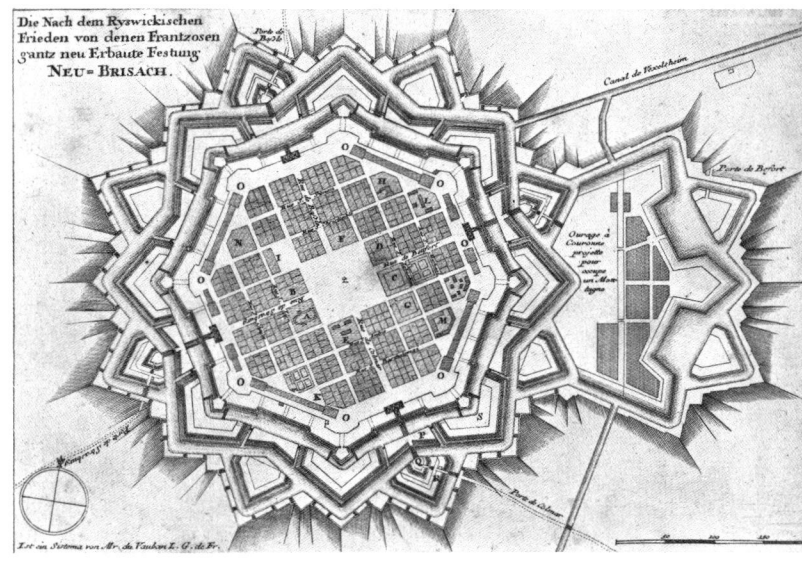

Einleitung

Bis zum Ende des 17. Jhs. stammten alle wesentlichen Neuerungen von italienischen Architekten.[1] In dieser Zeit jedoch fand eine Ausbreitung neuer Gedanken statt, die die ganze katholische Welt erfaßte. In den verschiedenen Ländern trafen römische Formen auf lokale Traditionen, und es begann ein Prozeß von Symbiose und Synthese, der zur Schaffung regionaler Barocktypologien führte. In den meisten Ländern erreichte dieser Prozeß seinen Höhepunkt im 18. Jh. Während dieser ganzen Entwicklung können wir jedoch in der Architektur einen allgemeinen Trend unterscheiden, der die Originalabsichten stufenweise variierte. Wir haben von dem Bestreben gesprochen, zu einer Vereinheitlichung der traditionellen Längs- und Zentralschemata zu kommen, und von der daraus resultierenden Bildung von »zentralisierten Längsgrundrissen« ebenso wie von »gestreckten Zentralgrundrissen.« Zu diesem Zweck wurden neue Probleme angegangen, wie die Integration von Raumelementen. Wir haben weiter von den neuen Beziehungen zwischen der Kirche und ihrer Umgebung gesprochen, die auch eine stärkere räumliche Wechselwirkung hervorbrachten. Der Prozeß war sehr komplex; wir können jedoch zwischen Kombinationen bestehender Typen und Elemente einerseits und der synthetischen Entwicklung neuer Typen andererseits unterscheiden.[2] Da der Prozeß nicht einfach chronologisch verlief, werden wir die Grundabsichten ohne Rücksicht darauf behandeln, ob sie früher oder später entwickelt wurden. Besondere Aufmerksamkeit werden wir der italienischen Szene schenken und insbesondere Borromini und Guarini, die mehr als irgendein anderer zu fruchtbaren Ergebnissen kamen. Die Entwicklung einer besonderen Typologie für protestantische Kirchen gehört dem 18. Jh. an, wenn sich auch einige Grundgedanken bis ins 17. Jh., ja noch weiter, zurückverfolgen lassen.[3]

Die traditionellen Themen und ihre Wandlungen

Der Längsplan der Kirche Il Gesù (Abb. 5) übte sofort seinen Einfluß aus. Als ein typisches Beispiel sei Madonna dei Monti in Rom erwähnt (Abb. 74), von Giacomo della Porta erbaut (1580). Der Plan zeigt eine konventionelle Längsanlage mit Kuppel und Querschiff. Ein starker Wunsch nach Raumintegration ist jedoch spürbar. Das Mittelschiff ist breit und kurz (nur drei Joche), das Querschiff ist flach, und die Kuppel dominiert, sobald man eintritt. Der so entstandene Raum wird von einem fortlaufenden Gesims umzogen, das ungebrochen den ganzen Raum umläuft.[4] Die Fassade repräsentiert eine weitere Entwicklung des Themas, das in Il Gesù eingeführt worden war. Das Ganze ist vereinfacht, aber die Gliederung hat den gleichen Zweck: die Betonung der

Fassadenmitte, das heißt der Längsachse der Kirche als Ganzes. Zu dieser Wirkung tragen alle Einzelheiten bei: die glatten Seitenjoche, die zur Innenseite hin durch Halbpilaster bestimmt werden, die Zunahme des gegliederten Schmuckes gegen die Mitte, der Bruch im Hauptgesims und die Unterbrechung im Mitteljoch des Frieses, der unter den Kapitellen herläuft. Die Fassade wird so ein großes »Tor«, und der Innenraum der Kirche tritt mit der städtischen Umgebung in Wechselwirkung. Als Ganzes ist Madonna dei Monti ein sehr subtiles Werk, dem bisher zu wenig Aufmerksamkeit geschenkt wurde. Innerhalb der Grenzen der architektonischen Ausdrucksweise, die während der letzten Jahrzehnte des 16. Jhs. gebraucht wurde, stellt es eine gelungene Kombination von Längs- und Zentralplan dar sowie eine überzeugende Beziehung zwischen Innenraum und äußerer, gegliederter Form. Diese Synthese bringt nun keine Schwächung der zwei traditionellen Aspekte hervor, so daß sie sich einander nähern, sondern sie verstärkt jeden einzelnen. Die Längsachse beherrscht die Bewegung schon, bevor wir in die Kirche eintreten, nicht weil das Gebäude länger gemacht worden wäre, sondern weil alle Elemente der Komposition – Raum sowohl als Massen – als eine Funktion der Achse verstanden werden. Zur gleichen Zeit jedoch wird die Wirkung der Kuppel gesteigert. Um das zu verstehen, muß man sie mit den kleinen Kuppeln der Quattrocento-Kirchen vergleichen. Madonna dei Monti besteht so aus drei streng betonten Elementen: dem »Tor«, dem »Pfad« und dem »Ziel«, architektonisch konkretisiert in der Fassade, dem Mittelschiff und der Kuppel. Alle manieristischen Zweideutigkeiten und Konflikte sind verschwunden. Die drei Elemente »kollaborieren«, während sie gleichzeitig individuell gekräftigt werden. Giacomo della Porta hat ein Werk geschaffen, das besser als die meisten anderen die Grundintentionen der Architektur des Frühbarock ausdrückt: überzeugende Emphase und formale Integration.
Während der folgenden Jahrzehnte wurde eine beträchtliche Anzahl von Kirchen des gleichen Typs in Rom erbaut.[5] Die bedeutendste davon – was Maßstab und architektonische Qualität angeht – ist S. Andrea della Valle, begonnen 1591 von Giacomo della Porta und beendet 1608-1623 von Carlo Maderno.[6] Die Fassade wurde 1656-1665 von Carlo Rainaldi hinzugefügt. Der Grundriß von S. Andrea della Valle ähnelt im allgemeinen dem von Il Gesù. Jedoch gibt es einen bedeutsamen Unterschied: Die Seitenkapellen, die das Mittelschiff begleiten, sind nicht so tief und beträchtlich höher. Eine Tendenz zur verstärkten Raumintegration ist vorhanden. Eine andere Neuerung ist die starke vertikale Integration mittels Pilasterbündel, deren Bewegung das gesamte Hauptsims durchbricht und in breiten Querrippen weiter-

läuft. Die starken und wiederholten Horizontalen sichern jedoch eine klare Raumdefinition. Die allgemeine Wirkung ist skelettartig. Das kraftvolle Grundsystem scheint eingetaucht in einen offenen Raum, dem nicht wie in der Renaissance a priori Architektur gegeben wurde, sondern der durch die Bewegung des gegliederten Systems entsteht, und das Licht, das dieses durchfallen läßt. S. Andrea della Valle kann man als einen weniger fortgeschrittenen Organismus betrachten als Madonna dei Monti; es enthält noch zum Beispiel vier kleine sekundäre Kuppeln, die das Hauptzentrum umgeben, ein Überbleibsel additiver Renaissance-Gruppierung. Das beruht vermutlich darauf, daß S. Andrea della Valle eine sehr große Kirche ist. Neuerungen werden leichter an kleineren Bauten ausgeführt, schon aus technischen Gründen. Aber hinsichtlich seiner Gliederung bedeutet S. Andrea einen großen Schritt vorwärts zu barocker Kontinuität und Plastizität.[7] Dies gilt auch für die Fassade, die ursprünglich von Carlo Maderno geplant worden war, wo gekoppelte Halbsäulen und Säulen eine gewisse schwungvolle Betonung schaffen. Eine allgemeine vertikale Kontinuität ist gegenwärtig und wird in der Kuppel fortgeführt.[8] Die Fassade von Rainaldi folgt dem Entwurf ziemlich treu, aber die Vertikalität wird verstärkt durch mehr Unterbrechungen, sowohl im Hauptgesims als auch im Gesims der bekrönenden Ziergiebel.[9].

Wir haben die Probleme der Langschiffkirche im Frühbarock jedoch nicht erschöpft, wenn wir nicht die Vollendung von St. Peter durch Maderno (1607-1612; Abb. 77) erwähnen. Der Zentralplan Michelangelos war aus funktionellen Gründen harter Kritik unterworfen worden. 1595 schrieb Mucante: »Die neue Kirche von St. Peter ist wirklich ungeeignet für die Feier der Messe; sie wurde nicht gemäß kirchlicher Disziplin erbaut. Die Kirche wird daher niemals geeignet sein, irgendeine heilige Funktion schicklich und geziemend zu feiern.«[10] Michelangelos Entwurf sah auch nicht die notwendigen Nebenräume vor, wie Kapellen, Sakristei, Narthex und vor allem eine Benediktionsloggia. Nachdem Camillo Borghese 1605 als Papst Paul V. den Stuhl Petri bestiegen hatte, versuchte er, diese Fehler auszumerzen. 1607 wurde ein Wettbewerb zwischen den führenden römischen Architekten durchgeführt, den Carlo Maderno gewann, und am 15. Juli 1608 wurde der Grundstein für die neue Fassade gelegt. 1611 erteilte der Papst zum erstenmal den Segen von der neuen Benediktionsloggia aus. 1615 war das Gewölbe des Mittelschiffs fertig, und 1626 wurde es geweiht. Das Mittelschiff und die Fassade von Maderno sind wahrscheinlich die am meisten diskutierten und kritisierten Werke in der Geschichte der Architektur. Le Corbusier schrieb: »Der ganze Entwurf (von Michelangelo) wäre als

63

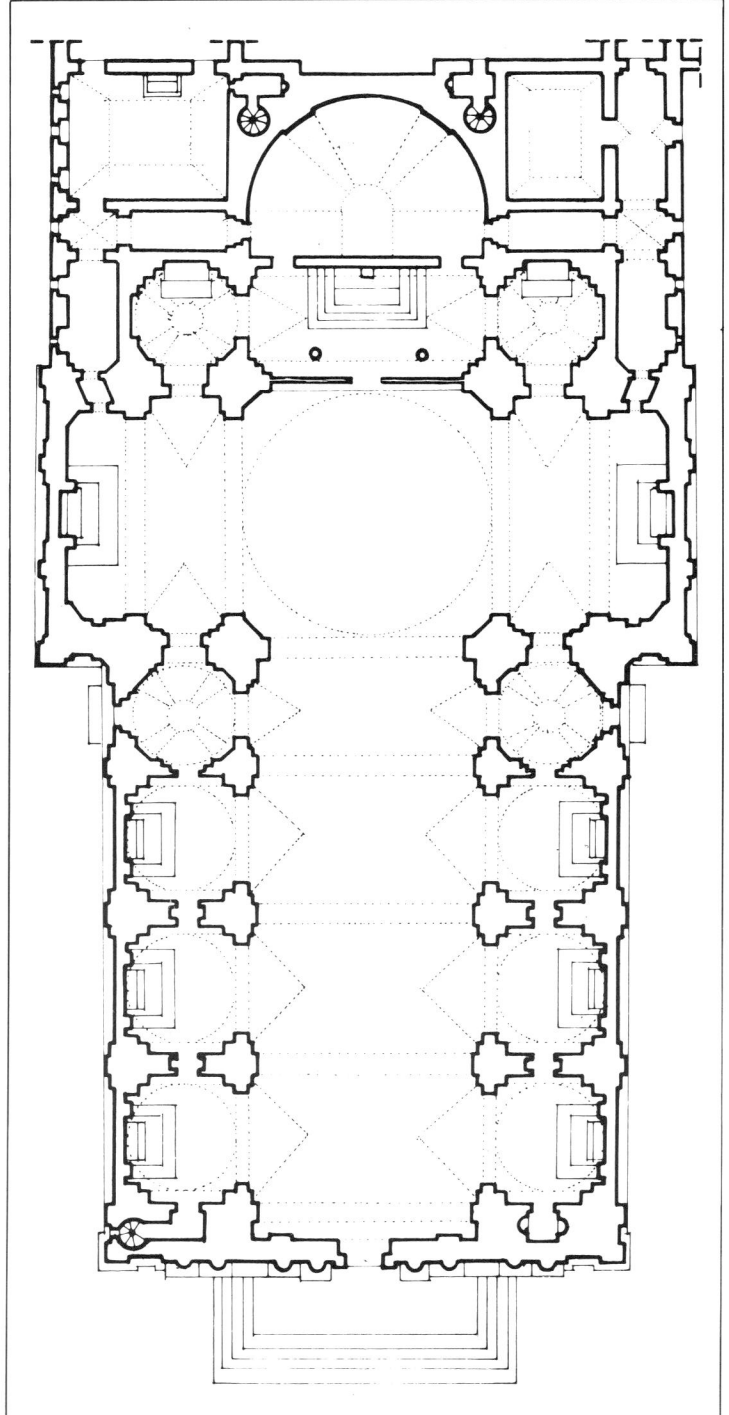

eine einzige Masse aufgestiegen, einzigartig und geschlossen. Das Auge hätte ihn als eine Einheit erfaßt. Michelangelo vervollständigte die Apsiden und den Tambour der Kuppel. Der Rest fiel in die Hände von Barbaren. Alles wurde verdorben. Die Menschheit verlor eines der höchsten Werke menschlicher Intelligenz... Die Fassade an sich ist schön, aber sie hat keine Beziehung zur Kuppel. Das wahre Ziel des Baus war die Kuppel: Sie ist versteckt worden! Die Kuppel stand in einem genauen Verhältnis zu den Apsiden. Sie sind versteckt worden! Die Vorhalle war eine solide Masse. Sie ist nur noch eine Front.«[11] Diese Feststellung illustriert sehr gut das Problem, dem Maderno sich gegenübersah, sowie die Absichten der Architektur des Frühbarock. Ganz offensichtlich begriff Le Corbusier das Problem Michelangelos und was er beabsichtigt hatte: »eine einzige Masse, einzigartig und geschlossen«, das heißt ein »Ding« komplett in sich selbst, eine symbolische A-priori-Form ohne irgendeine direkte und sofortige Beziehung zu der städtischen Umgebung und zum Beschauer. Indem er das funktionell bestimmte Mittelschiff und die Fassade hinzufügte, machte Maderno aus der Kirche »... das Instrument eines Massenkults mit propagandistischem Zweck, aber begründet auf der ideologischen Voraussetzung, daß die Gemeinde der Gläubigen – oder vielmehr die christliche Ökumene – den wahren Körper der Kirche darstellt und nicht nur Zuschauer, sondern auch Diener ihrer Riten ist. Madernos Langschiff zerstört zweifellos die dramatische Einheit von Michelangelos einzigartiger, aufgewühlter Masse, aber es weitet auch die Basilika im Sinne eines städtischen Raumes aus und entwickelt so die urbanistischen Funktionen des Bauwerks...«[12] Wir verstehen so, daß die Einführung einer Längsachse eine wesentliche Forderung der Zeit der Gegenreformation war, die die Kirche zu einem aktiven Teilhaber an ihrer räumlichen Umgebung machen und hierdurch die Rolle der Kirche in der Welt ausdrücken wollte. Die formale Einheit von St. Peter, wie sie heute vor uns steht, wird daher nur manifest, wenn wir diesen Sinn bedenken und nicht das ideale Renaissance-Konzept, von dem Le Corbusier spricht. Paradoxerweise können wir sagen, daß der Plan Michelangelos die Hinzufügung eines Mittelschiffes erleichterte, was nicht der Fall gewesen wäre, hätte man das Projekt Bramantes mit all seinen Nebenräumen ausgeführt. Der zentralisierte Organismus, den Bramante plante, wird durch zusätzliches Wachstum nach allen Richtungen charakterisiert, und dies ist wahrscheinlich der Grund, warum er und seine Nachfolger niemals die Frage des funktionell notwendigen Mittelschiffes gelöst zu haben scheinen.[13] Als Michelangelo die Nebenräume wegschnitt, war eine Konzentration erreicht, die als Ziel einer Longitudinalbewegung benutzt werden konnte. Ma-

derno schuf diese Hinzufügung mit viel Geschick, indem er die innere Gliederung von Bramante und das äußere System Michelangelos ohne jeden Bruch wiederholte. Die Seitenschiffe jedoch sind ganz seine Erfindung. Sie sind charakterisiert durch eine Abfolge von streng gegliederten und etwas pompösen Ädikulen und schaffen so einen schwungvollen und überzeugenden Effekt. Die Fassade ist von Michelangelos System abgeleitet, aber die Kolossalordnung zeigt eine charakteristische, nach der Mitte hin zunehmender Plastizität. Eine »normale« zweistöckige Basilikafassade hätte von der Kuppel verborgen, was jetzt noch sichtbar ist.[14] Die geplanten Kampanile hätten die Überlänge verbunden, die wir heute erblicken.[15]

Soweit haben wir die Entwicklung der Langhauskirche des Frühbarock beschrieben. Sie ist charakterisiert durch eine steigende Betonung der Tiefenbewegung und der Vertikalachse der Kuppel. In den besten Beispielen sind die beiden Aspekte wohlkomponiert, jedoch finden sie nicht zu einer neuen synthetischen Form zusammen. Die Fassaden sind immer getreu nach dem traditionellen Zwei-Stockwerke-Schema[16] errichtet, wie es Alberti in S. Maria Novella in Florenz eingeführt hatte, aber die einzelnen Teile verlieren ihre Unabhängigkeit zugunsten einer allgemeinen Betonung der Mittelachse, nämlich des »Eingangs«. Zu diesem Zweck wurde eine stärkere Plastizität nach der Mitte zu normal. Dieses Schema wurde während des ganzen 17. Jhs. auch außerhalb Italiens wiederholt. Als bedeutendes Beispiel erwähnen wir die Kirche Val-de-Grâce in Paris (Abb. 78, 79) von François Mansart (1645).[17] Das Schema zeigt ein Mittelschiff aus drei Jochen, wie die oben besprochenen römischen Kirchen, und eine abschließende Kuppel, umgeben von vier Nebenkapellen. Diese Kapellen sind jedoch nicht, wie üblich, mit dem Mittelschiff und dem Querschiff verbunden, sondern öffnen sich direkt in die Vierung, entlang den Diagonalachsen. Um dies zu ermöglichen, wurden die Pfeiler, die die Kuppel tragen, erheblich verbreitert. Dadurch wird die Kuppel in Masse und Bedeutung vergrößert, eine Wirkung, die weiter durch den Bau von Apsiden, anstatt Querschiff und Chor, verstärkt wurde. Mit dieser Lösung tat Mansart einen bedeutenden Schritt in die Richtung der zentralisierten Langhauskirchen des Spätbarock. Seine breiten Pfeiler wurden in der Tat höchst gebräuchlich in den Kirchen des 18. Jhs. in Mitteleuropa.[18] Die Fassade folgt römischen Vorbildern. Jedoch führen ein Portikus mit freistehenden Säulen und ein dreieckiger Ziergiebel eine gewisse »klassische« Note ein.

Während der letzten Jahrzehnte des 16. und der ersten des 17. Jhs. wurde eine beachtliche Anzahl kleiner Zentralbauten errichtet, und ein neuer charakteristischer Typus des Grundrisses tritt auf: das Längsoval. Das Längsoval ist die offensichtliche Synthese von Längsrichtung und Kreis und erfüllte daher die Grundintentionen der Zeit, praktisch und symbolisch. Es ist jedoch für große Bauten nicht sehr geeignet, schon wegen des technischen Problems, eine Kuppel über einem großen Oval zu errichten. Vignola hat als erster ovale Kirchen gebaut: In S. Andrea auf der Via Flaminia (1550) wird ein rechteckiger Raum von einer ovalen Kuppel überwölbt, und in S. Anna dei Palafrenieri (1572) wurde der ganze Raum oval. Der Architekt von Il Gesù hat so einen weiteren Prototyp geschaffen, der für die gesamte Entwicklung des Barock sehr bedeutungsvoll wurde.[19]

Vignolas Schüler, Francesco da Volterra, Vitozzi und Mascherino, entwarfen ovale Kirchen, und das Oval erscheint im 17. und 18. Jh. wieder und wieder als Grundform oder als Bestandteil. In Rom ist das bedeutendste Beispiel der frühen Phase S. Giacomo degli Incurabili, von Volterra 1590 geplant und von Maderno 1595-1600 beendet. Ungewöhnlich groß ist die ovale Pilgerkirche von Vicoforte bei Mondovì in Piemont von Vitozzi (1595/96).[20]

Da es eine vollständige und »besondere« Form ist, bietet das Oval wenig Variationsmöglichkeiten. In der Architektur des 17. Jhs. diente das Oval daher oft als Ausgangspunkt für komplexere Organismen, insbesondere bei Borromini. Das Längsoval ist eine der Grundformen des Barock, wegen seiner Verbindung von Bewegung und Konzentration, Linie und Kreis. Sein klarer, aber irrationaler Charakter war gut geeignet, um den ausgesprochenen Zwecken der Römischen Kirche mit Nachdruck zu dienen.

Während der ganzen Epoche finden wir jedoch auch zentralisierte Kapellen, die auf einem konventionelleren Vorbild, wie dem Quadrat, dem Kreis oder dem Oktogon, basieren. Ein wachsender Wunsch nach überzeugender Dekoration und Gliederung wird schon in der Cappella Paolina in S. Maria Maggiore (Abb. 80) von Flaminio Ponzio (1605-1611) und der Cappella Salviati in S. Gregorio al Celio (1600) von Volterra und Maderno sichtbar. In letzterer sind Rundsäulen in die Ecken gestellt, um den Schub der Strebebögen aufzufangen. Die wahre Motivation jedoch ist offensichtlich der Wunsch nach reicherer, plastischerer Gliederung. Unter den späteren Rundkapellen greifen wir die herrliche Cappella Lancellotti in S. Giovanni in Laterano (Abb. 81) von Giovanni Antonio de Rossi (um 1675) heraus.[21] Die Kapelle wird durch die Durchdringung eines Zylinders mit einer Halbkugel gebildet. So wird die Kuppel das, was man eine »Böhmische Kappe« nennt. Durch eine geringe Einbuchtung für den Altar entsteht eine leichte Längsachse. Diagonal gestellte Dreiviertelsäulen, die ein stark vorspringendes Hauptgesims tragen, ge-

78. Paris, François Mansart,
Val-de-Grâce. Zeitgenössischer
Stich.
79. Paris, François Mansart,
Val-de-Grâce, Grundriß.

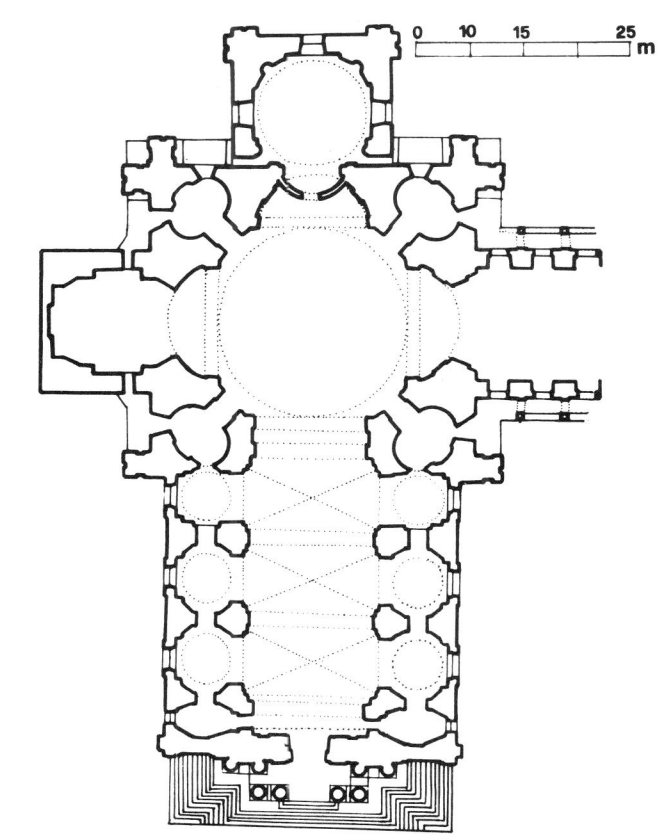

ben eine ausgesprochene Vertikalrichtung, die sich in den Rippen fortsetzt, welche im Ring der Laterne enden. Diese Struktur wird durch die wunderbare Stuckarbeit betont, die so mit den glatten Oberflächen der »Füllwände« kontrastiert. Der ganze Organismus wird als ein vertikal zusammengeraffter Baldachin erlebt, der von Nebenmauern umschlossen ist, eine Lösung, die die größte Bedeutung für die Kirchenbaukunst des 18. Jhs. in Mitteleuropa haben sollte.

Wenige der mittelgroßen Bauten mit normalem Zentralgrundriß, die im 17. Jh. in oder bei Rom erbaut wurden, sind so originell wie die Cappella Lancellotti. Berninis Assunta (Abb. 82, 83) in Ariccia (1662-1664) ist offensichtlich vom Pantheon entlehnt. Das einfache und regelmäßige Innere ist jedoch durch plastischen Schmuck in ein barockes »Mysterium in Aktion« verwandelt, wie Wittkower bewundernswert dargelegt hat. »Die Kirche ist der Jungfrau geweiht, und entsprechend der Legende streuten jubelnde Engel Blumen am Tage ihrer Auferstehung. Die himmlischen Boten sitzen unter der ›Himmelskuppel‹, in welcher die aufschwebende Jungfrau empfangen werden wird. Das Mysterium der Auferstehung ist in dem Wandgemälde hinter dem Altar angedeutet.«[22] Das Äußere zeigt die Kirche als Teil eines typisch barocken Stadtrahmens. Sie steht dem Palazzo Savelli-Chigi gegenüber und wird von symmetrischen Portikus mit Doppelpilastern und geradem Gebälk flankiert. Vor dem großen Volumen der Kirche steht ein noch reicher gegliederter Portikus mit einem Dreiecksgiebel und Bögen zwischen einzelstehenden Pilastern. Hierdurch entsteht eine barocke Wechselwirkung von Raum und Masse, die auf ihr Wesentliches beschränkt ist. Die Kirche in Ariccia zeigt klar und deutlich die einfache und große Art des reifen Bernini. Seine Kirche im nahe gelegenen Castel Gandolfo (1658-1661) ist über einem konventionellen griechischen Kreuz errichtet. Sie hat jedoch eine stark betonte vertikale Tendenz, die durch die allgemeinen Proportionen sowie die Gliederung der Kuppel hervorgerufen wird, wo die Rippen ein Kassettenmuster überlagern. So bildet die Kirche eine Vertikalachse zu der Längsachse des Stadtraums von Castel Gandolfo. Die bedeutendste Kirche Berninis ist jedoch S. Andrea al Quirinale (1658-1670; Abb. 84-87).[23] Ihr Plan ist wirklich originell: ein Queroval, das eine »Längsachse« durchschneidet, die durch den stark betonten Eingang und einen entsprechend wichtigen Chor bestimmt wird.[24] Anstatt die Längsachse des Ovals zu benutzen, um eine »bequeme« Längsrichtung zu erhalten, führte Bernini eine ausgesprochene Spannung zwischen den Hauptrichtungen – wenigstens für den Augenschein – ein. Betrachten wir den Grundriß näher, sehen wir, daß die räumliche Bedeutung der Querachse

neutralisiert wurde, indem er sie nicht in Kapellen, sondern auf
solide Pilaster auftreffen ließ. So wird die Bewegung gestaut, und
wir erleben zwei ausstrahlende »Sterne«, die die Hauptbewegung
vom Eingang zum Altar begleiten, und keinen Richtungskonflikt.
Die Analogie zum Petersplatz ist offensichtlich. Die Bedeutung
der Hauptachse wird durch die Säulenädikula vor der Altarnische
unterstrichen. »Und hier, in der konkaven Öffnung des Zierge-
bels, schwebt der hl. Andreas auf einer Wolke gen Himmel. Alle Linien der Architektur laufen in dieser Skulptur zusammen
und kulminieren in ihr. Noch stärker als in anderen Kirchen wird
die Aufmerksamkeit des Beschauers von dem dramatischen Geschehen gefesselt, das seine suggestive Kraft der Art verdankt, in
welcher es die strengen Linien der Architektur beherrscht.«[25]
Die Beziehungen zwischen Außen und Innen sind auch auf sehr
originelle Weise gelöst. Durch zwei Viertelkreismauern ist vor
der Kirche ein kleiner Platz gebildet, der den gleichen Durchmesser hat wie die Kreise des Innenraums.[26] Die Mauern sind dort
mit dem Volumen der Kirche verbunden, wo die große flache
Ädikulafassade ansetzt. Die Ädikula erscheint so als Tor zwischen zwei Räumen, die Variationen eines und desselben Themas
sind. Der Übergang wird bereichert durch einen halbrunden Portikus, der von der Fassade in die Piazza vorspringt. S. Andrea al
Quirinale zeigt die Möglichkeiten der barocken Verwandlung eines einfachen Themas. Es stellt jedoch eher eine Sonderlösung als
einen Beitrag zur Entwicklung einer neuen Typologie dar. Betrachtet man Berninis Kirchen, so zeigen sie seine Vorliebe für
klar ausgedrückte, elementare Volumina. Es ist kaum ein Zufall,
daß wir dem »klassischen« Meister unter den Architekten des römischen Barock Entwürfe für Kirchen verdanken, die auf allen
fundamentalen Formen der Epoche basieren.[27] Dies sollte im
übrigen Europa einen starken Einfluß sowohl auf die sakrale als
auch auf die profane Baukunst ausüben.
Während die Kirchen Berninis eine traditionelle Teilung zwischen
Kuppel und darunter befindlichem Raum durch ein fortlaufendes
Hauptgesims zeigen, versuchte Carlo Rainaldi eine stärkere vertikale Fusion in seiner Rundkirche S. Maria dei Miracoli an der
Piazza del Popolo (1661-1663) in Rom. Hier finden wir einen
Tambour, der als vieldeutige Zone des Übergangs behandelt ist,
da er von hohen Bögen in der Hauptachse durchstoßen wird. So
wird also auch eine gewisse Longitudinalität erreicht.
Unter den originelleren Lösungen der Zentralkirchen in der ita-
lienischen Barockarchitektur nennen wir SS. Trinità in Turin
(Abb. 88) von Vitozzi (1598). Hier wurde ein kreisförmiger
Grundriß in drei Abschnitte gegliedert, wahrscheinlich aus sym-
bolischen Gründen. Das ergibt einen offensichtlichen Bruch mit

81. Rom, Cappella Lancellotti in
S. Giovanni in Laterano,
Teilansicht der Wölbung.

82. Ariccia, S. Maria
dell'Assunzione. Stich von Falda.

83. Ariccia, S. Maria
dell'Assunzione, Innenansicht.
Stich von Falda.

dem traditionellen statischen Charakter kreisförmiger Räume. Ähnlich symbolische Pläne findet man in den Barockkirchen Mitteleuropas, besonders in Verbindung mit der Dreieinigkeit.[28] Die klassischen Eigenheiten der Rundkirchen eignen sich gut als Ausdruck der Grundintentionen der französischen Architektur des 17. Jhs. Die Kirche der Heimsuchung Mariä (Abb. 90; Visitationskirche) in der Rue St-Antoine in Paris wurde von François Mansart (1632-1634) für die Filles de la Visitation de Ste Marie gebaut.[29] Sie zeigt einen normal angelegten Zentralgrundriß mit offenen Kapellen auf den Hauptachsen und kleinen geschlossenen Kapellen auf den Diagonalen. Alle Kapellen haben einen ovalen Grundriß, quer zur Achse. Die Art, wie die größeren Kapellen mit dem Hauptraum verbunden sind, ist völlig revolutionär: Sie sind nicht als komplette Volumina »hinzuaddiert«, sondern werden von dem kreisrunden Raum so durchdrungen, daß sie unvollständig werden. Unseres Wissens ist dies das erste Beispiel einer echt barocken gegenseitigen Durchdringung von Räumen.[30] Auch die Kirche hat eigene Züge: Die Kuppel ist in einer bestimmten Höhe abgeschnitten, und eine andere, kleinere Kuppel ist unterhalb der Laterne eingesetzt, so daß hierdurch eine verstärkte Vertikalrichtung entsteht. Die Fassade ist als großer Bogen entworfen, in den eine kleinere Ädikula eingelassen ist. Das einfache und einheitliche Schema befriedigt die Grundintentionen der Kirchenfassade des Barock, kontrastiert aber mit der Komplexität der zeitgenössischen Kirchenfronten in Rom. Nur mit Berninis S. Andrea al Quirinale (1658) erreicht die römische Architektur eine entsprechend synthetische Lösung.[31] Die Visitationskirche übte einen starken Einfluß aus, aber der Gedanke gegenseitiger Raumdurchdringung wurde kaum verstanden, ehe Guarini 1662 in Paris eintraf. In der Tat finden wir die ersten Beispiele von Raumdurchdringung bei Guarini in der Kirche Ste-Anne-la-Royale (Abb. 167) in Paris (1662-1665).[32]

Bevor wir auf die fundamentalen Beiträge zu sprechen kommen, die Borromini und Guarini geliefert haben, müssen wir einige Bauten erwähnen, die Gedanken enthalten, die neue, interessante Möglichkeiten einführten, die für die spätere Entwicklung von gewisser Bedeutung waren. Sie bestanden zunächst in der Stärkung der Längsachse eines zentralisierten Baus, indem zwei Kuppelräume miteinander verbunden wurden, wodurch der erste dem Mittelschiff der traditionellen Längskirche entspricht. Der Gedanke geht auf das 16. Jh. zurück; als Beispiel nennen wir Madonna di Campagna bei Verona von Sanmicheli (1559-1561),[33] wo ein Chor über dem Grundriß eines unregelmäßigen griechischen Kreuzes einem achteckigen »Mittelschiff« hinzugefügt wurde. Der Gedanke wurde von Lorenzo Binago aufgenommen, als er S.

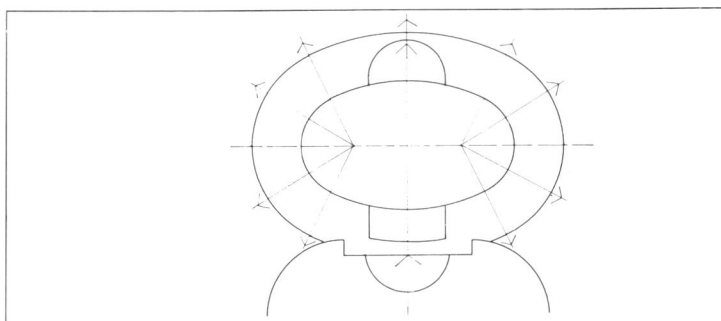

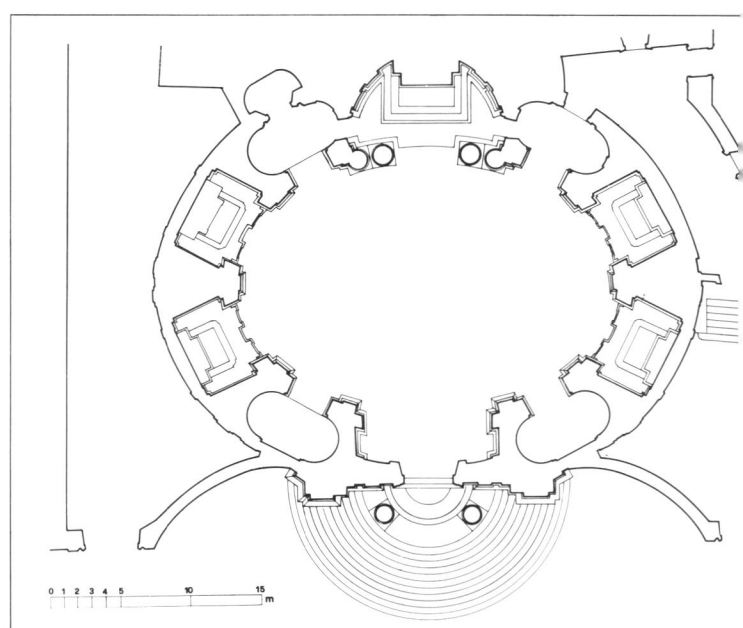

84. *Rom, S. Andrea al Quirinale,*
Innenansicht der Kuppel.
85, 86. *Rom, Schema und*
S. Andrea al Quirinale, Grundriß.

87. *Rom, S. Andrea al Quirinale,*
Schrägansicht der Fassade.

Alessandro in Mailand (Abb. 92) erbaute (1602). Hier besteht die Hauptkirche aus einer großen Gruppe von fünf Kuppeln, die an Bramantes Entwurf für St. Peter erinnert. Östlich davon wurde ein kleineres griechisches Kreuz mit Kugelkalotte darüber hinzugefügt. Das Übergangsjoch zwischen der Hauptkuppel und der Kuppel über dem Hochchor gehört beiden griechischen Kreuzen an und schafft so eine für den Barock charakteristische Raumverbindung. Daraus resultiert eine starke Längsbewegung, aber gleichzeitig wird die Mitte durch einen vergrößerten Durchmesser und durch Säulen, die die Bögen der Kreuzung tragen, betont. Ein paar Jahre später finden wir den gleichen Grundgedanken in einer anderen Mailänder Kirche, der kleinen S. Giuseppe (Abb. 94) von Francesco Maria Ricchino (1607). Der Hauptraum nähert sich hier einem Oktogon an, da die Pfeiler auf den Diagonalachsen beträchtlich verbreitert wurden, um Nischen und »coretti« aufzunehmen. Auch hier wird der Hauptraum durch Säulen hervorgehoben. Der Chor ist mit dem Oktogon durch eine übliche Kompositordnung verbunden, die sich in der Wandgliederung wiederholt. Ganz allgemein stellt S. Giuseppe das überraschend reife Beispiel eines Typus dar, der im 18. Jh. in Mitteleuropa sehr wichtig werden sollte.[34]

In Italien fand der Typ seinen Höhepunkt in Baldassare Longhenas Kirche S. Maria della Salute (1631-1648) in Venedig (Abb. 95-97). Die Kirche wurde, 1630 nach der Pest, als Ex-voto-Kirche erbaut und erhielt als solche naturgemäß einen zentralisierten Grundriß.[35] Dem Hauptoktogon wird jedoch ein überkuppelter Altarraum hinzugefügt, mit Apsiden auf der Querachse und einer Öffnung, die durch den Altar in der Mitte abgeschirmt ist, was an Palladios Il Redentore in Venedig erinnert. Wittkower gebührt das Verdienst, die architektonischen Qualitäten von S. Maria della Salute dargelegt zu haben.[36] Er zeigt das spätantike und das byzantinische Erbe in dem Oktogon auf, um das sich ein Umgang herumlegt, und wie die Frührenaissance und Palladios Vorbilder Longhena beeinflußt haben, die Gliederung mit Hilfe grauer Steine für die strukturellen Teile und weißer Tünche für die Wände und Füllungen vorzunehmen. »Im Gegensatz jedoch zu Florenz, wo die Farbe stets ein klar verständliches metrisches System unterstützt, ist Longhenas Farbschema nicht logisch. Für ihn war Farbe ein optisches Mittel, das es ihm ermöglichte, Elemente der Komposition zu unterstützen oder zu unterdrücken und hierdurch den Blick des Beschauers zu lenken.«[37] In der Tat sind die zwei Haupträume von S. Maria della Salute durch optische Mittel miteinander verknüpft. »Trotz der Isolierung räumlicher Entitäten, wie wir sie aus der Renaissance kennen, und trotz der sorgfältig berechneten Zentralisierung des Oktogons finden wir hier

ein dramatisches Fortschreiten entlang der Längsachse... In S. Maria della Salute erscheint eine Szenerie hinter der anderen, wie Seitenkulissen auf der Bühne. Anstatt das Auge einzuladen – wie dies die Architekten im römischen Barock taten –, an den Wänden entlangzugleiten und ein räumliches Kontinuum zu genießen, bestimmt Longhena die Aussichten ständig quer über den Raum.«[38] Dieser besondere venezianische Charakter wird auch im Äußeren sichtbar, wo zwei eng beieinanderstehende Kuppeln eine pittoreske Gruppe bilden. Die Fassade zeigt die Anpassung von Palladios Kolossalordnung an einen Rundbau. Ihre Glieder (riesig und klein) wiederholen diejenigen des Inneren, so daß ein Zusammenhang aufgrund gleichartiger Motive geschaffen wird. Der große Mittelbogen wiederholt ebenfalls die Bögen des Inneren und betont gleichzeitig die Längsachse. So illustriert S. Maria della Salute, wie man den Grundabsichten des Barock eine überzeugende »regionale« Interpretation geben konnte.

Eine andere regionale Interpretation des gleichen Themas liefert das Hauptwerk unter den französischen Zentralkirchen, der Dôme des Invalides (Abb. 99-102) von Jules Hardouin-Mansart (1680-1707). Da die Kirche auf der Hauptachse von Libéral Bruants Hôtel des Invalides (1670-1677) in Verbindung mit Bruants Kapelle erbaut wurde, benötigte sie eine ausgesprochene Längsbewegung. Ludwig XIV. wünschte jedoch, daß der Bau erhaben sein und von einer Kuppel gekrönt werden sollte. Hardouin-Mansart machte einen Entwurf, der auf dem klassischen Schema basierte, wie es Michelangelo für St. Peter entwickelt hatte. Der Zentralplan paßte gut für den in Frage stehenden Bau und zu seiner Lage zwischen den Flügeln des Hôtel. Diesem traditionellen Schema fügte Hardouin-Mansart einen geräumigen Altarraum von annähernd ovaler Form hinzu, der sich zu der bereits bestehenden Kapelle hin öffnete.[39] Die Lösung Hardouin-Mansarts unterscheidet sich jedoch in anderer, wichtiger Hinsicht von Michelangelos Plan. Die Arme des griechischen Kreuzes sind verkürzt, so daß der ganze Bau als quadratischer Block erscheint. Die Nebenkuppeln an den Ecken sind mit dem kreisförmigen Hauptraum durch Öffnungen in den Diagonalen verbunden, eine Lösung, die von F. Mansarts Val-de-Grâce entlehnt ist. Daraus resultiert eine verstärkte Integration von Masse und Raum. Diese Integration dient vor allem einer stark entwickelten Vertikalrichtung, die durch die Benutzung von Hängekuppeln betont wird. Das Äußere zeigt eine entsprechende Gliederung. So baut sich die Fassade plastisch zum Zentrum hin auf, und die Höhe der Kuppel wird durch die Einführung einer Attika zwischen Tambour und eigentlicher Kuppel noch gesteigert. Starke Strebepfeiler sind in die Diagonalen gestellt (wo sie in der Tat

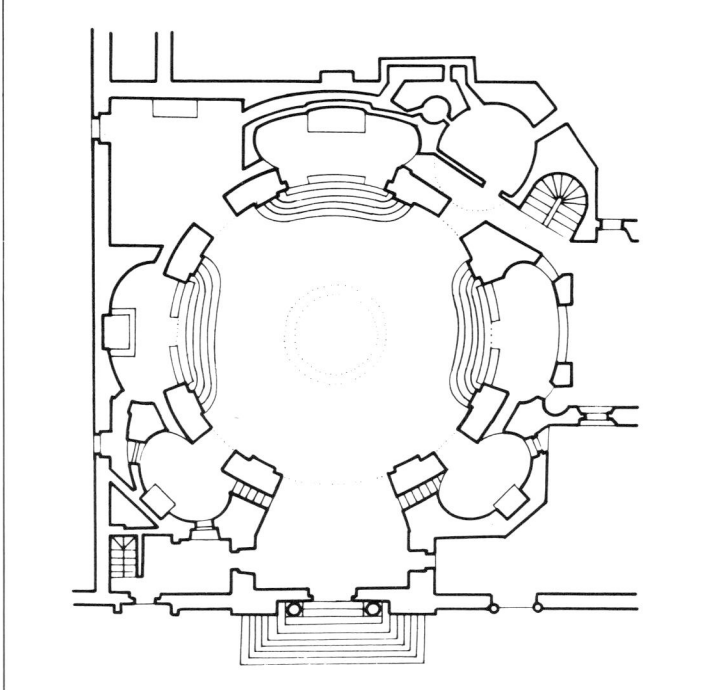

89. 90. 91. Paris, François Mansart, Visitationskirche. Grundriß, Außenansicht und Deckenuntersicht.

höchst strukturell angebracht sind) und berauben die Kuppel der üblichen »statischen« und »vollkommenen« Erscheinung. Dieser starke Zug zur Vertikalen findet seinen Höhepunkt in einer diagonal orientierten Laterne, die von einer schlanken Spitze (flèche) gekrönt wird. Zweifelsohne ist der Invalidendom einer der überzeugendsten Bauten der Barockzeit und bildet eine einzigartige Synthese von klassischer Architektur und gotischer Tendenz zur Vertikalen.

Eine andere Möglichkeit zur Schaffung eines gestreckten Zentralbaus besteht darin, die Arme des griechischen Kreuzes unterschiedlich lang zu machen (ohne jedoch natürlich beim lateinischen Kreuz zu enden). Dieses Thema hat Rosato Rosati in S. Carlo ai Catinari in Rom (Abb. 104, 105) aufgenommen (1612 bis 1620).[40] Indem er das Querschiff verkürzte und ein besonderes Joch und eine Apsis hinzufügte, gab Rosati dem griechischen Kreuz eine ausgesprochene Längsrichtung. Die Wirkung wird durch die ovalen Kapellen zwischen den Armen betont, die ihre Hauptöffnung zum Mittelschiff hin haben. Gleichzeitig erhält jedoch das Zentrum größte Bedeutung durch die hohe Kuppel, die auf stark vorspringenden Pfeilern ruht, während die Arme durch flache Pilaster gegliedert sind. Die Pfeiler sind mit gleichen Pilastern verdeckt, deren gelbe Farbe den Eindruck hervorruft, ein fortlaufendes System umrunde den ganzen Raum. So hat er trotz der Längsachse einen einheitlichen und ganzheitlichen Charakter und ist als Ganzes ein überzeugendes Beispiel frühbarocker Planung. Diese Kirche hatte einen gewissen Einfluß auf spätere Bauten. Die Kirche der Sorbonne (Abb. 106-108) in Paris von Lemercier (1636-1642) ist offensichtlich von S. Carlo ai Catinari in Rom abgeleitet.[41] Bei der Sorbonne ist die Hauptachse länger, und die Seitenkapellen haben zwei Öffnungen zum Mittelschiff hin, Andeutung rudimentärer Seitenschiffe. So wird ein gewisser basilikaler Effekt erzielt. Die Kuppel jedoch ist genau in die Mitte plaziert. Sie macht die Seitenfassade symmetrisch, was notwendig ist, da sie eine Mauer zum Hof der Universität bildet. Das Thema des gestreckten griechischen Kreuzes hat seine überzeugendste hochbarocke Interpretation gefunden in SS. Martina e Luca (Abb. 109-113) in Rom von Pietro da Cortona (1635 bis 1650).[42] 1634 wurde Cortona zum Principe der Accademia di San Luca gewählt, und im folgenden Jahr begann er den Wiederaufbau der Kirche der Akademie. Als Ausgangspunkt diente ihm ein kreisförmiger Grundriß, ähnlich den Entwürfen Michelangelo für S. Giovanni dei Fiorentini. Indem er die Kuppel auf Rundsäulen ruhen ließ, betonte Cortona den Mittelraum und ließ die Kapellen dahinter durch radial gestellte Trennwände als ununterbrochenen Umgang erscheinen. Ein starker Wunsch nach plasti-

92. *Mailand, Lorenzo Binago,*
S. Alessandro, Grundriß.
93. *Mailand, Francesco Maria*
Ricchino, S. Giuseppe, Grundriß.

94. *Mailand, S. Giuseppe, Inneres.*

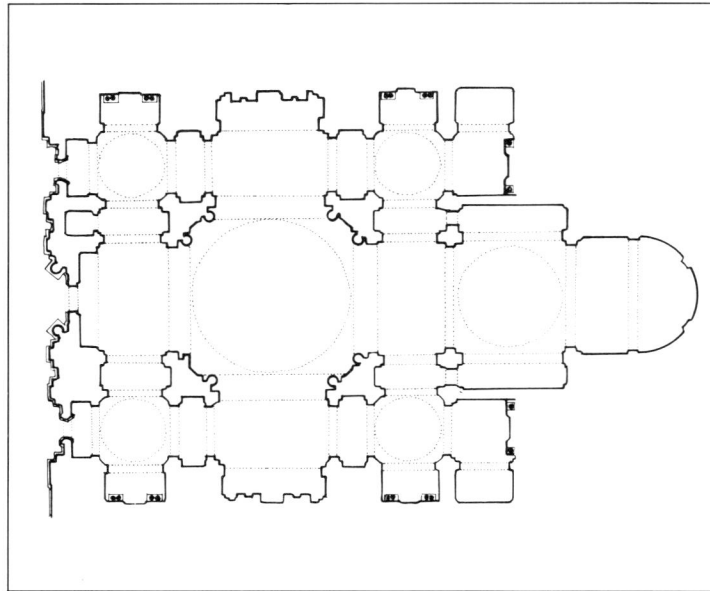

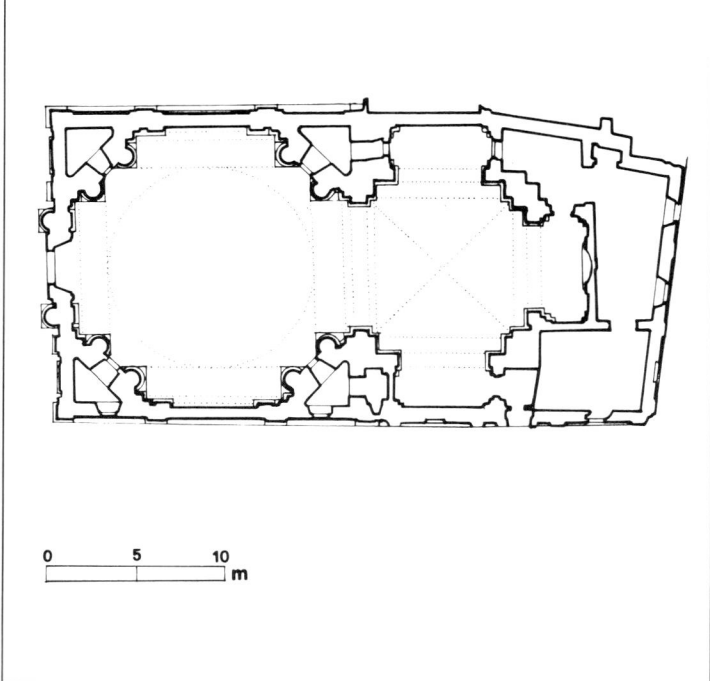

0   5   10
m

scher und räumlicher Integration ist nicht zu übersehen. Während er am Entwurf arbeitete, versuchte Cortona offenbar zu einer wirklich fortlaufenden Raumumgrenzung zu gelangen. Das Ergebnis war ein Grundriß über einem griechischen Kreuz mit einer leichtgestreckten Hauptachse. Hier sind die Joche in der Tat breiter als im Querschiff, und die Apsiden sind halbkreisförmig (die des Querschiffs sind abgeflacht). Die Unterschiede sind im Inneren jedoch kaum merkbar. Der Raum hat einen einzigartigen einheitlichen Charakter, bestimmt durch die reiche plastische Gliederung der begrenzenden Wand und das Fehlen farbiger Differenzierung. Als Grundelement gebraucht er die ionische Säule, die abgewandelt wird, um Unterschiede zwischen Struktur und Umfassung auszudrücken. Rundsäulen erscheinen unter der Kuppel sowie in den Apsiden und zeigen die Grundstruktur an. Zwischen den Säulen springt die Wand vor oder weicht zurück. Die Zwischenjoche erhalten so eine gewisse Querrichtung, indem sie Pilaster vorstoßen, die die Verbindung mit den sekundären Volumina dahinter bestimmen, während die Apsiden vollständig »offen« sind: Die Glieder erscheinen als Skelett, dessen Außenseite eine dünne sekundäre Wandoberfläche bedeckt. Die gleiche »Offenheit« finden wir in den Halbkuppeln über den Apsiden wie auch in der Hauptkuppel, wo ein Muster vibrierender sternähnlicher Kassetten hinter den strukturellen Rippen sichtbar wird. Eine einzigartige, bedeutungsvolle Wechselwirkung von Masse und Raum ist erreicht. Das gilt auch für die organische Beziehung zwischen Innen und Außen. Die Außenwände ergänzen in der Tat die Innenräume, die berühmte Kurvatur der Fassade zeigt die Apsis dahinter an.[43] Die Hauptordnung der Säulen, die benutzt wurde, wiederholt auch die Glieder des Inneren, und die den Eingang flankierenden Säulen drücken die Offenheit der Apsis aus. In allen Fassaden erscheint der geschwungene Mittelteil zwischen rechtwinklig gestellten Pfeilern, die einen festen Bezugsrahmen für die dynamische Kraft der Hauptmasse bilden. Der Bau scheint wirklich zu leben; er atmet, zieht sich zusammen und dehnt sich wie ein muskulöser Körper. Die Streckung der Hauptachse und das abgeflachte Querschiff sind keine feststehenden Formen, sondern erscheinen als Ergebnis eines Prozesses, der hier und jetzt geschieht. SS. Martina e Luca drückt so besser als jedes andere Beispiel die barocke Umwandlung eines traditionellen Themas aus. Lieber als die Kirche zu einer Bühne für eine naturalistische Dekoration zu machen (Bernini), gab Cortona dem Bau selbst »Präsenz« und verwirklichte so eine echt barocke Architektur.[44]

In den obengenannten Beispielen wurde von einem Zentralplan ausgegangen und eine mehr oder weniger ausgesprochene Längs-

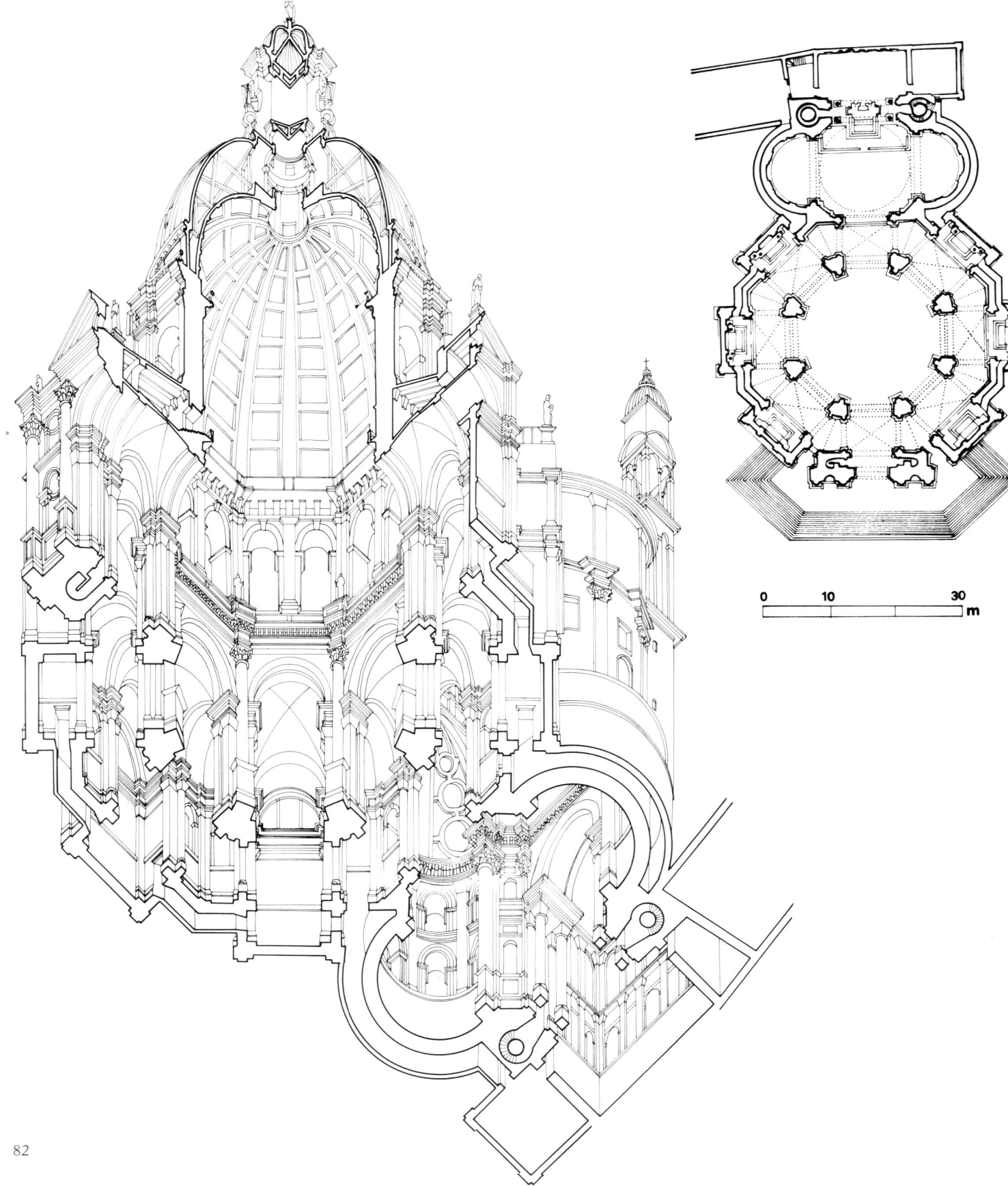

0   10   30
m

95. Venedig, S. Maria della Salute,
Isometrie.
96. Venedig, Baldassare Longhena,
S. Maria della Salute, Grundriß.

97. Venedig, S. Maria della Salute,
Gesimse.

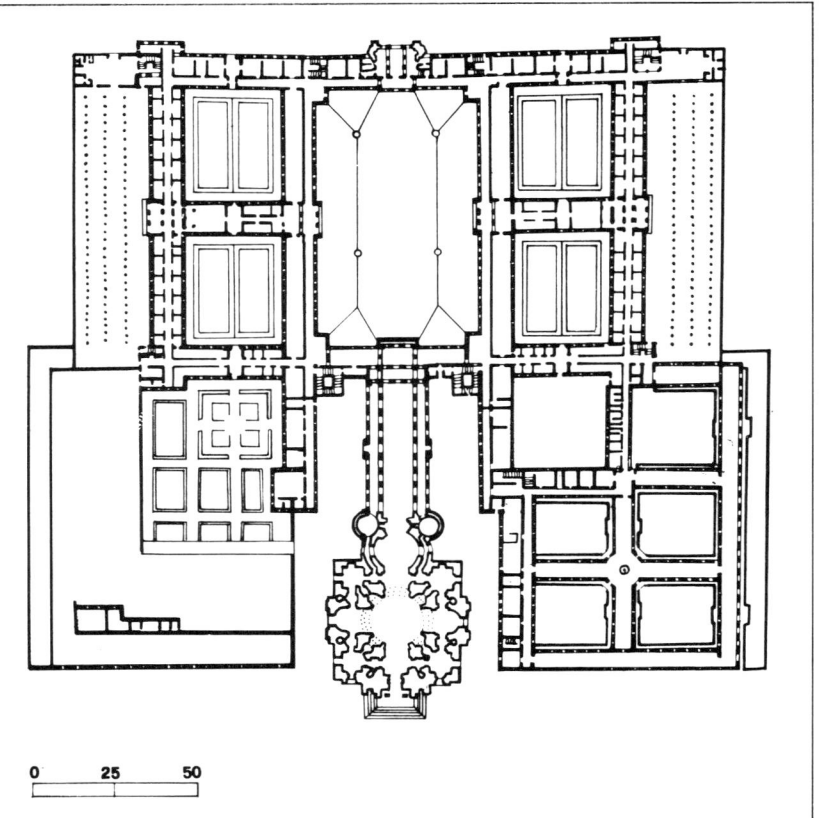

98. Paris, Libéral Bruant, Jules
Hardouin-Mansart, Hôtel des
Invalides, Grundriß.

0 25 50

99. Paris, Jules Hardouin-Mansart,
Invalidendom, Isometrie.

100. Paris, Jules Hardouin-
Mansart, Invalidendom.
Zeitgenössischer Stich.

103. Rom, Rosato Rosati,
S. Carlo ai Catinari. Grundriß.
104. Rom, S. Carlo ai Catinari,
Fassade.

105. Rom, S. Carlo ai Catinari,
Inneres der Kuppel.

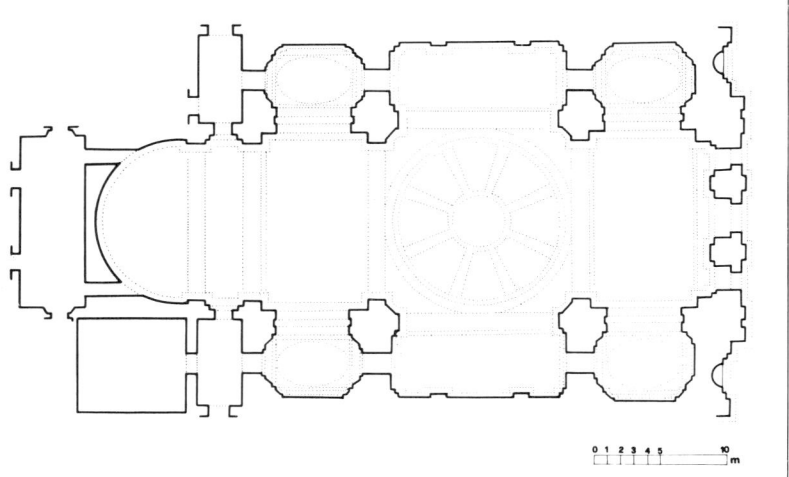

achse durch verschiedene Verfahren eingeführt. Beginnen wir mit einem Längsbau, so stellt sich das Problem, ihm einen Mittelpunkt zu geben. Die einfachste Lösung besteht in der Einführung einer symmetrischen Querachse. Den ersten bemerkenswerten Versuch, einen bi-axialen Organismus zu schaffen, verdanken wir Girolamo Rainaldi. 1620 baute er die interessante Kirche S. Teresa (Abb. 114) in Caprarola.[45] Der Bau ist ein einfaches rechteckiges Volumen, das von einem großen Tonnengewölbe überdeckt ist. An beiden Enden finden wir dasselbe Motiv: eine flache Nische, die durch freistehende Pfeiler drei Öffnungen erhält. Die erweiterte Mittelöffnung ist von einem Bogen überwölbt, während die Seitenöffnungen einen geraden Architrav haben. Dieser Architrav setzt sich in die Mittelöffnung hinein fort, wo er gegen die blinde Außenwand trifft, die hierdurch als sekundäre »Füllung« charakterisiert wird. Genau das gleiche Motiv wird in der Mitte der Seitenwände wiederholt. Da diese länger sind, bleiben besondere Joche am Ende übrig, die zur Aufnahme von Beichtstühlen dienen. Diese Joche sind mittels der obenerwähnten Architrave in das System integriert. Das ergibt eine starke Zentralisierung, während gleichzeitig der Raum seine allgemeine Längsrichtung beibehält. Sein einheitlicher Charakter wird durch ein starkes Sims betont, das das ganze Innere umzieht. Girolamo Rainaldi gilt allgemein als einer der weniger bedeutenden Architekten, aber in S. Teresa hat er eine neuartige Kombination von Längsbau und Zentralbau geschaffen. Die Gliederung nimmt schon Ideen vorweg, die erst im 18. Jh. voll erblühen, insbesondere die Charakterisierung der Hauptachsen als Verbindung zwischen drinnen und draußen. In der Tat durchbrechen hier Bögen den Hauptarchitrav und den Fries, und wo sie auf die Außenwand treffen, drücken blinde eingefüllte Oberflächen die »Offenheit« des Schemas aus.[46] Wir sollten auch die allgemeine Transparenz des Inneren erwähnen.

In der kleinen Kirche S. Maria in Publicolis in Rom, von Giovanni Antonio de Rossi (1640-1643), finden wir ein bi-axiales Mittelschiff, aber hier wurde ein Chor, der von einer querovalen Kuppelkalotte auf Zwickeln überdeckt wird, hinzugefügt. Der bi-axiale Typ wird dadurch mit dem Schema verschmolzen, das auf einer Abfolge von zwei zentralisierten Einheiten beruht, einer sehr fruchtbaren Idee, die für spätere Entwicklungen von großer Bedeutung war. In Rom finden wir, in der Tat, zwei wichtige Kirchen, deren Kuppeln zentralisierten Mittelschiffen hinzugefügt worden sind: S. Maria in Campitelli von Carlo Rainaldi (1656-1665) und S. Maria Maddalena, von Giovanni Antonio de Rossi in seinem Todesjahr (1695) entworfen. Beide Kirchen zählen zu den Meisterwerken römischer Barockarchitektur.

106. Paris, Jacques Lemercier,
Kirche der Sorbonne, Grundriß.
107. Paris, Kirche der Sorbonne,
Fassade.

108. Paris, Kirche der Sorbonne,
Inneres.

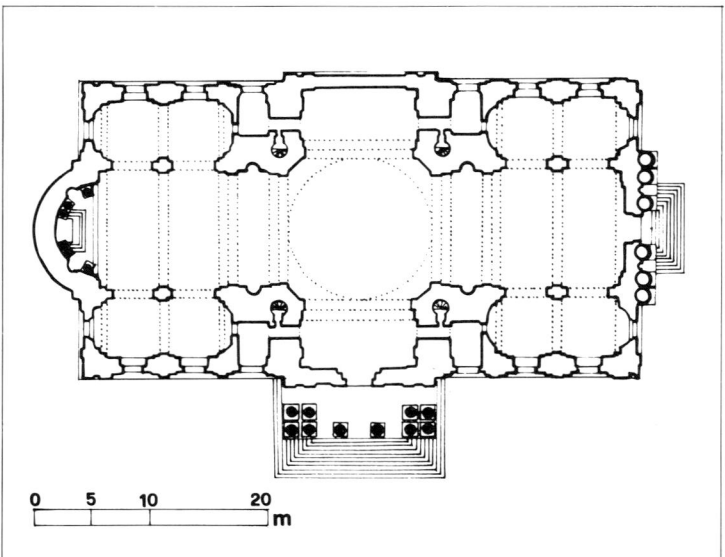

Der Kirche S. Maria in Campitelli (Abb. 115-119) legte Carlo Rainaldi ein Längsoval zugrunde. Er verband es mit einem Rundchor, der von einer Kuppel mit Laterne überdeckt war. Das Schema ist ziemlich normal, aber die Gliederung ist in der Tat sehr interessant und zeigt eine Weiterentwicklung der Gedanken seines Vaters in S. Teresa und Cortonas in SS. Martina e Luca. Alle Raumelemente werden durch ein Gebälk (oval oder rund), das auf Säulen ruht, bestimmt. Gleichzeitig flankieren die Säulen die Hauptachsen, entlang deren die Raumelemente organisiert sind. Diese Elemente berühren einander und bilden ein »offenes« System, das benutzt wurde, um die Längsachse dort zu betonen, wo ein voller Kreis hinzugefügt wurde. Gleiche Kreise sind auf der Querachse angelegt, aber hier zu linsenförmigen Kapellen reduziert. Nur auf den Diagonalen des Hauptraums sind solide Pfeiler eingeführt, die Nebenöffnungen und »coretti« enthalten. Die Lösung hat Grundeigenschaften, die mit dem Raumsystem Kilian Ignaz Dientzenhofers übereinstimmen, und kann als eine der fortgeschrittensten Konzeptionen des römischen Barock angesehen werden.[47] Die Fassade ist auch interessant. Sie zeigt einen zweistöckigen Schirm von Säulen vor der Wand und deutet so die große räumliche Transparenz des Projekts an, die der Zweischaligkeit der Kirche des 18. Jhs. in Mitteleuropa überraschend nahekommt. Während der Ausführung änderte Rainaldi jedoch seinen Entwurf. Alle wesentlichen Teile des ersten Entwurfs sind vorhanden, aber das ovale Schiff wurde in eine bi-axiale Halle verwandelt. Die Längsbewegung in die Tiefe ist hierbei beachtlich verstärkt, und in der Tat erscheint das Innere als eine Abfolge monumentaler Ädikulen, und das Thema der Ädikula charakterisiert auch die höchst schwülstige Fassade. Dieser Wechsel im Plan wurde wahrscheinlich durch die bestimmte Aufgabe begründet, der der Bau dienen sollte. S. Maria in Campitelli wurde nach der Pest als eine Votivkirche erbaut und sollte insbesondere eine wundertätige Madonna aufnehmen. Der architektonische Raum ist daher auf das Bild in der Apsis ausgerichtet. Die Säule wird als Symbol des Glaubens benutzt und weniger als strukturelles Glied. »Man darf daher nicht von einer optischen Illusion sprechen oder von der Darstellung eines imaginären Raumes..., sondern von der geistigen Vergegenwärtigung des Inhalts oder des ideologischen Sinnes, der eng mit den praktischen, der Andacht dienenden Erfordernissen des Baus verbunden ist. Zum erstenmal wird das Barockkonzept von Kunst als Überzeugung in der Architektur angewandt... Mit seiner architektonischen Form gelingt es ihm, kollektive Erregung hervorzurufen... Prüfen wir es vom Standpunkt der ›Bewegung der Gefühle‹, so finden wir, daß diese das Pathos ist, das die Campitelli-Kirche erweckt.«[48] Die

109. Rom, S. Pietro da Cortona,
SS. Martina e Luca, Grundriß.
110. Rom, SS. Martina e Luca,
Grundriß-Schema.

111. Rom, SS. Martina e Luca.
112. Rom, SS. Martina e Luca,
Kuppel.

113. Rom, SS. Martina e Luca,
Inneres, Blick in die Wölbung.

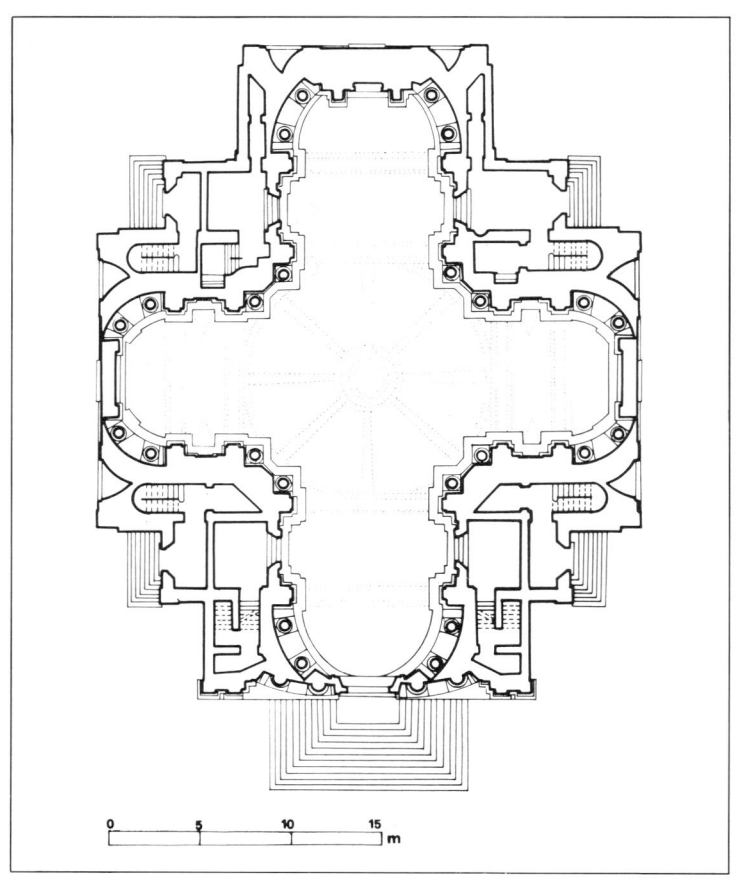

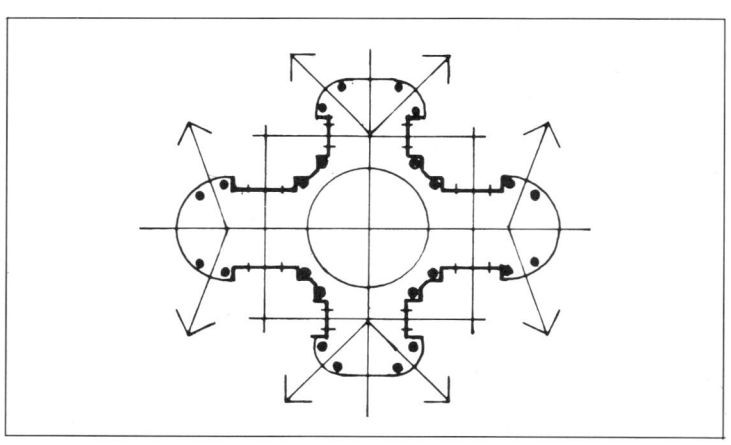

114. Caprarola, Girolamo
Rainaldi, S. Teresa, Grundriß.

115. Rom, Carlo Rainaldi,
S. Maria in Campitelli, Grundriß
des ersten Ovalentwurfs.

116. Rom, Schema des
Ovalentwurfs für
S. Maria in Campitelli.

117. Rom, S. Maria in Campitelli,
Grundriß.

118. Rom, S. Maria in Campitelli,
Außenansicht.

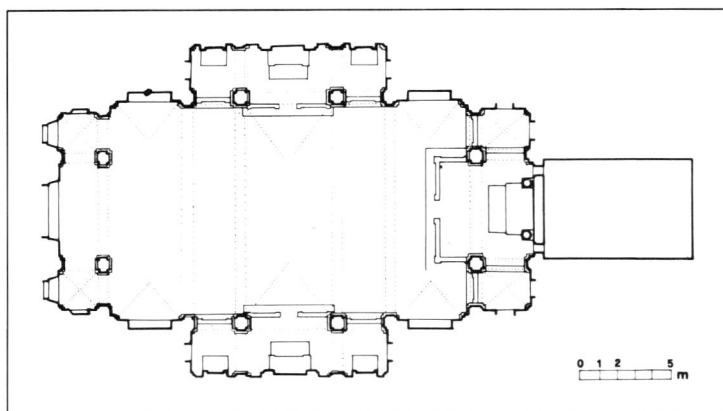

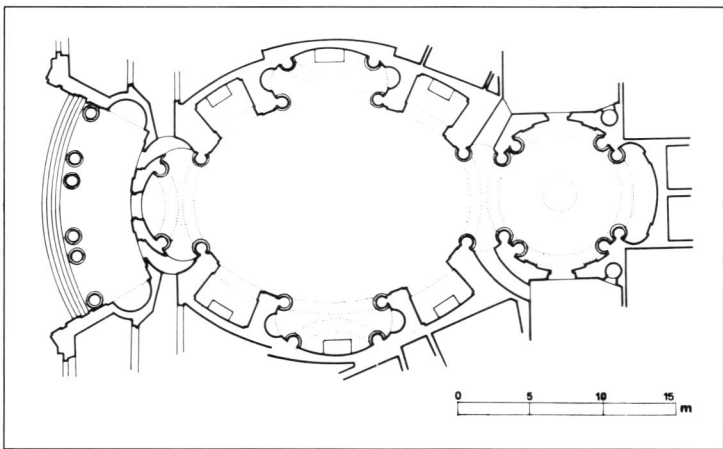

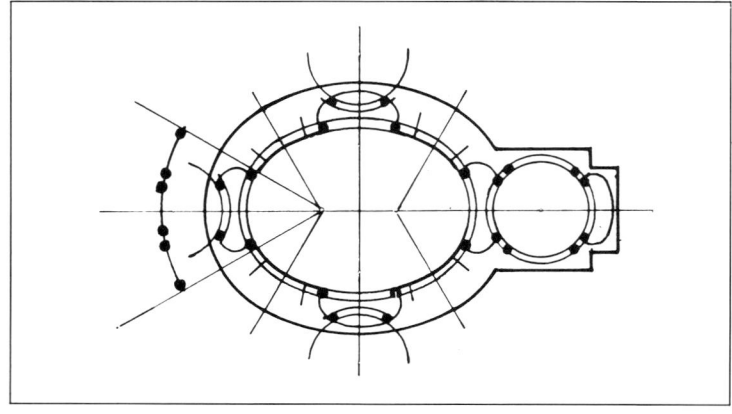

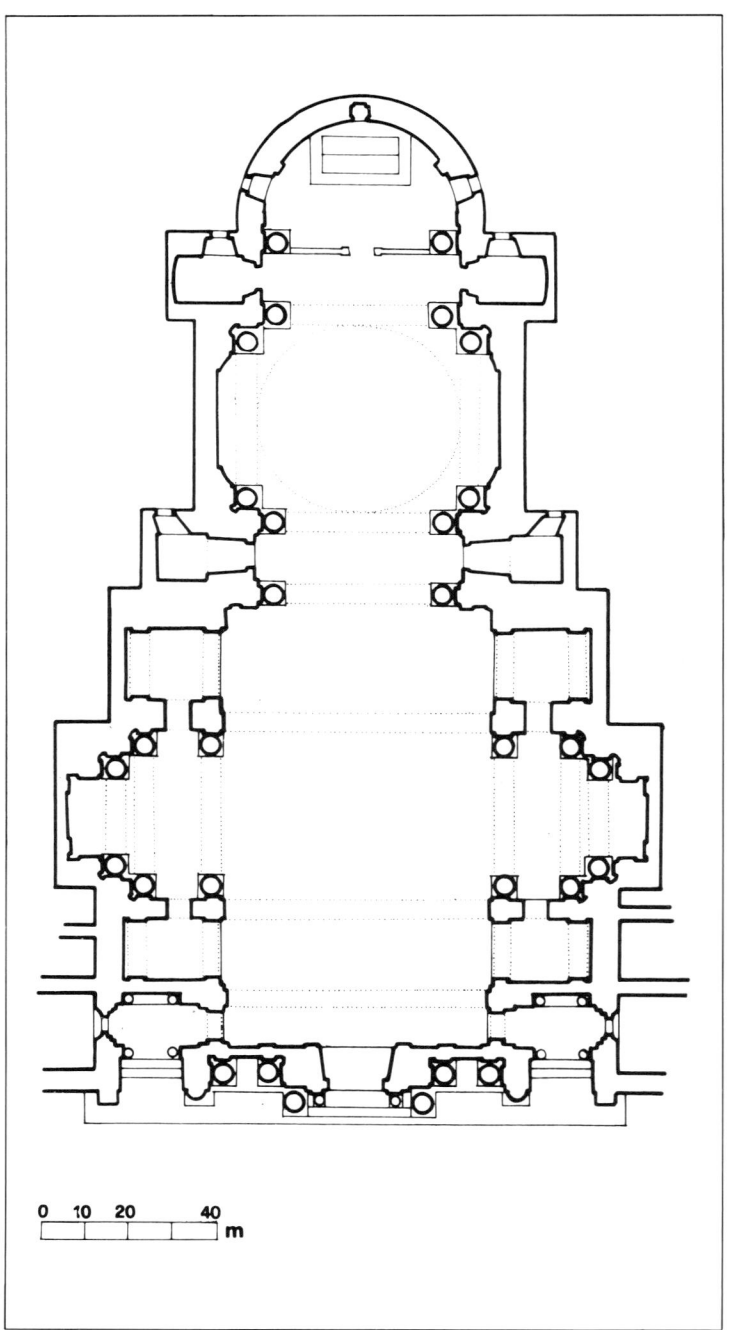

119. Rom, S. Maria in Campitelli,
Innenansicht gegen den Hauptaltar.

Kirche Rainaldis repräsentiert also nicht ein theoretisches Ideal, sondern konkretisiert eine individuelle Situation.

S. Maria Maddalena (Abb. 120) von De Rossi[49] bietet einen würdigen Abschluß des Kirchenbaus im römischen Seicento.[50] Der Entwurf vereint alle traditionellen Typen. Wir finden das lateinische Kreuz interpretiert als Abfolge zweier zentralisierter Organismen, deren erster sowohl als bi-axiales Mittelschiff wie als ausstrahlendes Oval verstanden werden darf. Der wesentliche Beitrag besteht in der räumlich geeinten Form des Mittelschiffs, das auf einer ständigen Abfolge von engen und weiten Jochen basiert. Das erste und letzte verlaufen parallel zur Längsachse, während die drei Mitteljoche eine Querausdehnung des Raumes bestimmen. Die Querachse jedoch hat nur sekundäre Bedeutung, da sie in engen Jochen endet, die Beichtstühle enthalten. Die »diagonalen« Richtungen werden durch hohe Bögen betont, die das Hauptgesims durchbrechen. Mittels dieser Wandgliederung gelang es De Rossi, dem Mittelschiff räumliche Unabhängigkeit zu geben, während es gleichzeitig mit der überkuppelten Einheit dahinter organisch integriert wird. Das Bauwerk erfüllt die doppelte Aufgabe, Gemeindekirche und Heiligtum für eine verehrte Madonna zu sein.

In den oben besprochenen Werken haben wir gesehen, wie die traditionellen Längs- und Zentralschemata im 17. Jh. umgewandelt wurden, um dem Wunsch des Barock nach einer Synthese von Mitte und Ausweitung zu entsprechen und den Bau dadurch in einen allgemeinen, ideologisch fundierten Kontext zu integrieren. Eine echte Systematisierung jedoch wurde selten von den bisher genannten Architekten vollbracht. Unter »Systematisierung« verstehen wir hauptsächlich eine Methode der Raumorganisation, die die Lösung individueller Aufgaben innerhalb des allgemeinen Ziels formaler Integration und überzeugender Akzentuierung gestattet. Die obenerwähnten Arbeiten stellen Abwandlungen oder Kombinationen traditioneller Elemente und Typen dar. Einige dieser Kombinationen jedoch sollten besondere Bedeutung für den Sakralbau des 18. Jhs. haben, wie die Einführung einer »Rotunde« genau in der Mitte eines Längsbau (S. Carlo ai Catinari usw.), die räumliche Aktivierung der Diagonalachsen in einer überkuppelten Vierung (Val-de-Grâce), die Aufeinanderfolge zweier zentralisierter Einheiten (S. Giuseppe, Mailand) und die Zentralisation eines Längsraums durch Bi-Axialität (S. Teresa, Caprarola). Wir finden auch einige Versuche, eine mehr allgemeine Methode der Raumorganisation zu entwickeln, vor allem in François Mansarts Plänen zu einer gegenseitigen Druchdringung von Räumen und in der Suggestion einer »offenen« Gruppierung, wie in dem ersten Entwurf Rainaldis für S.

Maria in Campitelli. Eine mehr allgemeine Bedeutung hatten der barocke Klassizismus Berninis, der darauf abzielte, einen beherrschenden Charakter zu bestimmen, sowie die organische Dynamik und die sie ergänzende Beziehung zwischen drinnen und draußen eines Pietro da Cortona.

Auf dem Weg zu Synthese und Systematisierung
Borromini

Francesco Borromini packt in seinen Arbeiten das Problem des architektonischen Raumes völlig neu an. Bis dahin hatte man den Raum als eine abstrakte Beziehung zwischen den plastischen Gliedern verstanden, die die echten Bestandteile der architektonischen Form waren, wenn auch ihr Platz durch sinnvolle Raumverteilung bestimmt wurde. Im Frühbarock wurde das Bedürfnis nach einer neuen ausdrucksstarken Intensität daher hauptsächlich durch eine reichere Instrumentation befriedigt: Verdoppelung der Säulen, Kombination von Säule und Pilaster, Kolossalordnung, starke und wiederholte Unterbrechungen von Hauptgesims und Ziergiebel usw. oder illusionistische Dekoration. Borromini brach mit dieser Tradition und führte den Raum als das konstituierende Element der Architektur ein. Für Borromini war der Raum etwas Konkretes, das geformt und ausgerichtet werden konnte, und keine abstrakte Beziehung zwischen plastisch anthropomorphen Formen. Damit konkretisierte er das philosophische Konzept der res extensa. »Er ist nicht zufrieden mit einer empirischen Verifikation der psychologischen Werte von Distanz, Nähe oder der gegenseitigen Beeinflussung von Kompositionselementen. Er tritt für die Notwendigkeit einer Methode ein, die es dem Architekten erlauben soll, den Raum in der gleichen Weise zu bearbeiten, wie dies Renaissance-Architekten mit Volumen und linearen Strukturen taten, indem sie Vorschriften der klassischen Proportionen anwandten...«[51] Die Räume Borrominis sind umfassende Ganzheiten, die a priori unteilbare Gestalt haben. Mit allen ihm zur Verfügung stehenden Mitteln versuchte er, diesen Charakter zu betonen, vor allem durch die Kontinuität, die er den begrenzenden Wänden gab. Seine Zeitgenossen mußten das Neue an dieser Einstellung Borrominis spüren, wie es durch die ausführliche Beschreibung seiner Kirche S. Carlo alle Quattro Fontane von Juan de S. Bonaventura bezeugt wird. Er spricht von den Besuchern, die jeden Tag kamen, um die Kirche zu besichtigen, und sagt: »...und wenn sie in der Kirche sind, so tun sie nichts anderes, als über sich und um sich herum zu schauen, denn jedes Ding darin ist so angelegt, daß eines zum anderen führt...«[52] Die Architekten seiner Zeit jedoch betrachteten Borromini als einem »stravagante« (»Sonderling«), der bizarre und visionäre Formen schuf. Bedenkt man die klassische Tradition, so war Borromini in der Tat revolutionär und eröffnete neue, fruchtbare Möglichkeiten für die Zukunft.

Das erste Werk, das Borrominis Grundintentionen dartun sollte, war die Cappella del Sacramento in S. Paolo fuori le Mura. Die römische Kapelle war 1629 von Maderno, kurz vor seinem Tode, erbaut worden. Sein Verwandter Borromini arbeitete mit, und wir haben Grund zu glauben, daß Borromini einen entscheidenden Einfluß auf die Lösung hatte.[53] Der einfache rechteckige Raum hat abgerundete Ecken und ein System regelmäßig angeordneter Pilaster, die das Hauptgesims durchbrechen, sich fortsetzen und flache Rippen bilden, die das Gewölbe in ein »Skelettnetz« verwandeln. In den Ecken stehen keine Pilaster. Die konkave Form der Ecken wird in das Gewölbe hinein weitergeführt, um eine strenge vertikale Kontinuität zu schaffen und dem Raum eine gewisse diagonale Orientierung zu geben, was durch diagonale Gewölberippen geschieht. Die Lösung kommt dem System von Borrominis Cappella dei Re Magi (Abb. 153-158) im Palazzo di Propaganda Fide (erbaut nach 1660) überraschend nahe und wird allgemein als sein architektonisches Testament betrachtet. Die Hauptneuerungen an der Cappella del Sacramento sind die einförmige und völlig ununterbrochen fortlaufende Wandgliederung sowie die vertikale Integration. Der Raum wird daher als ein unteilbares Ganzes bestimmt, ein Charakter, der durch die »Zentralisierung«, die die obenerwähnten Diagonalrichtungen schaffen, weiter betont wird.

In dem ersten Auftrag, für den Borromini allein verantwortlich war, das Kloster und die Kirche S. Carlo alle Quattro Fontane (Abb. 122-131) oder »S. Carlino« (Entwurf 1634), finden wir die gleichen Absichten mit einigen Variationen durchgeführt. Der Kreuzgang ist von einem System rhythmisch gestellter Säulen umgeben. Es gibt keine Ecken im üblichen Sinn des Wortes, da das enge Joch des Wandsystems in konvexen Kurven weitergeführt wird, wo sonst die Ecken gewesen wären. Mit den einfachst möglichen Mitteln ist es Borromini gelungen, ein einheitliches »Raumelement« zu schaffen. Im Kloster finden wir verschiedene Räume, in denen die gleichen Absichten veranschaulicht werden, wie das alte Refektorium (heute Sakristei), wo das Gesims über einer normalen Ecke eine konkave Kurve bildet. Den Übergang zwischen beiden Elementen bildet ein Cherub mit ausgebreiteten Flügeln, ein Motiv, das Borromini immer wieder benutzt hat, um diese Art von Problem zu lösen. In der Kirche (1638) werden die Grundthemen wiederholt, aber reicher variiert, was zeigt, daß Borromini daran interessiert war, jedem individuellen Raum den ihm eigenen psychologischen Charakter zu geben. Im Grunde

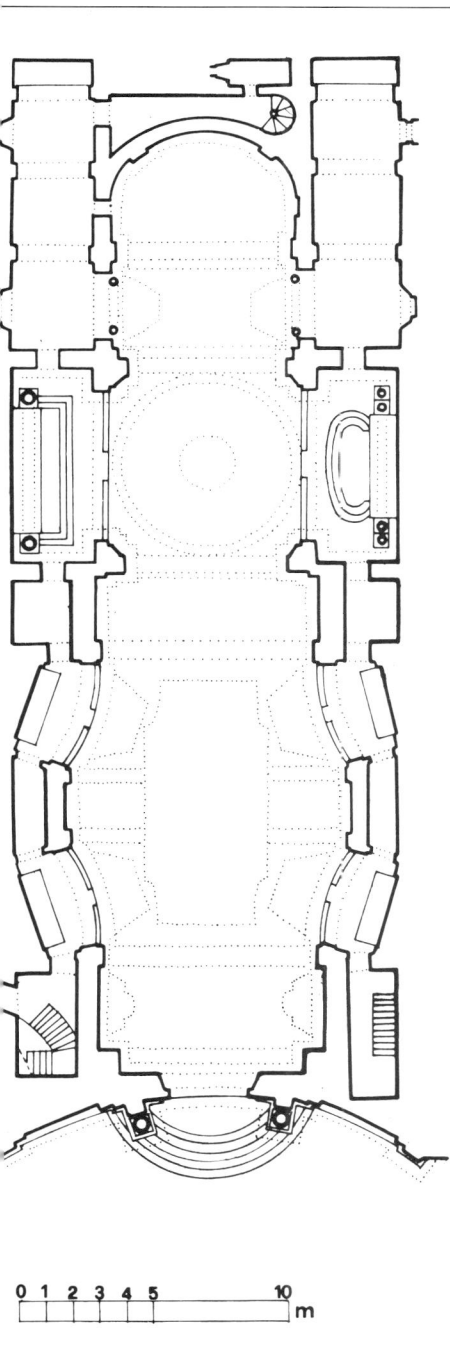

120, 121. Rom, Giovanni
Antonio de Rossi, S. Maria
Maddalena. Grundriß und
Innenansicht.

0 1 2 3 4 5   10
                    m

122. Rom, Francesco Borromini,
S. Carlo alle Quattro Fontane
(S. Carlino), Grundriß.
123. Rekonstruktion des Konvents
der Trinitarier von
S. Carlo alle Quattro Fontane
in Rom, vor Borromini.

124. Rom, S. Carlo alle Quattro
Fontane, Isometrie.

125. Rom, Francesco Borromini,
Grundriß von Konvent und Kirche
von S. Carlo alle Quattro Fontane.
Wien, Albertina.

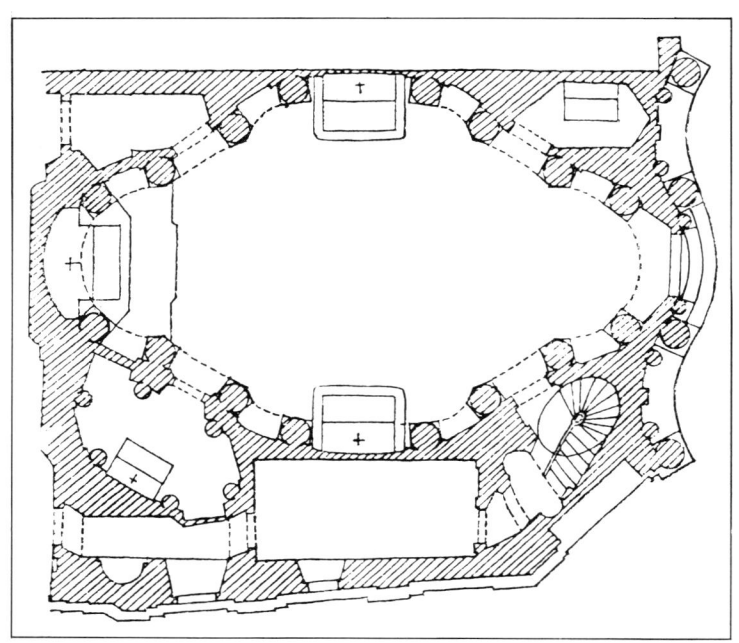

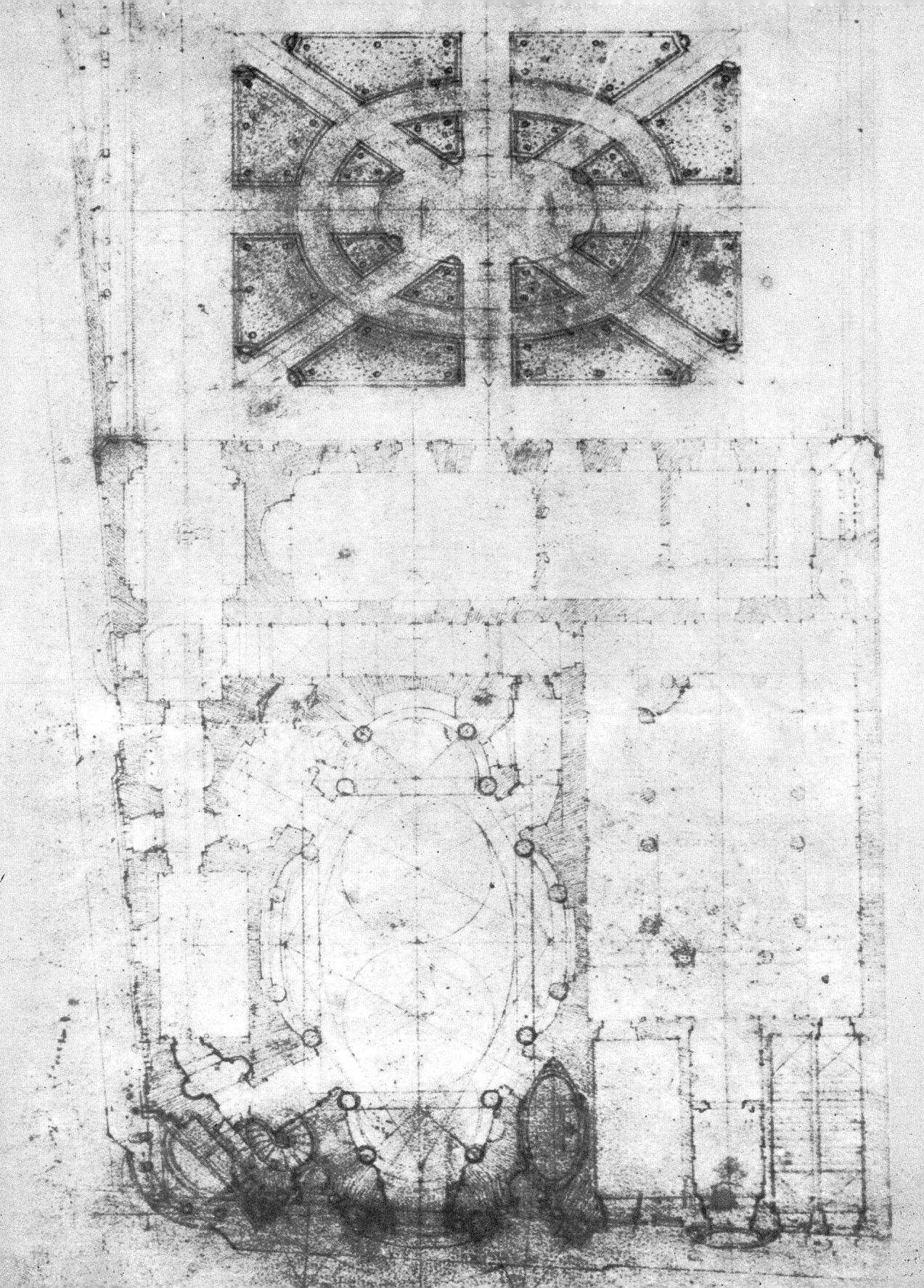

132. *Rom, Oratorio dei Filippini,*
Fassade.

133. *Rom, Francesco Borromini,*
Oratorio dei Filippini, Grundriß.
Wien, Albertina.

134. *Rom, Francesco Borromini,*
Oratorio dei Filippini, Zeichnung
für die Fassade. Wien, Albertina.

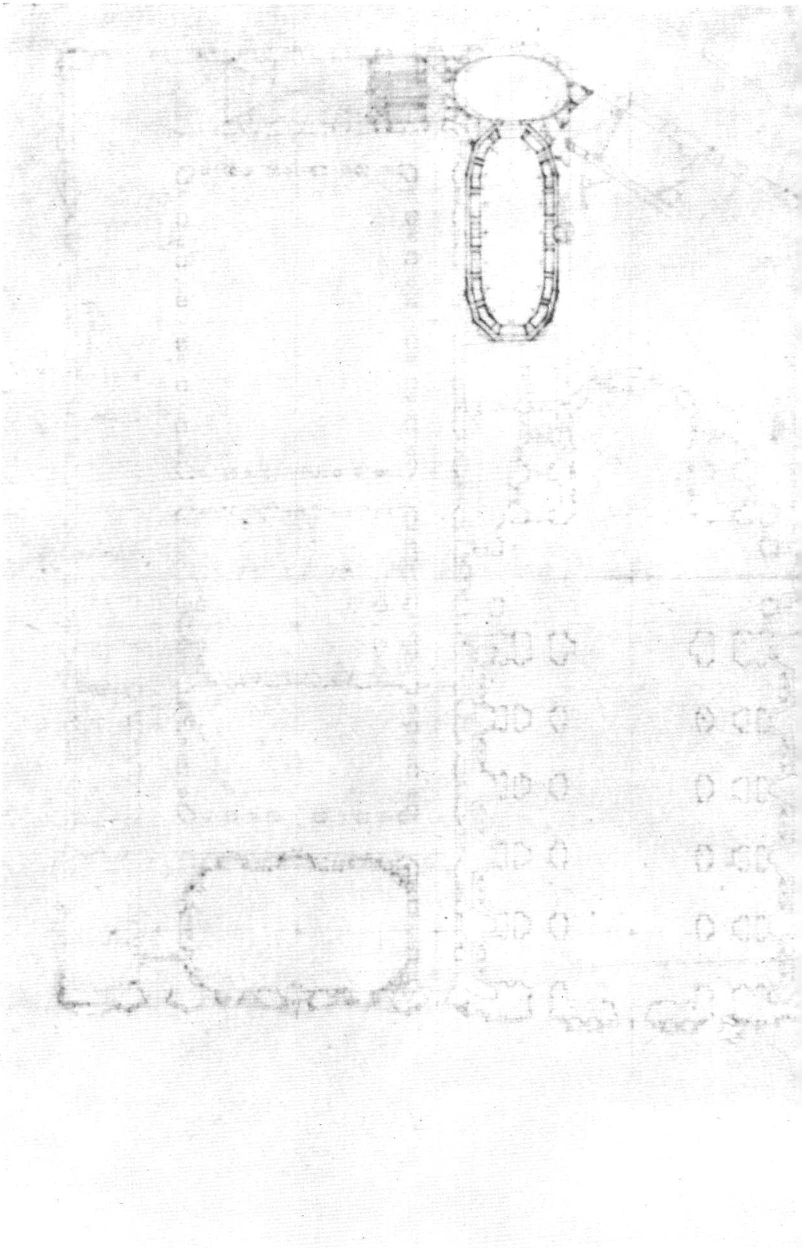

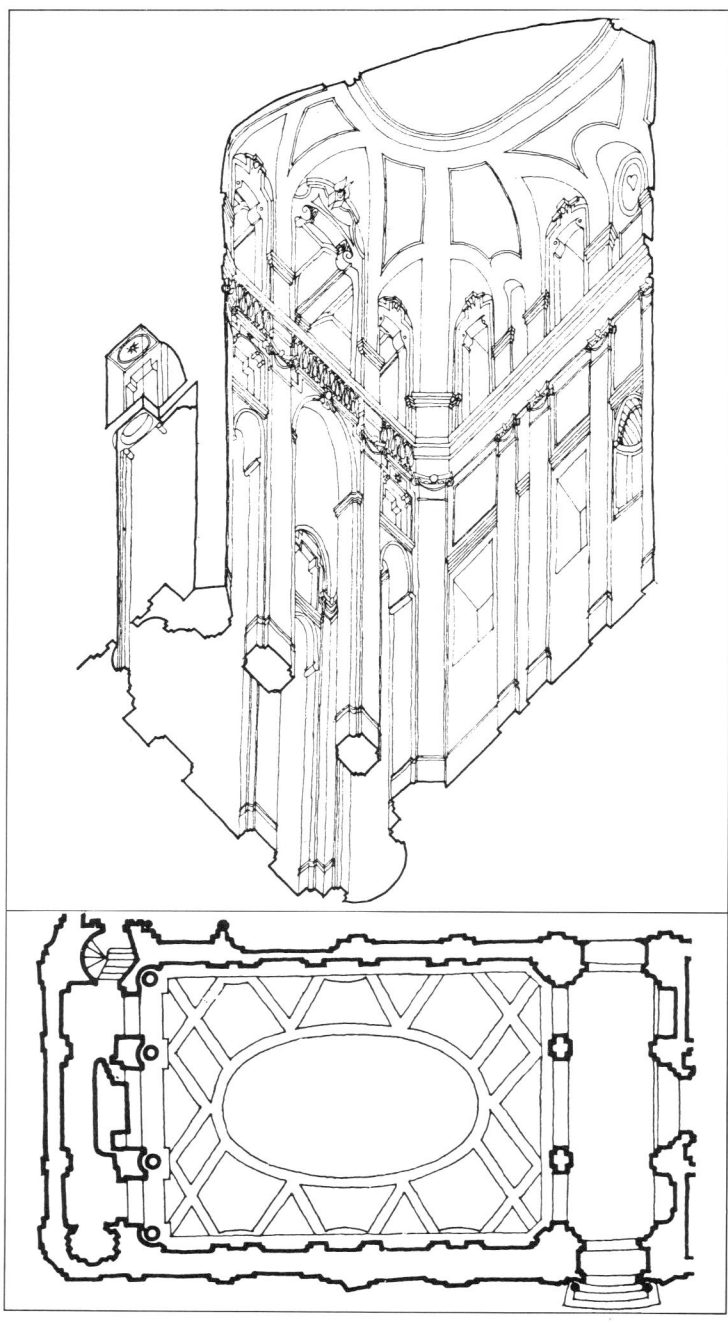

genommen ist kein Plan öfter analysiert worden als der von S. Carlino, und die Enge des Raums wird oft illustriert, indem man sagt,
S. Carlino könne in einem der Pfeiler untergebracht werden, die
die Kuppel von St. Peter tragen. Was gewöhnlich betont wird,
wenn man S. Carlino beschreibt, ist der komplizierte geometrische
Grundriß. Wir wollen hier nicht die autoritative Analyse von Portoghesi wiederholen,[54] aber wir wollen doch die grundlegende
Neuerung des Plans darlegen und zitieren Wittkower: »Es ist
wichtig, sich klarzumachen, daß Borromini in S. Carlino und in
späteren Bauten seine Entwürfe auf geometrischen Einheiten auf-
baute. Indem er das klassische Prinzip verleugnete, in Begriffen
von Moduln zu planen, d. h. in Begriffen von Multiplikation und
Division einer arithmetischen Grundeinheit (im allgemeinen der
Halbmesser einer Säule), verleugnete Borromini eine Zentralposi-
tion der anthropomorphischen Architektur. Um den Unterschied
des Verfahrens klarer zu machen, könnte man – vielleicht etwas zu
pointiert – sagen, daß in dem einen Fall der Gesamtplan und seine
Teile entwickelt werden, indem man Modul zu Modul addiert, im
anderen Fall, indem man eine einheitliche geometrische Gestalt in
geometrische Untereinheiten aufteilt.«[55] Mit anderen Worten, der
Raum ist als Einheit beabsichtigt, die artikuliert, aber nicht in unabhängige Elemente auseinandergenommen werden kann. Die
Raumeinheit von S. Carlino ist jedenfalls fast ein Ganzes. Der
Ausgangspunkt war das traditionelle Längsoval sowie ein gestrecktes griechisches Kreuz. Sie sind eher verschmolzen als kombiniert
und ergeben einen bi-axialen Organismus.

In der Vertikale zeigt S. Carlino eine mehr konventionelle Planung, die auf Bögen beruht und einem Ring, der eine ovale Kuppel trägt. Die vertikale Kontinuität ist weniger stark als der gelungene Zusammenhalt der horizontalen Bewegung. Es sei jedoch
auf die interessante Umwandlung hingewiesen, die auftritt, wenn
wir von der komplizierten Peripherie des Hauptraums zu der ovalen Kuppel fortschreiten. In der Laterne findet eine neue Umwandlung statt; ihre acht Seiten werden konvex, als ob sie durch
den Außenraum nach innen gedrückt würden. So sind Borrominis
Räume keine statischen Einheiten, sondern flexible Wesenheiten, die an einer umfassenden räumlichen Wechselwirkung teilnehmen können. Diese Flexibilität wird durch die Bewegung der
umgrenzenden Wände ausgedrückt. Anstatt den Raum nach Beziehungen, wie »davor – dahinter«, zu teilen, läßt Borrominis
schwingende Wand den Raum sich ausbreiten und zusammen-
ziehen und schafft eine Abwechslung der Beziehungen zwischen
»außen – innen«. Der barocke Wunsch nach räumlicher Wechselwirkung wird so auf eine neue, allgemeine Weise erfüllt, und als
Folge davon konnte Borromini die besonderen Episoden der

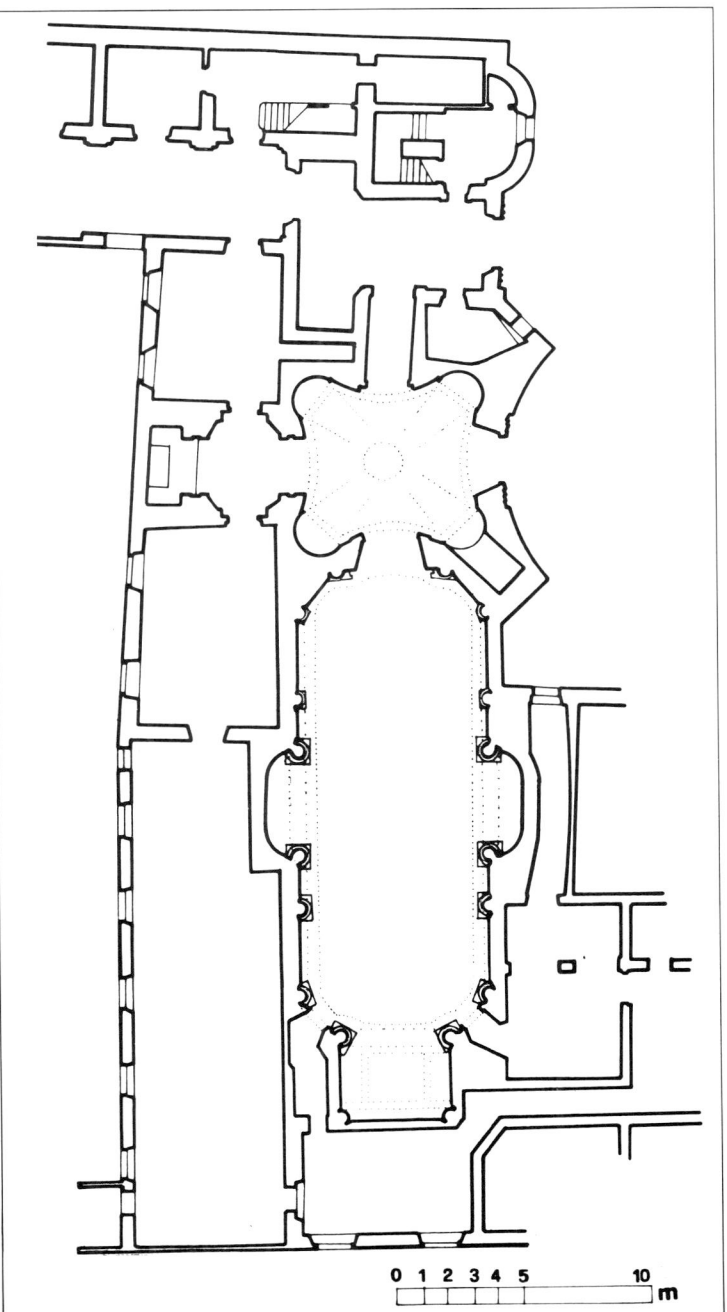

Wechselwirkung fallenlassen, die seine Zeitgenossen kultivierten. Diese Veränderlichkeit von Borrominis Formen wird auch sichtbar, wenn wir die Fassade von S. Carlino betrachten, die 1665-1667 hinzugefügt wurde. Ihre schwingende Bewegung kann als ein Ergebnis des Aufeinandertreffens von inneren und äußeren »Kräften« verstanden werden: des expansive Innenraums und der gezielten Bewegung der Straße vor der Kirche. Gleichzeitig variiert die Fassade die Bewegung der Wandteile des Innenraums. So kann man die Komposition als Variationen über ein »Wandthema« verstehen, welches eine Funktion des grundlegenden Raumdynamismus ist, den Borromini eingeführt hat.[56] Und die Fassade bereitet auf die Grundeigenheiten des Inneren vor.

Das nächste Hauptwerk Borrominis, Casa e Oratorio dei Filippini (1637; Abb. 132-138), war ein großer Auftrag, der Borromini die Gelegenheit gab, eine ausgedehnte Gruppe verschiedener Räume zu planen. Wir müssen hier nicht die ganze Geschichte der Casa[57] beschreiben, sollten aber versuchen, zu den Grundintentionen vorzustoßen. Der Entwurf hat eine wunderbare Klarheit trotz des Problems, ihn der bestehenden Chiesa Nuova und ihrer großen Sakristei anzupassen. Ausgehend von den funktionellen Anforderungen, fügte Borromini die Sakristei zwischen einen Cortile und einen Giardino ein und schuf eine Abfolge von Haupträumen, die von zwei langen Korridoren flankiert wurden. Das eigentliche Oratorium sollte diese Abfolge nach der Piazza vor der Kirche hin abschließen, so wie es Borrominis erste Zeichnungen dartun.[58] Wegen geringer praktischer Schwierigkeiten mußte das Oratorium aus der Achse herausgenommen werden, wodurch eine Unregelmäßigkeit im Grundriß entstand. Alle Haupträume sind als integrierte Raumeinheiten behandelt, die durch eine fortlaufende Wandgliederung und abgerundete Ecken definiert sind. Das Oratorium, das eine Weiterentwicklung der Gedanken aus der Cappella del Sacramento zeigt, hat eine bi-axiale Anordnung, die durch den Altar auf der Längsachse und den geplanten Eingang von draußen auf der Querachse bestimmt wird. Der Raum wird jedoch mittels einer fortlaufenden Reihe von Pilastern und abgeschnittener Ecken, in denen die Pilaster diagonal gestellt sind, zusammengeschlossen.[59] Das Gewölbe zeigt ein vollständiges Netz von sich verflechtenden Rippen. Als Ganzes hat das System einen ausgesprochenen Skelettcharakter. Der Mittelteil der Fassade, die dem eigentlichen Oratorium hätte entsprechen sollen, ist konkav. Borromini selbst hat uns die Erklärung dafür gegeben: »... als ich die Fassade zeichnete, hatte ich den menschlichen Körper im Sinn, mit ausgestreckten Armen, als ob er alle umarme, die eintreten. Dieser Körper ist in fünf Teile geteilt, das heißt, die Brust ist in der Mitte und die beiden Arme

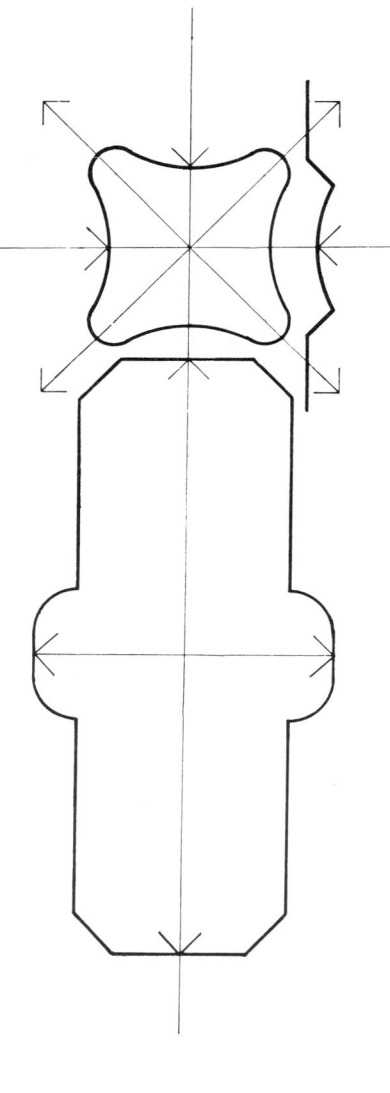

140. Rom, S. Maria dei Sette
Dolori, Schema.

141. Rom, S. Maria dei Sette
Dolori, Teil des Äußeren.

142. Rom, S. Maria dei Sette
Dolori, Inneres.

112

143. Rom, Francesco Borromini, S. Ivo della Sapienza, Isometrie.

144. Rom, Francesco Borromini, S. Ivo della Sapienza, Schnitte von Kuppeltambour und Laterne.

145. Rom, Francesco Borromini, Palazzo della Sapienza mit S. Ivo und Biblioteca Alessandrina, Grundriß. Wien, Albertina. ▷

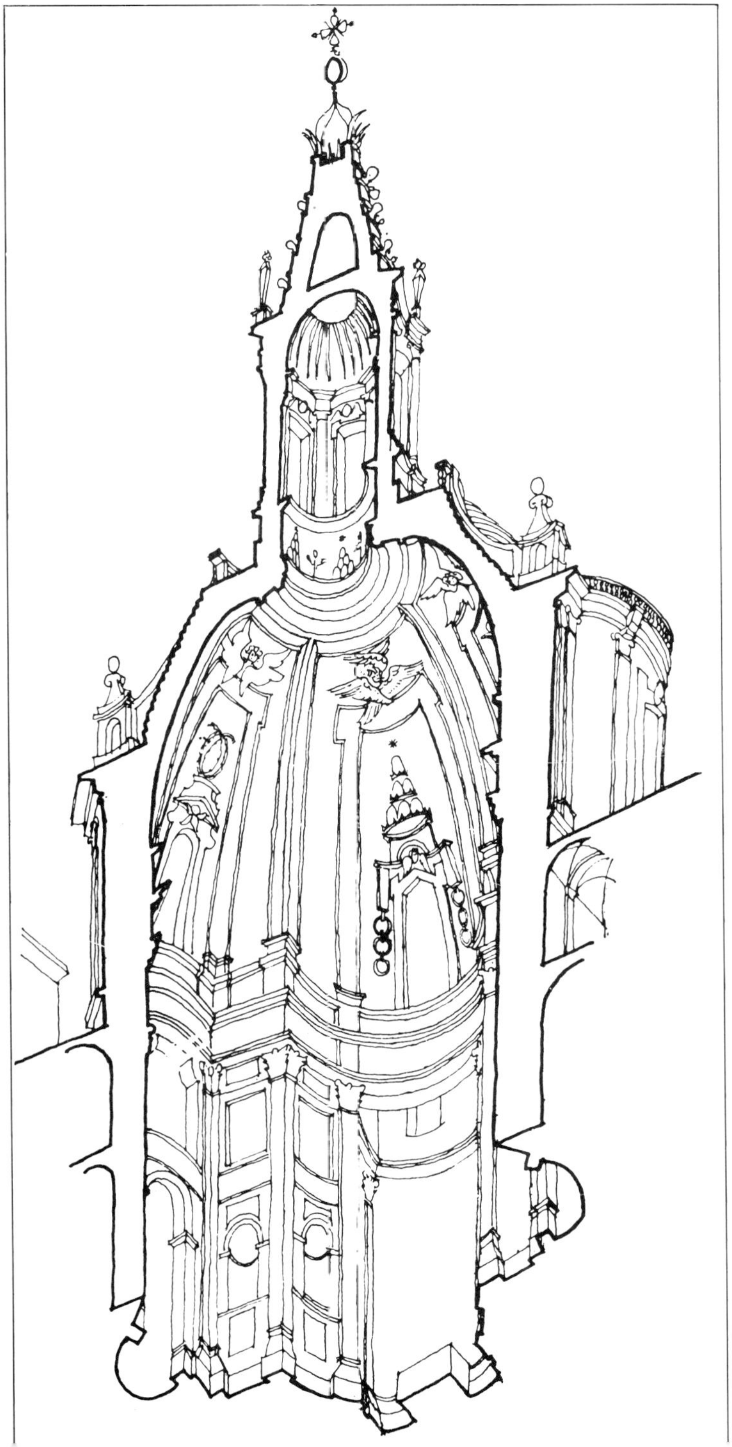

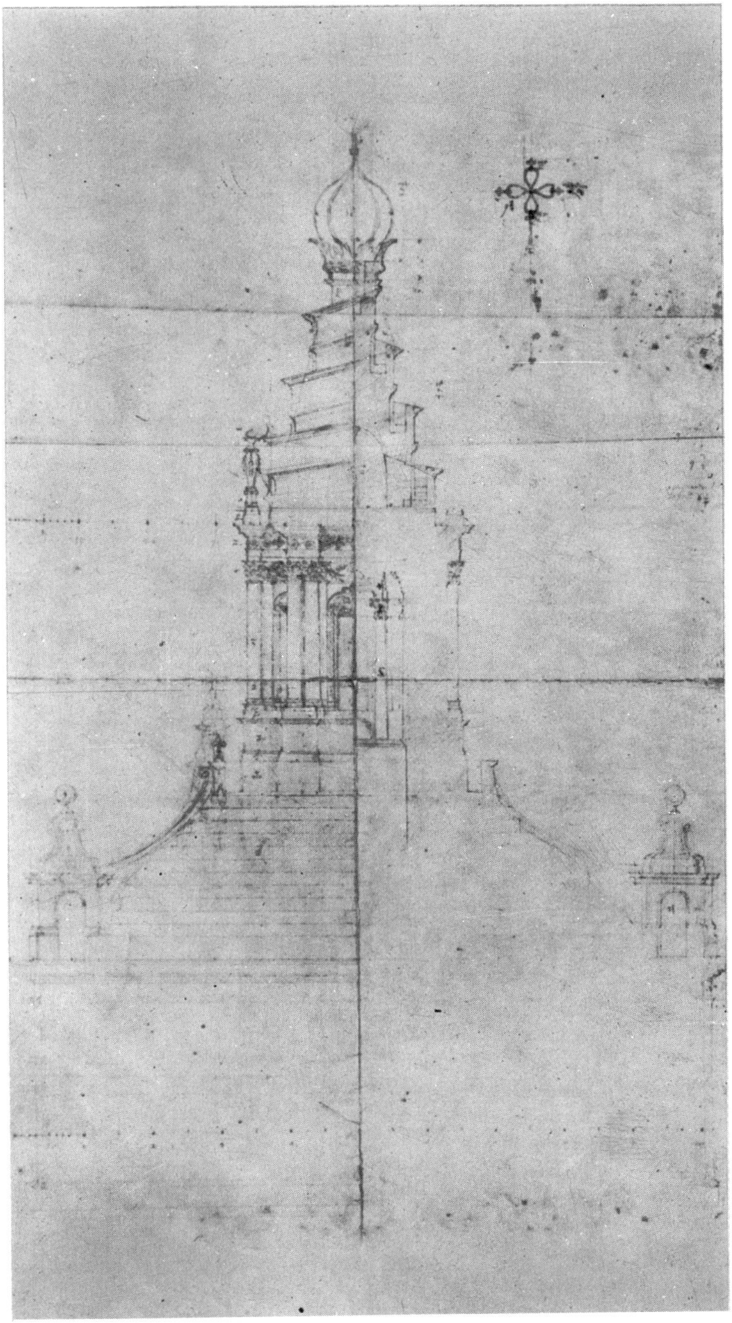

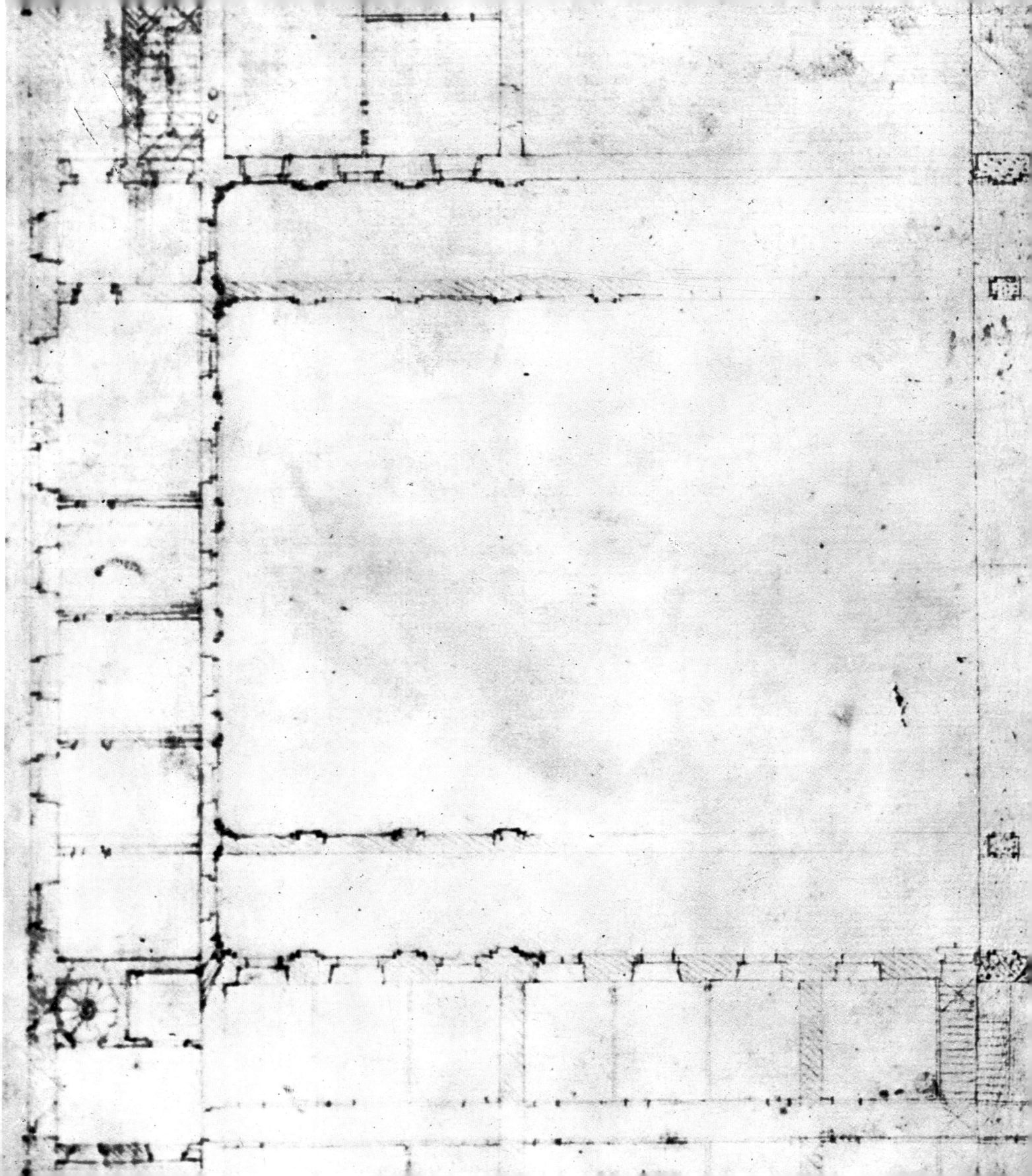

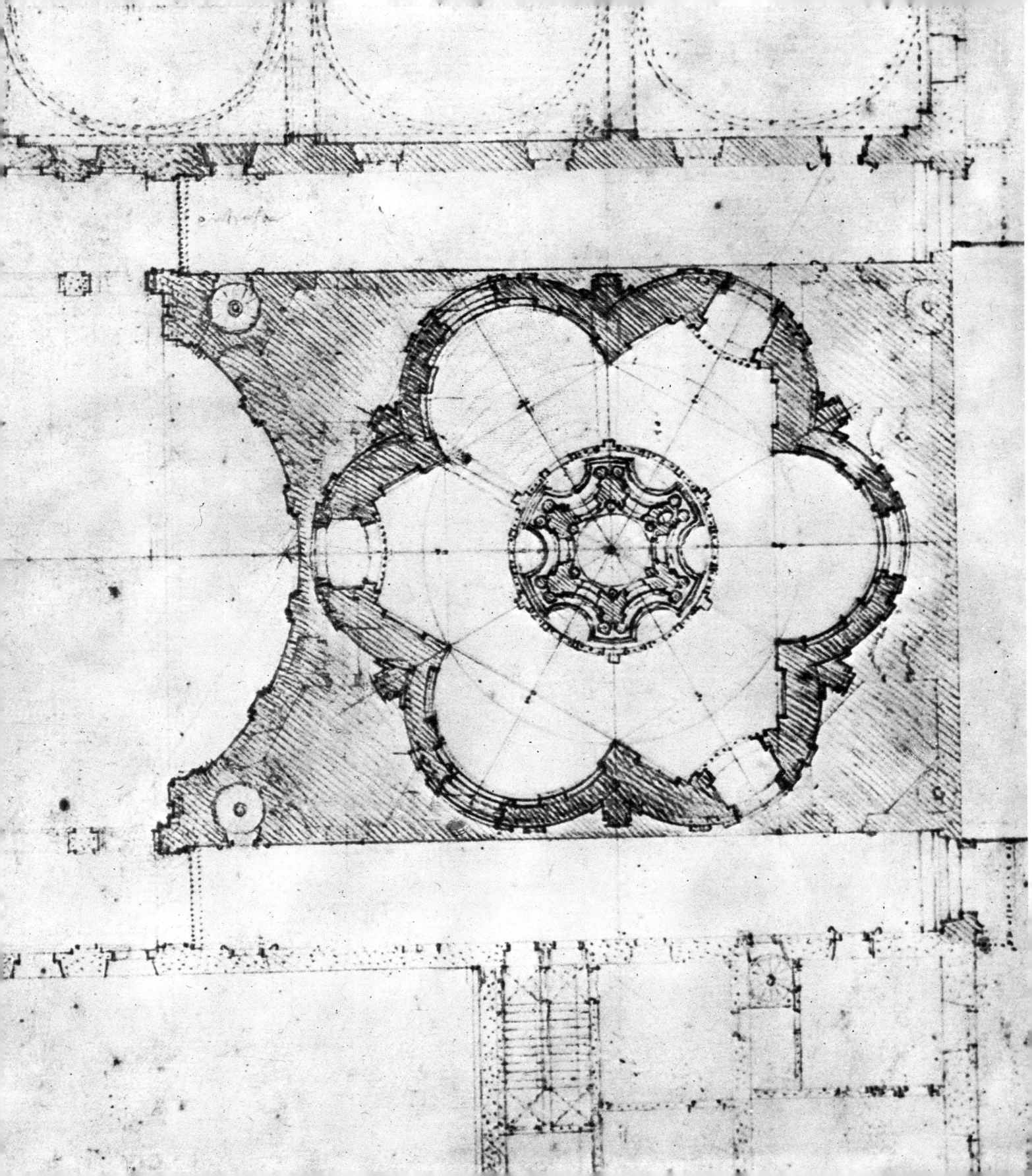

146. Rom, S. Ivo della Sapienza,
vom Innenhof des Palazzo della
Sapienza.

jeder in zwei Teilen...«[60] Der Bau sollte so den Besucher empfangen, mit anderen Worten, eine Wechselwirkung mit dem davorliegenden städtischen Raum eingehen. Zusätzlich zu dieser allgemeinen Eigenheit zeigt das Äußere eine Fülle neuartiger Züge.
Die Ziergiebel von Fenstern und Türen führen die meisten der
synthetischen Formen ein, die die Architektur des Spätbarock im
18. Jh. kennzeichnen sollten.

1642 erhielt Borromini den Auftrag für einen kleineren, ungefähr
ähnlichen Bau, den Konvent für die Augustiner-Oblaten (Oblate
Agostiniane) mit der Kirche S. Maria dei Sette Dolori (Abb. 139
bis 142). Da das Werk unvollendet blieb, können wir nur auf ein
paar wesentliche Züge hinweisen. Räumlich stellt S. Maria dei
Sette Dolori einen ersten Versuch dar, verschiedene Räume gegenseitig voneinander abhängig zu machen. Bis dahin hatte Borromini ein ziemlich konventionelles additives Verfahren gewählt,
wenn er Räume gruppierte. In S. Maria dei Sette Dolori bestimmen sich die Kirche, die Vorhalle und der Raum vor der konkaven Fassade alle gegenseitig. Wo der eine sich zusammenzieht,
dehnt sich der andere aus, und daraus resultiert eine pulsierende
Wirkung, die den Raum verwandelt, so daß er nicht mehr nur eine Erweiterung in ein aktives »Kräftefeld« hinein ist.[61] Das
Prinzip des pulsierenden Nebeneinander sollte eine fundamentale
Bedeutung für die Weiterentwicklung der Barockarchitektur haben. Man muß es von dem Prinzip der gegenseitigen Raumdurchdringung unterscheiden. Anstatt ineinander einzudringen, deh-
nen sich die Raumelemente aus und ziehen sich zusammen, als ob
sie aus elastischem Material bestünden. Das Prinzip des pulsierenden Nebeneinander führt auch zu einer ergänzenden Beziehung zwischen Innen und Außen. Das Innere der Kirche ist bi-
axial angelegt. Trotz ihrer gestreckten Form hat sie einen völlig
einheitlichen Charakter, der der fortlaufenden Kolonnade, die
den Raum bestimmt, ebenso verdankt wird wie dem umlaufenden
Hauptgesims mit abgerundeten Ecken. Das Prinzip der Metamor-
phose wird besonders deutlich, da das Hauptgesims ohne jeden
Bruch in einen Bogen oder in eine Volute umgeformt wird, je
nach Bedarf. Unglücklicherweise wurde das Gewölbe erst später
vollendet. Sein minderwertiger Entwurf wird kaum dem großartigen Raum darunter gerecht.

1642 begann Borromini auch das, was allgemein als sein Opus,
sein Hauptwerk, betrachtet wird, die Kirche S. Ivo in der alten
Universität von Rom, der Sapienza (Abb. 143-152). Hier verlangte die Situation einen Zentralbau, der am Ende des bestehenden
Hofes einzufügen war.[62] Borromini jedoch begnügte sich nicht
damit, eines der traditionellen Schemata anzuwenden, wie das
Oktogon oder das griechische Kreuz, und erfand statt dessen ei-

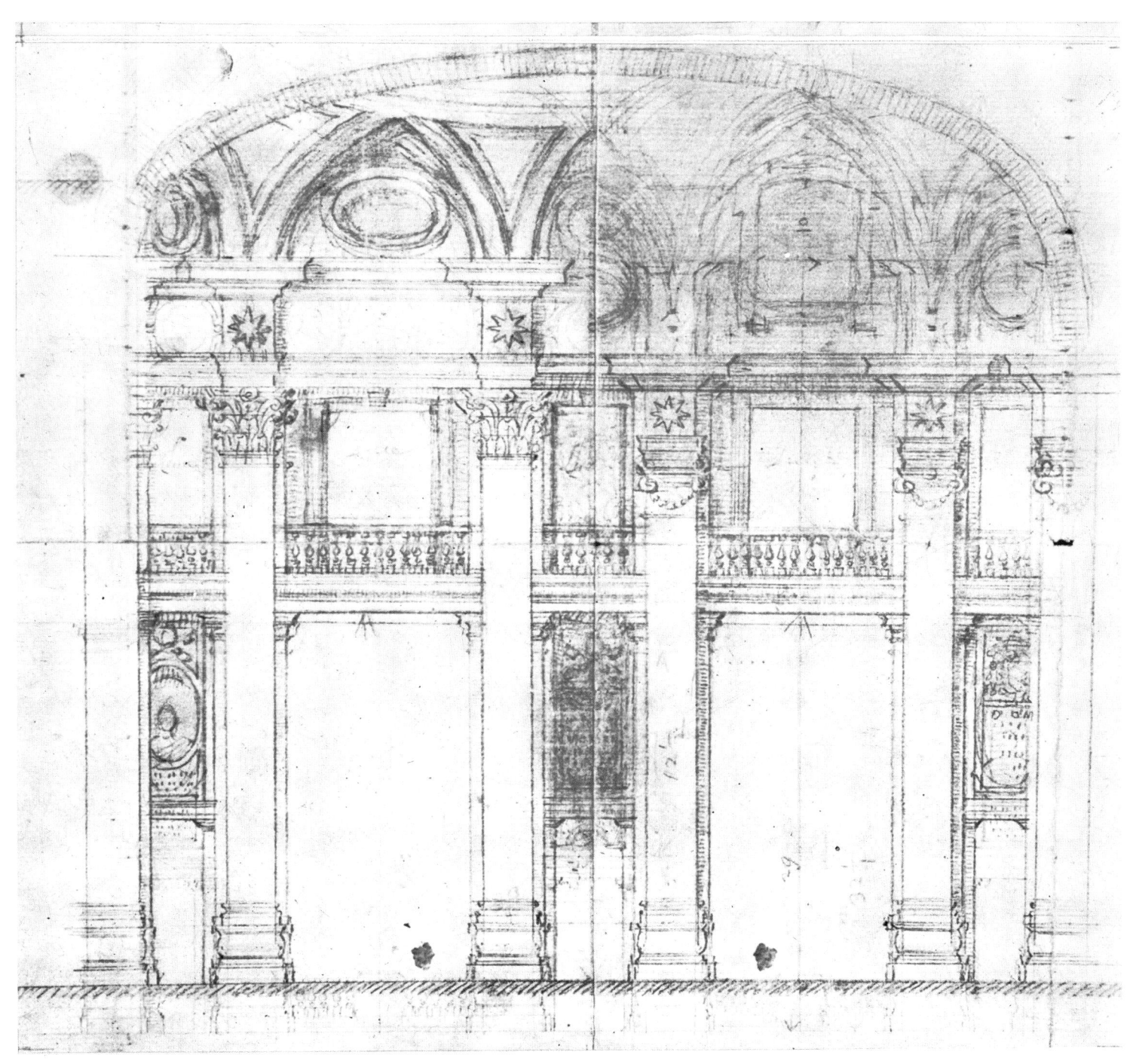

154. Rom, Francesco Borromini, Cappella dei Re Magi im Collegio di Propaganda Fide, Längsschnitt.

155. Rom, Cappella dei Re Magi, Grundriß.

156. Rom, Cappella dei Re Magi, Isometrie.

157. Rom, Wölbung der Cappella dei Re Magi im Collegio di Propaganda Fide.

158. Rom, Cappella dei Re Magi im Collegio di Propaganda Fide, Innenansicht.

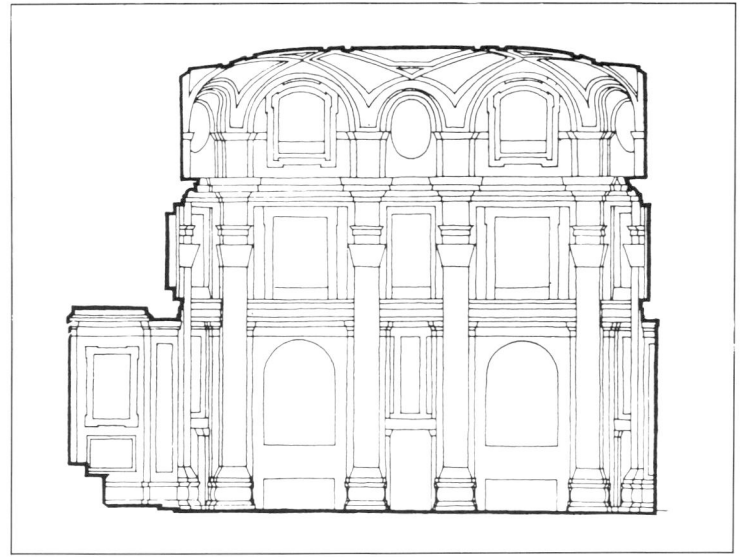

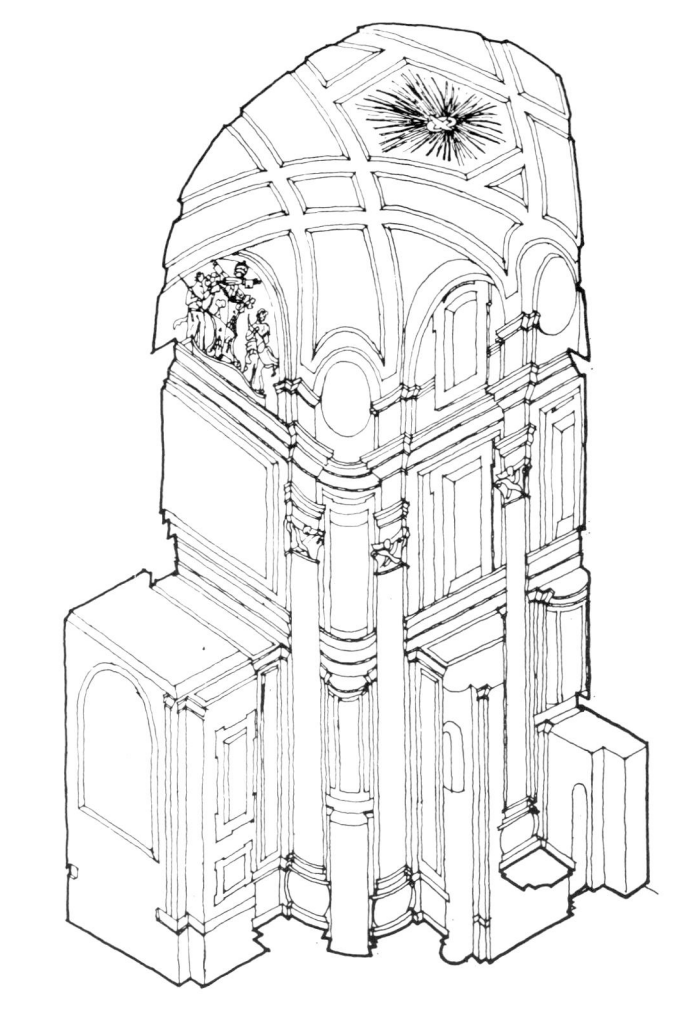

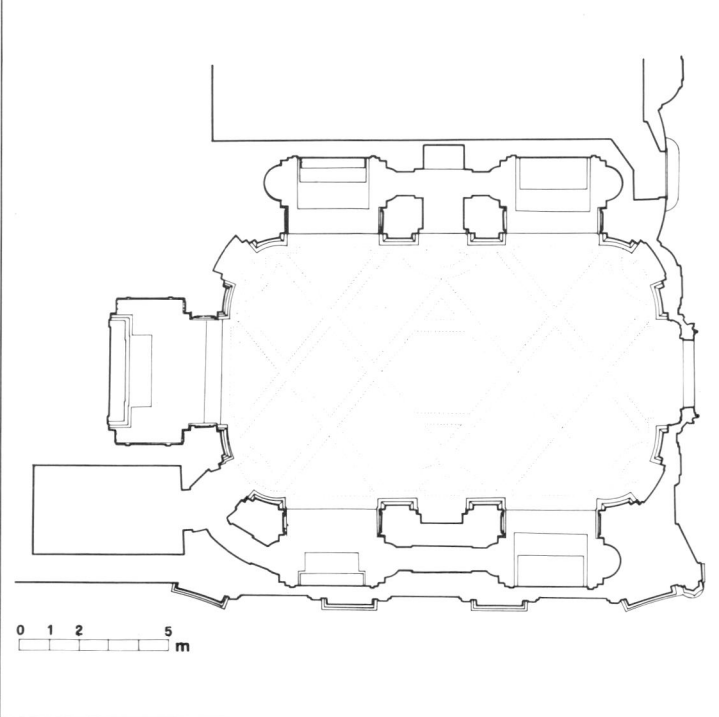

nen in der ganzen Geschichte der Architektur höchst eigenartigen Organismus. Bei S. Ivo müssen wir in der Tat an seine stolzen Worte denken: »Ich hätte diesen Beruf niemals ergriffen, um nur ein Nachahmer zu sein.«[63] Der Grundriß für S. Ivo ist um ein Sechseck herum entwickelt und zeigt einen Wechsel von Apsiden und Nischen mit konvexer Rückwand.[64] Die daraus resultierende Gesamtform wird jedoch durch eine fortlaufende Wandgliederung und ein umgürtendes Hauptgesims zusammengehalten. Die besondere strukturelle Bedeutung der sechs Ecken des Hexagons wird durch Doppelpilaster betont, während die Apsiden und Nischen nur Einzelpilaster haben. Und in der Tat streben über diesen Ecken die Rippen vertikal empor, um den Ring der Laterne zu »tragen«, während die anderen Rippen nur große Rahmen um die Fenster der Kuppel bilden. So treffen wir wieder auf das Prinzip von Differenzierung und Umwandlung innerhalb einer integrierten Totalität. Die grundlegende Erfindung von S. Ivo ist jedoch der Gedanke, eine vertikale Kontinuität zu erzielen, indem man die vollständige Form des Grundrisses ohne Unterbrechung in die Kuppel überträgt. Die Kuppel hat daher ihren traditionellen Charakter eines statischen umschlossenen Bezirks verloren. Sie scheint eher einem ständigen Prozeß von Ausdehnung und Zusammenziehung zu unterliegen, der sich allmählich beruhigt, je näher er dem Ring unter der Laterne kommt. Die Innenseite der Laterne jedoch hat konvexe Seiten, und die vertikalen Umwandlungen, die Borromini in S. Carlino eingeführt hatte, sind Teil einer fortdauernden Form geworden. Wirklich, S. Ivo ist einer der einheitlichsten Totalräume in der Geschichte der Architektur trotz seiner neuartigen und reichen Form. Der Außenraum ergänzt im allgemeinen den Innenraum. Die sechs »strukturellen« Ecken erscheinen im Tambour als Bündel von Pilastern, während die Wände dazwischen den Charakter von dehnbaren Membranen haben, die mit der konkaven Exedra darunter kontrastieren. Die konkaven Seiten der Laterne bilden einen weiteren Kontrast zu der Kuppel darunter und der Spirale, die diese unglaublich dynamische Vertikalkomposition beendet. Mehr als irgendein anderes Werk muß S. Ivo Borrominis Zeitgenossen dazu veranlaßt haben, ihn als einen »gotischen« Architekten zu bezeichnen. S. Ivo ist hauptsächlich ein Zentralbau; da er aber auf Dreieck und Sechseck, anstatt Quadrat und Kreis aufgebaut ist, hat er trotzdem einen dynamischen Charakter, den man niemals in traditionellen Rundbauten findet, wo eine »Seite« der anderen entspricht. S. Ivo enthält auch eine leichte Längsrichtung, von der Exedra vor dem Eingang zum Altar hin, eine Richtung, die Borromini ursprünglich durch einen offenen Schirm aus Säulen hinter dem Altar betonen wollte. Er sollte Teil eines Rundraumes

sein, der sich mit der Hauptapsis durchdringt. Wegen seiner so sehr besonderen Lösung fand S. Ivo keinerlei direkte Nachfolge,[65] und doch gibt es kaum einen Bau, der überzeugender die Grundintentionen der Barockarchitektur ausdrückt.
In einigen anderen Bauten und Entwürfen hatte Borromini Gelegenheit, Weiteres über seine Grundgedanken auszusagen. Hochbedeutend ist sein letzter Versuch einer Raumgestaltung, die Cappella dei Re Magi (Abb. 153-158) im Palazzo di Propaganda Fide.[66] Wieder finden wir eine bi-axial angelegte Halle mit abgerundeten Ecken und einem Skelettsystem von Pilastern und Gewölberippen. Die Wände sind fast verschwunden. Der untere Teil der Kapelle öffnet sich so nach Nischen hin, daß die ganze transparente Struktur in Raum aufgegangen zu sein scheint. Die Kolossalordnung der Pilaster ist mit einem Netz von diagonal gestellten Gewölberippen verbunden und ergibt ein vollständig »gotisches« System. Sein dynamischer Charakter wird in den schwellenden Basen der Pilaster ausgedrückt und in der starken vertikalen Kontinuität. Der Hauptarchitrav und -fries sind so zu kleinen Fragmenten über den Pilastern reduziert und durch große Fenster getrennt. Weiter ist der horizontale Zusammenhang gewährleistet durch das Gesims und einen Nebenarchitrav über den Öffnungen zu den Seitennischen und dem kleinen Chor. Die Propaganda-Fide-Kapelle stellt eine wundervoll klare Synthese von Borrominis Grundgedanken dar: Longitudinalität und Zentralisierung, horizontale und vertikale Kontinuität, Einheit der Struktur und »Offenheit« des Raumes. Alle bisher besprochenen Kirchen und Kapellen haben relativ bescheidene Maße. Borrominis einzige Chance, eine große Kirche zu entwerfen, kam 1646, als Papst Innozenz X. ihn mit der Restaurierung der großen frühchristlichen Basilika S. Giovanni in Laterano beauftragte (Abb. 159-163). Diese Aufgabe ließ Borromini jedoch nicht viel Freiheit. Er mußte die Struktur der alten Basilika erhalten und das Werk 1650, zum Heiligen Jahr, beendet haben. Borromini sicherte den gefährdeten Bau, indem er Paare der vorhandenen Säulen mit breiten Pfeilern umhüllte. Die Pfeiler bedeckte er mit einer Kolossalordnung von Pilastern, die er rhythmisch stellte, so daß Bogenöffnungen in die Seitenschiffe möglich waren. Borromini beabsichtigte, das Mittelschiff zu überwölben und die Wände durch diagonal gestellte Rippen zu verbinden, ähnlich denen, die er einige Jahre später in der Propaganda-Fide-Kapelle verwandte. Das kostspielige Unternehmen mußte aufgegeben werden, und die Kirche hat noch immer ihre Kassettendecke von 1564.[67] Wenn auch das bestehende System ein Fragment ist, so besitzt S. Giovanni in Laterano doch eines der schönsten Mittelschiffe, die es gibt. Die Lösung der Eingangswand zeigt uns, daß es als vereinheitlichter Raum mit abgeschnit-

159. Francesco Borromini, Schnitt von S. Giovanni in Laterano. Rom, Vatikanische Bibliothek (Cod. Vat. Lat. 11257).

160. Francesco Borromini, Entwurf für die Wandgliederung des Hauptschiffs, von S. Giovanni in Laterano. Rom, Vatikanische Bibliothek (Cod. Vat. Lat. 11258).

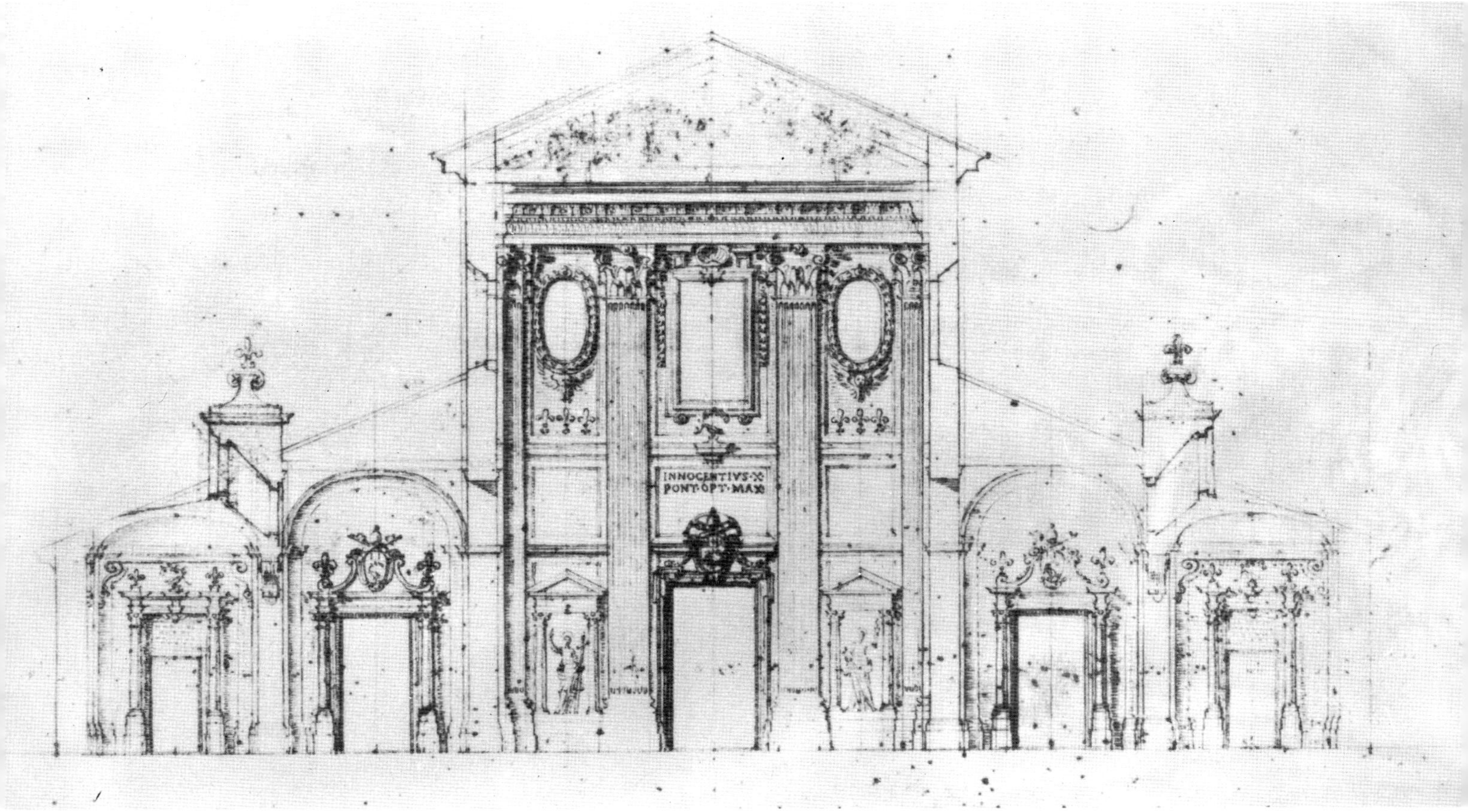

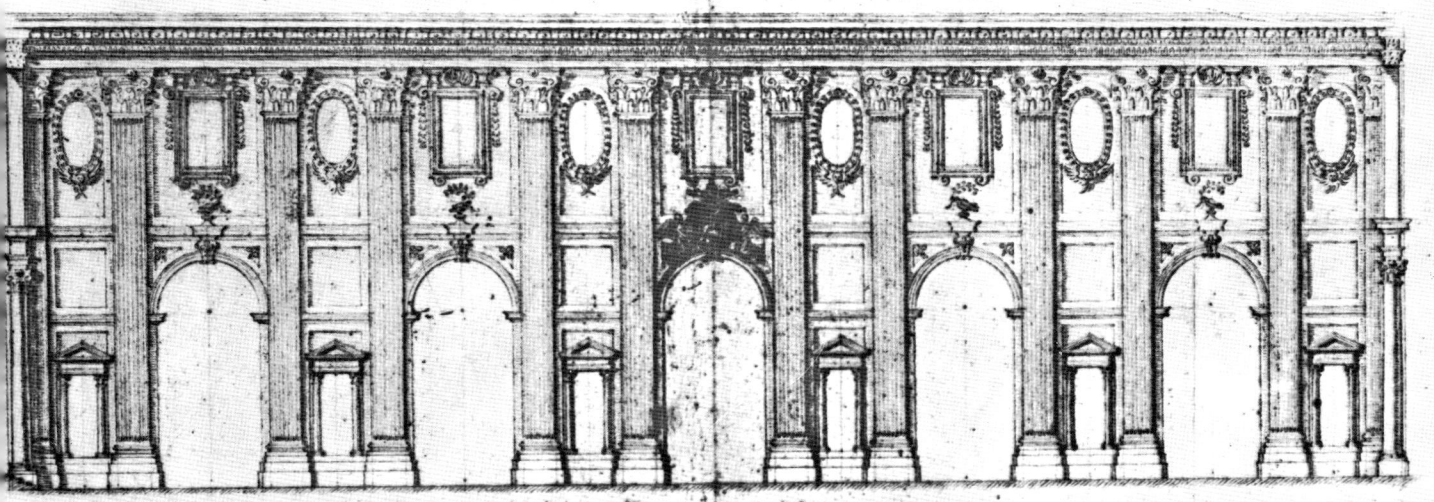

161. Rom, S. Giovanni in
Laterano, Innenansicht.

tenen Ecken und einer ausgesprochen horizontalen und vertikalen Kontinuität geplant war. Zwischen den Hauptpfeilern ist das
System als »offen« charakterisiert. Das Hauptgesims ist unterbrochen, und weite Öffnungen verschmelzen mit den Räumen darunter. Die Seitenschiffe sind als eine Abfolge von Baldachinen
geplant, kleinen zentralisierten Einheiten mit konkaven Ecken,
die sich in die Gewölbe fortsetzen. Die größeren Gewölbe sind
»Böhmische Kappen«. S. Giovanni läßt uns ahnen, wie Borromini das Problem einer großen Kirche angepackt haben würde. Erinnern wir uns an seine Ideen für S. Maria dei Sette Dolori, so
ist es klar, daß er eine Gruppe gegenseitig abhängiger Räume geschaffen hätte, unter Anwendung des Prinzips des pulsierenden
Nebeneinander. Guarini verwirklichte dann diesen Gedanken.
Der Beitrag Borrominis lag nicht in der Entwicklung neuer Typen.
Das Konzept festgelegter Typen konnte den Wunsch des Barock
nach Unmittelbarkeit und Teilnahme an besonderen Kontexten
nicht wirklich befriedigen, nämlich den Wunsch, weit ausgedehnte
lebendige Organismen zu schaffen. Er erfand lieber eine Methode
für den Umgang mit dem Raum. Dadurch konnte er die verschiedensten Aufgaben lösen und Bauten schaffen, die gleichzeitig besonders und allgemein sind. Grundsätzlich beruht seine Methode
auf den Prinzipien von Kontinuität, gegenseitiger Abhängigkeit
und Variation. Seine Räume haben daher den Charakter eines dynamischen »Feldes«, das durch die Wechselwirkung von äußeren
und inneren »Kräften« bestimmt wird, und die Wand ist die kritische Zone, in der diese Kräfte aufeinandertreffen.[68] Es ist wichtig zu betonen, daß diese Kräfte psychologische Folgerungen haben. Der Wechsel der Beziehungen zwischen Innen und Außen bei
Borromini ist in der Tat ein psychischer Prozeß,[69] gerade wie seine Fusionen und Transformationen der traditionellen anthropomorphischen Formen (das heißt der klassischen Ordnungen), die
statische, psychologische Kategorien der Vergangenheit zusam-
menbrechen lassen. Bernini fühlte das, als er das Werk Borrominis
»visionär« nannte. Borromini beabsichtigte damit auch eine historische Synthese neuer Art. Sein Wunsch nach Einheit betrifft
nicht nur die räumliche, sondern auch die zeitliche Dimension. Als
erster machte Borromini den Raum zum konkreten, konstituierenden Element des architektonischen Entwurfs. Während der Raum
Berninis eine »Bühne für ein dramatisches Geschehen, ausgedrückt durch Skulptur« ist, um die Worte Wittkowers zu zitieren,
machte Borromini den Raum selbst zu einem lebendigen Ereignis,
das die Situation des Menschen in der Welt ausdrückte.

Guarini
In den Arbeiten Guarinis ist die allgemeine Methode, die Borro-

mini vorgeschlagen hat, systematisch ausgearbeitet. Die Tätigkeit von Guarini drückt gut die offene Welt des 17. Jhs. aus. Er reiste für seinen Orden, die Theatiner, und plante und baute Kirchen in Messina, Turin, Nizza, Vicenza, Prag und Lissabon sowie in mehreren kleineren Städten Italiens. Von 1639-1647 weilte er in Rom. Borrominis erste Bauten müssen ihn tief beeindruckt haben. Auch später wird er während seiner Reisen durch Rom gekommen sein. Leider sind die meisten Kirchen Guarinis verschwunden. Aber wir haben seine Abhandlung »Architettura Civile«, die uns über seine Absichten und Lösungen informiert,[70] sowie andere literarische und philosophische Werke, die auf den tiefen Symbolismus und die komplexe Synthese von Guarinis Schöpfungen hinweisen.[71] In unserem eigenen Kontext dürfen wir die Bedeutung Guarinis mit dem Wort Systematisierung bezeichnen. Borrominis Gedanke, den Raum zum konstituierenden Element in der Architektur zu machen, wurde von Guarini übernommen, der systematisch mit Zellen komponierte, die er gemäß dem Prinzip des pulsierenden Nebeneinander arrangierte.[72] In der Tat betrachtete Guarini das pulsierende, schwingende Element als die Grundeigenheit der Natur und sagte: »Die spontane Aktion von Ausdehnung und Kontraktion wird nicht von irgendeinem Prinzip beherrscht, sondern sie ist in allem, was lebt, vorhanden.«[73] Die Gedanken des Barock von Ausdehnung und Bewegung erhielten so eine neue dynamische und lebensprühende Interpretation. Guarinis erstes größeres Werk, S. Maria della Divina Provvidenza (Abb. 164, 165) in Lissabon (1656-1659?),[74] ist von einer wellenförmigen Bewegung durchdrungen, die sogar die Pilaster des Längsschiffes vibrieren läßt. In seiner allgemeinen Anlage ist der Entwurf konventionell. Er zeigt einen basilikalen Grundriß mit Querschiff und Apsis. Die Längsachse wird durch eine Abfolge von Kuppeln definiert, aber der Wunsch nach räumlicher Fusion ist gegenwärtig wie nie zuvor in der Geschichte der Architektur. Die Einheiten, die das Mittelschiff und das Querschiff bilden, wachsen zusammen und bilden eine fortlaufende Bewegung, und es ist unmöglich zu sagen, wo die eine Einheit endet und die andere beginnt. Guarini bewerkstelligt die Fusion, indem er die Wände ebenso wie die Gewölbe schwingen läßt und alle trennenden Linien vermeidet. Man kann daher nicht von einer »gegenseitigen Durchdringung« von Räumen sprechen, was eine klarere Definition von beteiligten Zellen voraussetzt.[75] Die besondere Lösung der Kirche entspricht ihrer Bestimmung, wie sie Guidoni erklärt: »Göttliche Vorsehung ist die Kraft, die von innen heraus die Fragmente der Welt bildet und beseelt.«[76] Die Kirche in Lissabon stellt eine frühe allgemeine Annäherung an die Probleme dar. In seinen folgenden Projekten erarbeitet Guarini eine präzisere Methodologie.

Dies wird besonders deutlich in den beiden Lösungen für eine »Kirche ohne Namen« (Abb. 171), in der die Ideen von S. Maria della Divina Provvidenza ausgebaut werden. Das Projekt ist eine faszinierende Studie der Probleme von Raumdurchdringung und pulsierendem Nebeneinander. Die Seitenschiffe sind nach letzterem Prinzip komponiert, wohingegen das Mittelschiff, die Vierung, das Querschiff (rechte Hälfte) und die Apsis sich gegenseitig durchdringen. Das Seitenschiff der rechten Hälfte durchdringt sich mit den Einheiten des Mittelschiffs, und seine Zellen sind vollständige, reguläre Elemente. Die rechte Hälfte zeigt auch eine volle, ergänzende Beziehung zwischen Innen und Außen. Sie hat tatsächlich einen höheren Grad organischen Zusammenhangs als die linke Hälfte. Mehr als jedes andere Projekt des 17. Jhs. zeigt Guarinis »Kirche ohne Namen«, wie sich eine große Kirche konstruieren ließ, wenn man den Prinzipien folgte, auf die Borromini hingewiesen hatte.[77]

Anstatt gegenseitige Durchdringung und pulsierendes Nebeneinander zu benutzen, um gewisse »kritische« Übergänge innerhalb des Baus zu lösen, entwickelt Guarini den ganzen Organismus auf der Basis dieser Prinzipien. Er ist daher der Schöpfer der ersten echten Gruppierung von Raumzellen. Beide Prinzipien drücken den Wunsch nach räumlicher Kontinuität und »Offenheit« aus. In beiden Fällen wird daher die plastische Form auf ein Skelett reduziert, das mit sekundären Membranen bedeckt oder gefüllt wird, die eine ergänzende Beziehung zwischen Innen und Außen schaffen.

In Guarinis Kirche für die Somasker (Padri Somaschi, Abb. 166) in Messina (1660-1662) begegnen wir einem anderen wichtigen Aspekt seiner baulichen Erfindungen: dem vertikal entwickelten Zentralbau. Der sechseckige Grundriß zeigt eine interessante Gruppierung von gegenseitig abhängigen Zellen (man beachte die dreieckigen Räume an den Ecken mit konvexen Innenseiten). Der ausgesprochene Skeletteffekt von Säulen und Bögen, der die Wand auf eine von der Grundstruktur getrennte Haut reduziert, läßt das System als Teil einer allgemeinen Ausweitung erscheinen, die dadurch dem Kreisplan eine völlig neue Interpretation gibt.[78] Zu dieser horizontalen Ausweitung bildet eine stark betonte Vertikalachse einen ausdrucksvollen Kontrast. Sie besteht aus einer Übereinanderstufung kuppelartiger Strukturen. Die erste basiert auf einem System sich verflechtender Rippen und gestattet die Anlage großer Fenster und einer zentralen Öffnung, auf der eine kleinere, konventionellere Kuppel ruht. Die sich verflechtenden Rippen sind ganz offensichtlich gotischer Architektur verwandt wie auch gewissen hispano-maurischen Kuppeln.[79] Der daraus resultierende völlig neue Kuppeltyp wurde ein Haupt-

162. Rom, S. Giovanni in
Laterano, Teil des Hauptschiffs.
163. Rom, S. Giovanni in
Laterano, Seitenschiff.

motiv von Guarinis Bauten. Die Kuppeln sind in der Tat seine auffälligste Erfindung. »Sie scheinen das Resultat eines tiefwurzelnden Triebes zu sein, die feste Kugel der alten Kuppel, das Symbol einer begrenzten Himmelskuppel, durch die lichtdurchlässige Kuppel mit ihrer geheimnisvollen Suggestion der Unendlichkeit zu ersetzen.«[80] Die Kuppeln Guarinis übernehmen nicht die plastische Kontinuität, die wir in Borrominis Arbeiten gefunden haben. Sie stellen eher eine Weiterentwicklung des Prinzips der vertikalen Umwandlung dar. Nach seinem ersten Versuch in Lissabon gab Guarini die plastische Kontinuität auf, ließ seine Strukturen als Skelett erscheinen und machte sie lichtdurchlässig. Ste. Anne-la-Royale (Abb. 167) in Paris (1662-1665) zeigt eine weitere Entwicklung der vertikalen Raumabfolge. Ein Tambour ist eingeschoben worden, der aus einer leichten Blindwand aus verdoppelten Säulen und Bögen besteht und einer Außenwand mit Fenstern, nämlich einer »Doppelwand« gotischer Abstammung. Den Grundriß bildet ein gestrecktes griechisches Kreuz. Die oktogonalen Zellen sind durch diagonal gestellte Pilaster gegliedert, die mit Gewölberippen kombiniert sind, so daß sie ein klar definiertes Skelettsystem bilden. Kleine Wände werden von großen, frei geformten Fenstern durchbrochen, eine Lösung, die sich bereits in S. Maria della Divina Provvidenza findet und offenbar den strukturell »offenen« Charakter der begrenzenden Fläche ausdrücken soll.

Dieses vertikal entwickelte Zentralschema hat Guarini in verschiedenen anderen Entwürfen wiederholt. Zwei davon wurden gebaut und haben die Wechselfälle der Geschichte überlebt. Nachdem er sich 1666 in Turin niedergelassen hatte, erhielt Guarini von Carlo Emanuele II. den Auftrag, die Kapelle S. Sindone oder des Allerheiligsten Leichentuchs (Abb. 177-181) zu beenden, die Amedeo di Castellamonte begonnen hatte (1657).[81] Die Kapelle wurde dem Ostende der Kathedrale angebunden, in enger Verbindung mit dem Herzogspalast. Sie erhielt einen kreisförmigen Grundriß. Aber Guarini gab ihm eine völlig neue Interpretation. Da er drei Eingänge einplanen mußte, zwei von der Kirche und einen vom Palast her, teilte er den Kreis in neun Abschnitte und überspannte jeweils zwei Joche mit einem großen Bogen und benutzte die drei verbleibenden für die Eingänge. Da die zwei Rampen, die von der Kirche zu der Kapelle hochführen, die Peripherie der Kapelle in schrägem Winkel treffen, führte er Rundräume als Übergänge ein, die den Hauptraum gleichzeitig durchdringen und die konvexe Form der Treppen bestimmen. Zwischen beiden Ebenen ist so eine fortlaufende Bewegung geschaffen. Mehr als jedes andere Konzept Guarinis beweisen diese kreisförmigen Vorhallen sein Geschick in der Behandlung von

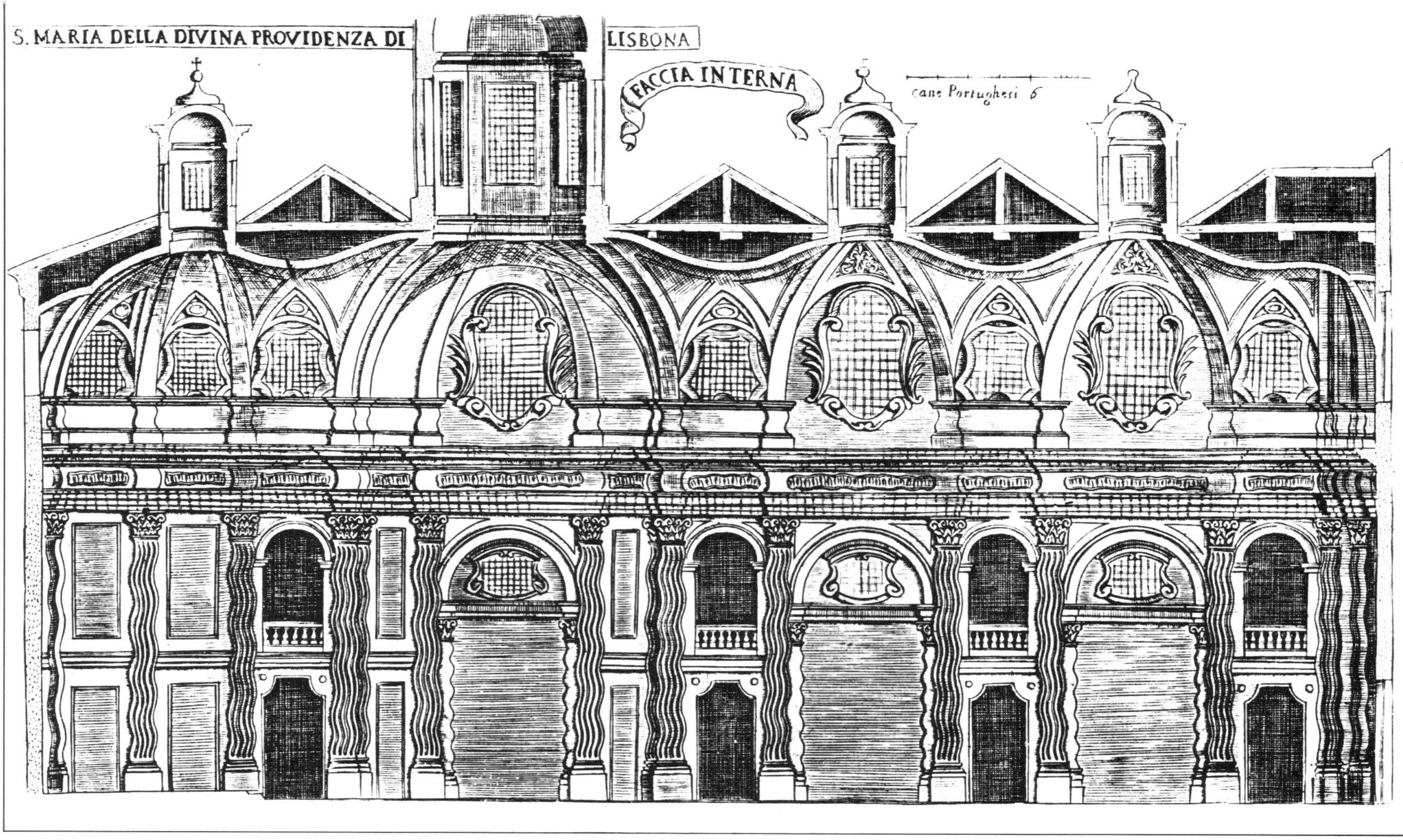

S. MARIA DELLA DIVINA PROVIDENZA DI LISBONA

FACCIA INTERNA

cane Portughesi 5

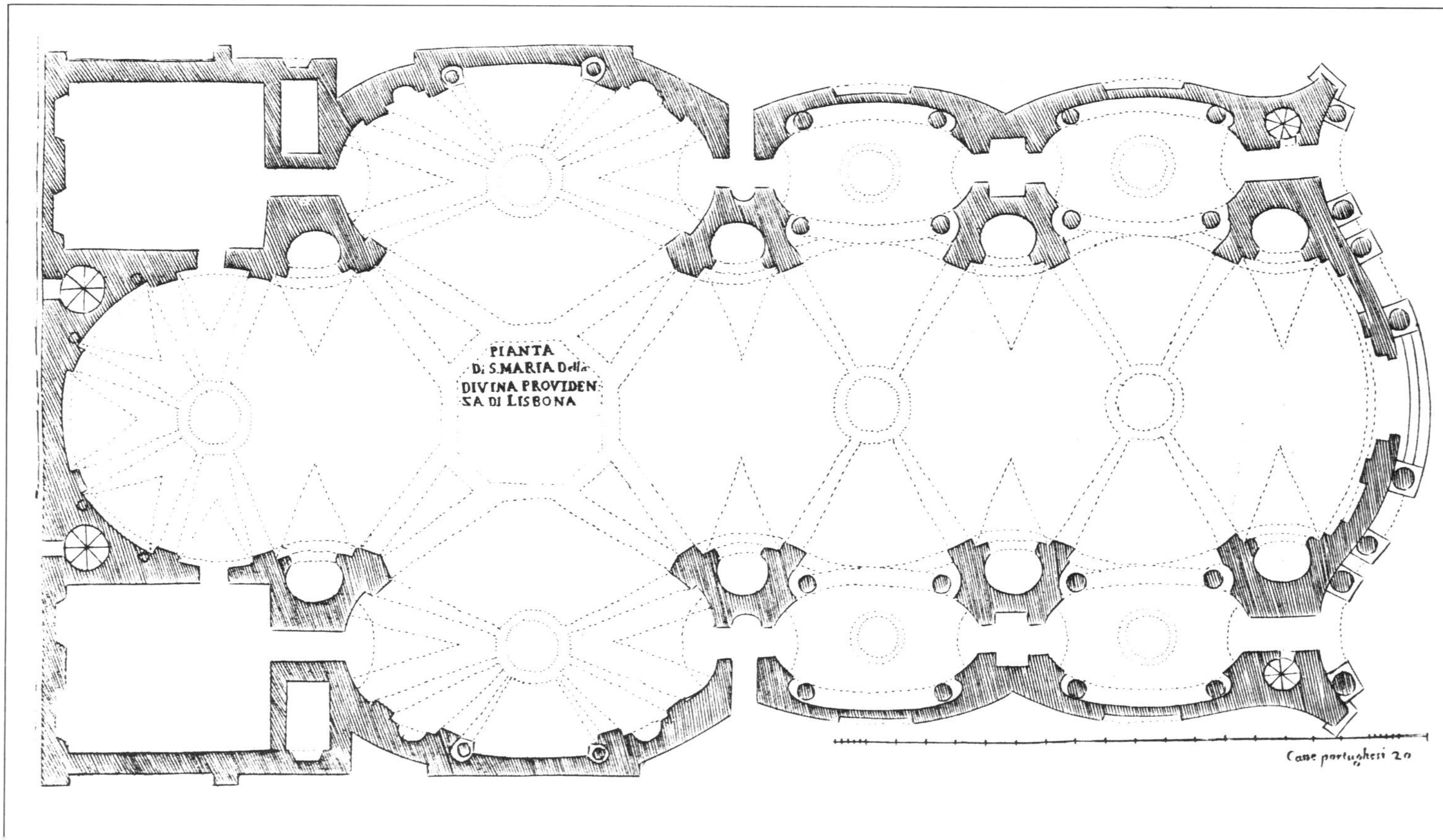

PIANTA
DI S.MARIA Della
DIVINA PROVIDEN
SA DI LISBONA

Cane portughesi 20

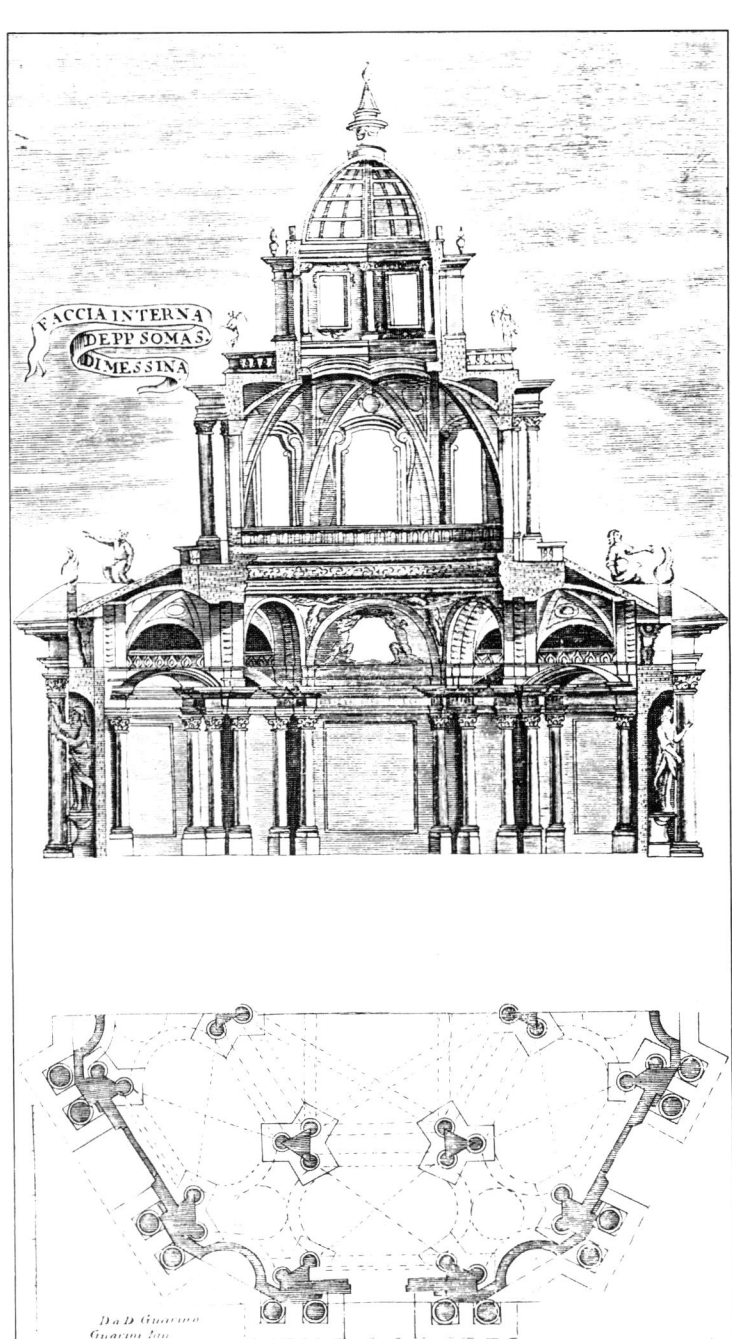

Raumproblemen und die Möglichkeit, schwierige Übergänge mittels gegenseitiger Durchdringung zu lösen. Die großen Bögen, die wir schon erwähnten, tragen drei Kuppelzwickel, anstatt der üblichen vier. Sie werden von großen Fenstern durchbrochen, die man auch über den Eingangsjochen findet. Hierdurch wird ein regelmäßiger Rhythmus von sechs Elementen eingeführt, die einen verblüffenden Gegensatz zu der Grundeinteilung von neun und drei bilden. Die drei Bögen tragen den normalen Ring, auf dem eine höchst ungewöhnliche Kuppel ruht. Ihr »Tambour« wird durch hohe Bogenöffnungen durchbrochen, die Teil der inneren Muschel einer »Doppelwand« bilden, verwandt der frühen Lösung in Ste. Anne-la-Royale. Die Bögen dieser Fenster tragen eine Reihe von Segmentrippen, die sich vom Mittelpunkt zum Mittelpunkt der sechs Bögen spannen. Über die Rippen ist eine neue Reihe von Rippen vom Mittelpunkt zum Mittelpunkt der ersten Rippen gespannt, ein Verfahren, das sechsmal wiederholt wird, wodurch ein System von sechsunddreißig Rippenbögen entsteht, die sechs Sechsecke bestimmen, von denen drei um 30° zu den anderen drei gedreht sind. Zwischen den Rippen sind kleine Fenster eingelassen, die die ganze Struktur lichtdurchlässig machen. Der Raum endet in einem großen zwölfeckigen Stern, in dessen Mitte die Taube des Heiligen Geistes erscheint. Der irrationale Charakter des Baus wird durch den schwarzen Marmor unterstrichen, dem wir überall begegnen. In der Tat ist die Kapelle S. Sindone einer der geheimnisvollsten und zutiefst aufwühlenden Räume, die je geschaffen wurden.[82]

Nahe S. Sindone baute Guarini ab 1668 die Theatinerkirche S. Lorenzo (Abb. 182–188).[83] Hier konnte er frei entwerfen, und es gelang ihm ein Entwurf, den man wegen des Einflusses, den er auf die Weiterentwicklung des Kirchenbaus haben sollte, als seine fruchtbarste Erfindung bezeichnen kann. Der Zentralbau ist um ein Oktogon herum entwickelt, dessen Seiten konvex nach innen schwingen. Auf der Hauptachse ist ein querovaler Chor hinzugefügt, gemäß dem Prinzip des pulsierenden Nebeneinander, so daß eine Längsachse eingeführt wird. Auf der Querachse hätten ähnliche Räume hinzugefügt werden können, aber sie wurden weggelassen. Die Pfeiler auf den Diagonalen, die die Kuppelzwickel tragen, sind in eine Zwischenwand mit linsenförmigen Kapellen verwandelt. Deren Säulen und Bögen entsprechen denen auf der Hauptachse und rufen die Wirkung einer fortlaufenden Skelettstruktur hervor, die den Raum umrundet. Der Plan zeigt so die Anwendung des Prinzips des pulsierenden Nebeneinander auf eine zentralisierte Gruppe von Zellen. Im Prinzip ist das System »offen«, aber Guarini hat nur einige der Möglichkeiten für die Hinzufügung von Nebenräumen benutzt und schuf dadurch das,

167. Paris, Guarino Guarini,
Ste. Anne-la-Royale, Schnitt. Aus
Architettura Civile, Tafel 11.

168. Paris, Guarino Guarini,
Ste. Anne-la-Royale, Grundriß.
Aus Architettura Civile, Tafel 9.

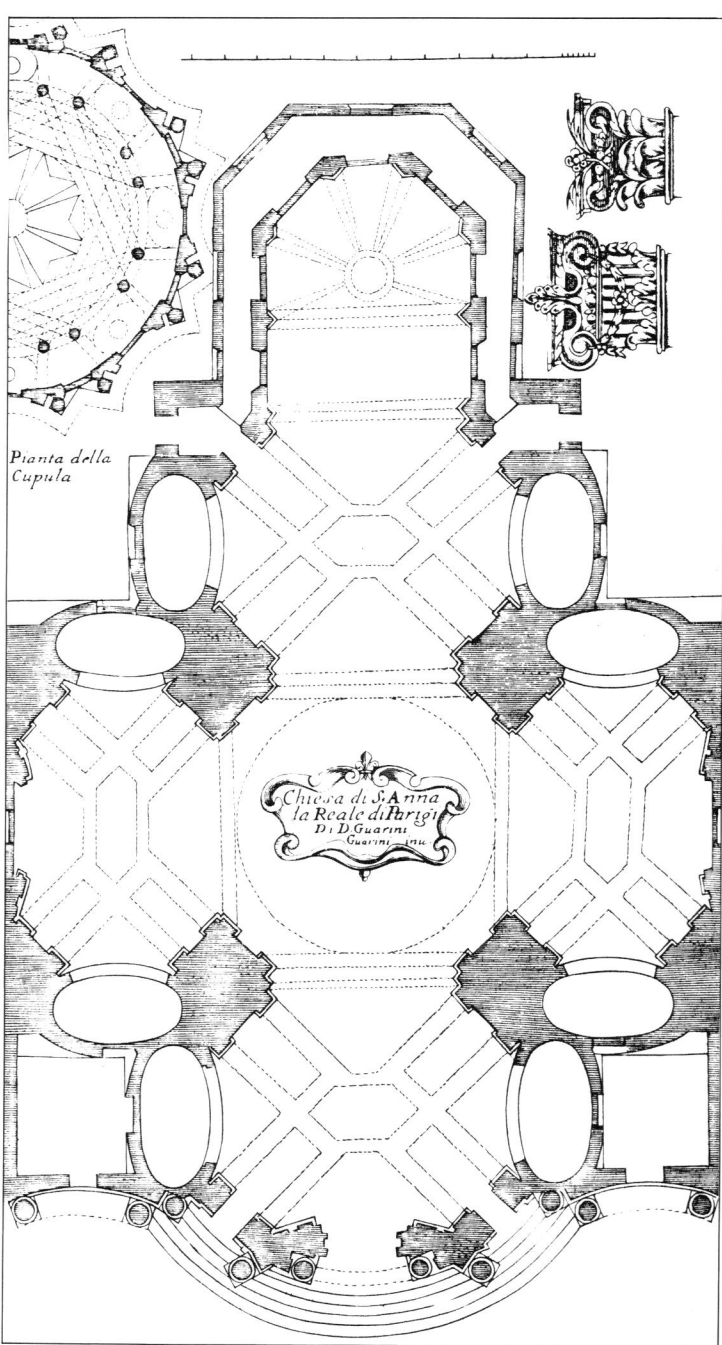

was man einen »reduzierten Zentralbau« genannt hat.[84]
Nach S. Lorenzo plante Guarini vier weitere Zentralkirchen, die
nie gebaut wurden. S. Gaetano (Abb. 169) in Nizza (um 1670)
sollte ein relativ kleiner Bau über einem fünfeckigen Grundriß
werden. Die vertikale Richtung ist stark betont, und ein gewisser
Wunsch nach Vereinfachung ist sichtbar. Größer und umfassen-
der ist die Lösung, die er für die Pilgerkirche von Oropa (um
1670?) vorgeschlagen hat (Abb. 170). Ein großes Oktogon mit
konvexen Außenseiten wird von einem Kranz ovaler Kapellen
umgeben, die mit dem Hauptraum durch Durchgangszellen verbunden sind und konkaven Linsen gleichen. So entsteht ein pulsierendes Nebeneinander. Die Skelettstruktur ist vereinfacht, so
daß gekurvte Wandmembranen an Bedeutung gewinnen. Sie werden von großen Öffnungen durchbrochen, und im Erdgeschoß
sind alle acht Achsen als »offen« charakterisiert im Hinblick auf
die großen Ädikulen. Die Kirche von Oropa ist einer von Guarinis stärksten und klarsten Entwürfen.
Die beiden anderen Zentralentwürfe zeigen eine etwas veränderte Einstellung. S. Filippo in Casale (1671; Abb. 172, 173) und S.
Gaetano in Vicenza (1674; Abb. 174) zeigen nicht die gleiche Betonung der Vertikalen, sondern stellen eher eine frühere Arbeit
an den Problemen der horizontalen Organisation von Zellen dar.
S. Filippo wird über einem unendlich erweiterten Raster pulsie-
render runder und quadratischer Zellen mit konvexen Innenseiten entwickelt. Das Raumsystem ist bestimmt durch ein transparentes Skelett aus freistehenden Säulen, das von einer dünnen
Außenhaut umschlossen ist. In den ausgedehnten Raster führt
Guarini eine kreisförmige Mitte ein, die durch eine Kuppel bestimmt wird, die sich mit den vier umgebenden Kreiszellen
durchdringt. Die Kombination eines unendlichen ausgedehnten
pulsierenden Musters und eines betonten Zentrums macht S. Filippo zu einem der radikalsten und vorwärtsweisendsten Entwürfe von Guarini.[85] S. Gaetano ist mit S. Filippo verwandt. Die
Kreiszellen auf den Hauptachsen sind jedoch durch Ovale ersetzt, und Ecken sind durch die Einführung von Kreisen, die sich
mit den Ovalen durchdringen, ausgeschlossen. (Eine ähnliche
»Schließung« der Form wurde in S. Filippo durch die Hinzufügung kleiner linsenförmiger Nischen erreicht.) Die Vertikalent-
wicklung zeigt eine mannigfaltigere Umwandlung als die relativ
einfache Kuppel des vorigen Entwurfs. Das Zentralquadrat mit
konvexen Innenseiten wird so in einen kleinen runden Ring verwandelt, auf dem eine größere, kreisrunde Kuppel ruht, die aus
zwei Schalen besteht. Diese Schalen hätten mit illusionistischen
Fresken geschmückt werden sollen. Hierdurch wird eine vertikale
Kontraktion und Expansion des Raums angezeigt, die Vorbild für

die «synkopierten« Räume von Christoph Dientzenhofer ist. In den Entwürfen für S. Filippo in Casale und S. Gaetano in Vicenza ist die allgemeine pulsierende Bewegung, die Guarini beabsichtigte, durch den konsequenten Gebrauch von »exakten« Methoden der Raumgliederung verwirklicht worden.

Während der letzten Jahre seiner Tätigkeit wandte Guarini seine Methode wieder auf Längsbauten an. Die Kirche Immacolata Concezione in Turin (1673-1697; Abb. 189, 190) zeigt eine Aufeinanderfolge von drei zentralisierten Einheiten; die erste und die dritte sind kreisrund, während man die mittlere als Reckteck oder als Hexagon bezeichnen könnte. Die Durchdringungen schaffen eine starke Raumintegration. Im allgemeinen kann man das Schema als bi-axial bezeichnen, aber ein ausgesprochener Längsrhythmus von Expansionen und Kontraktionen ist vorhanden. Die Fassade wiederholt die Kurvatur von Borrominis S. Carlino und zeigt eine Wechselwirkung zwischen Innen und Außen an. Der Gebrauch der klassischen Säulenordnungen ist konventioneller als in anderen Werken Guarinis, wahrscheinlich weil die Kirche nach seinem Tode beendet wurde.

Im Entwurf für S. Maria von Altoetting in Prag (1679; Abb. 191, 192) ist das gleiche Thema variiert und bereichert. Die erste und die dritte Einheit sind zu Querovalen geworden, die sich mit einem größeren, unregelmäßigen Oval in der Mitte durchdringen und mit ovalen Seitennischen. Ein Chor ist in pulsierendem Nebeneinander hinzugefügt worden. Alle räumlichen Wechselbeziehungen sind klar ausgedrückt, und die Lösung als Ganzes stellt eine reife und überzeugende Leistung dar.[86] Der dritte von Guarinis späten Langhausentwürfen, S. Filippo in Turin (1679; Abb. 175, 176) basiert auch auf der Abfolge von drei großen Kreisräumen. Symmetrisch gestellter Narthex und Chor schaffen eine gewisse Bi-Axialität. Alle Haupteinheiten sind von Nebenkapellen begleitet. Gegenseitige Durchdringung oder pulsierendes Nebeneinander tritt nicht auf, aber die diagonal ausgerichteten strukturellen Glieder, die durch den ganzen Bau hindurch wiederholt werden, schaffen nichtsdestoweniger eine starke räumliche Integration. Der Skeletteffekt ist betont, und die Außenwände sind von großen, freigeformten Fenstern durchbrochen. Die des Lichtbandes haben Casula-Form, wie sie schon in S. Maria della Divina Provvidenza auftrat.

Wir haben dargelegt, wie Guarinis Methode auf große und kleine Zentralbauten und Längskirchen angewendet werden konnte. Er ging von den konventionellen Typen seiner Zeit aus, wie dem griechischen Kreuz, dem Kreis, dem Oktogon, dem lateinischen Kreuz oder der Abfolge von überkuppelten Einheiten. Anstatt eine Synthese dieser Schemata anzustreben, wie es Cortona und

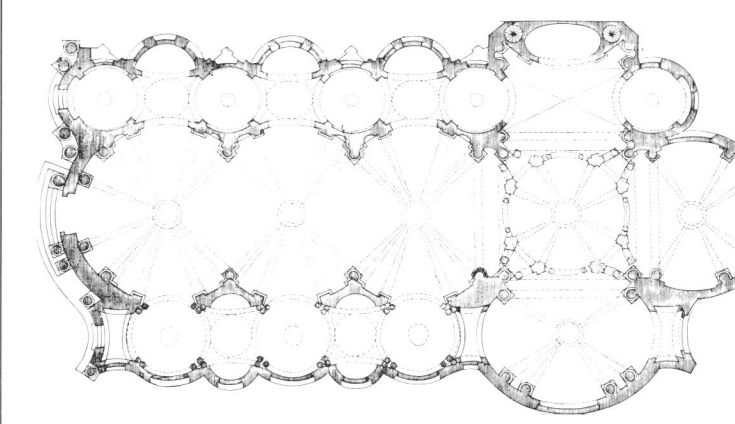

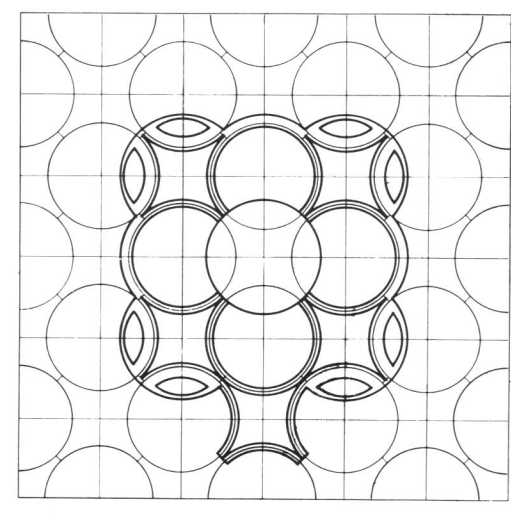

171. Turin, Guarino Guarini,
Grundriß für eine Kirche ohne
Namen. Aus Architettura Civile,
Tafel 34.

172. Casale, Guarino Guarini,
S. Filippo Neri, Schema.

173. Casale, Guarino Guarini,
S. Filippo Neri, Grundriß und
Schnitt.
Aus Architettura Civile, Tafel 25.

Borromini taten, bestimmte Guarini die Raumelemente oder Zellen, die allen Schemata gemeinsam waren, woraufhin er sie zu einem einheitlichen Ganzen kombinierte, sei es mittels gegenseitiger Durchdringung oder pulsierendem Nebeneinander. So kam er nie zu »neuen« komplexen Räumen wie denen Borrominis. Seine Leistung besteht vielmehr in der Entwicklung »offener« Raumgruppen. Die Methode Guarinis hat einen gewissen mechanischen Charakter. Es ist eine Ars combinatoria, wie sie die Philosophen der Barockzeit erstrebten. Wie Borromini, so beabsichtigte auch Guarini eine Kombination von zunächst verschiedenen Merkmalen und Gehalten, von Wissenschaft und Kunst, von Gedanke und Gefühl. In seiner »Architettura Civile« sagt er: »Obgleich sie von der Mathematik abhängt, ist Architektur nichtsdestoweniger eine Kunst, die danach strebt zu gefallen und nicht dem Gefühl um des Verstandes willen mißfallen will...«[87]

Schlußfolgerung
Wir haben gesehen, daß die Grundtypen der Kirchenarchitektur des Barock auf Renaissancevorbilder zurückgehen, die in der zweiten Hälfte des 16. Jhs. modifiziert wurden. So wurde der Längsgrundriß mittels bi-axialer Schemata oder durch die Einführung eines ausgesprochenen Mittelpunktes zentralisiert. Die schließliche Meisterung dieses Problems kann man von dem Versuch in S. Teresa in Caprarola an bis zu der geglückten Lösung in Guarinis Entwurf für S. Maria von Altoetting in Prag beobachten. Der Zentralplan wurde gelängt, indem man die Grundform (Längsoval, gestrecktes griechisches Kreuz) »streckte« oder eine zweite zentralisierte Einheit hinzufügte, oder indem man die Querachse »verkürzte«. Guarinis S. Lorenzo kann als fortgeschrittenes Beispiel angeführt werden. In beiden Fällen kann das Ergebnis einen kombinatorischen oder synthetischen Charakter haben. Im Frühbarock war eine einfache Kombination von Typen normal (das heißt von großen Einheiten), während Guarini zu viel flexibleren Kombinationen gelangte, indem er die Typen in allgemeine Raumelemente oder »Zellen« zerlegte. Borromini seinerseits erstrebte eine synthetische Fusion, wie sie kaum ein anderer erreichte. Im allgemeinen wurden sowohl die Längsachsen als auch die vertikalen Achsen betont. Die Längsachse, indem man die Fassade in ein beherrschendes »Eingangstor« zu dem Theatrum sacrum des Inneren verwandelte und den Altar in ein zweites Tor zu dem illusorischen Raum eines Andachtsbildes; die Vertikalachse, indem man die Proportionen streckte oder ein vertikales »Wachstum« übereinandergestellter Elemente andeutete, das in einem anderen himmlischen Bild endete. In beiden Fällen wird die Kirche aktiver in Beziehung zu ihrer Umgebung gesetzt.

174. Vicenza, Guarino Guarini,
S. Gaetano, Grundriß und Schnitt.
Aus Architettura Civile, Tafel 26.

175, 176. Turin, Guarino
Guarini, S. Filippo Neri, Schnitt
und Grundriß.
Aus Architettura Civile, Tafel 16
und 14.

177. Turin, Guarino Guarini,
Cappella della S. Sindone,
Grundriß.
Aus Architettura Civile, Tafel 2.

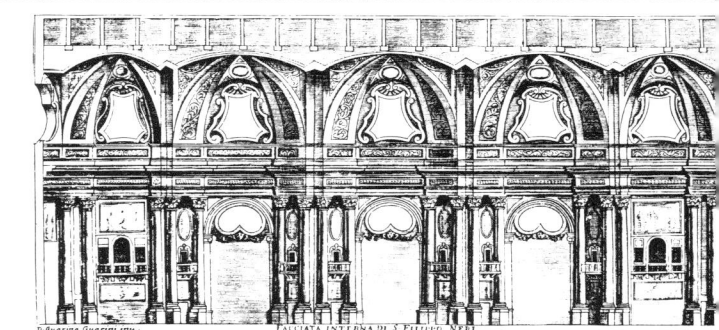

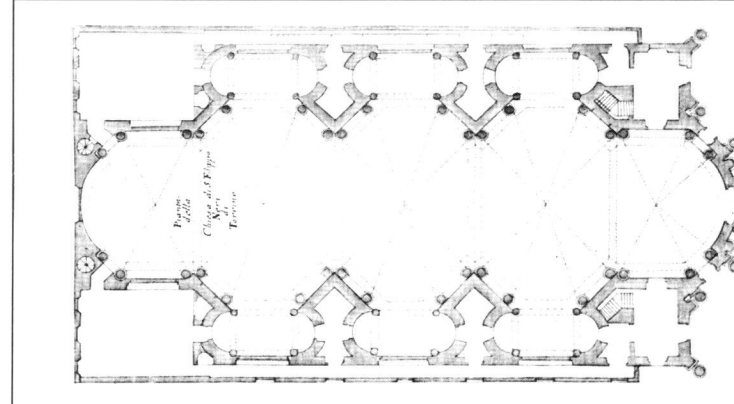

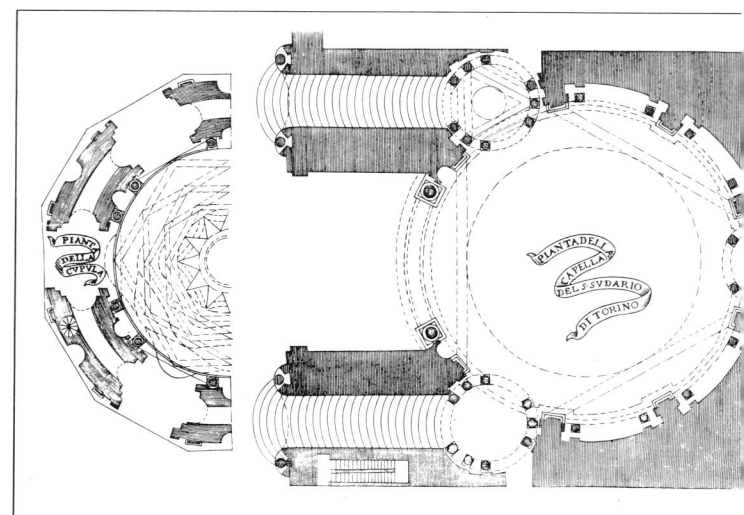

178. Turin, Guarino Guarini,
Cappella della S. Sindone,
Isometrie.

179. Turin, Guarino Guarini,
Cappella della S. Sindone, Schnitt.
Aus Architettura Civile, Tafel 3.

180. *Turin, Guarino Guarini,*
Kuppel der Cappella della
S. Sindone und Domkuppel.

181. *Turin, Guarino Guarini,*
Cappella della S. Sindone,
Innenansicht der Kuppel.

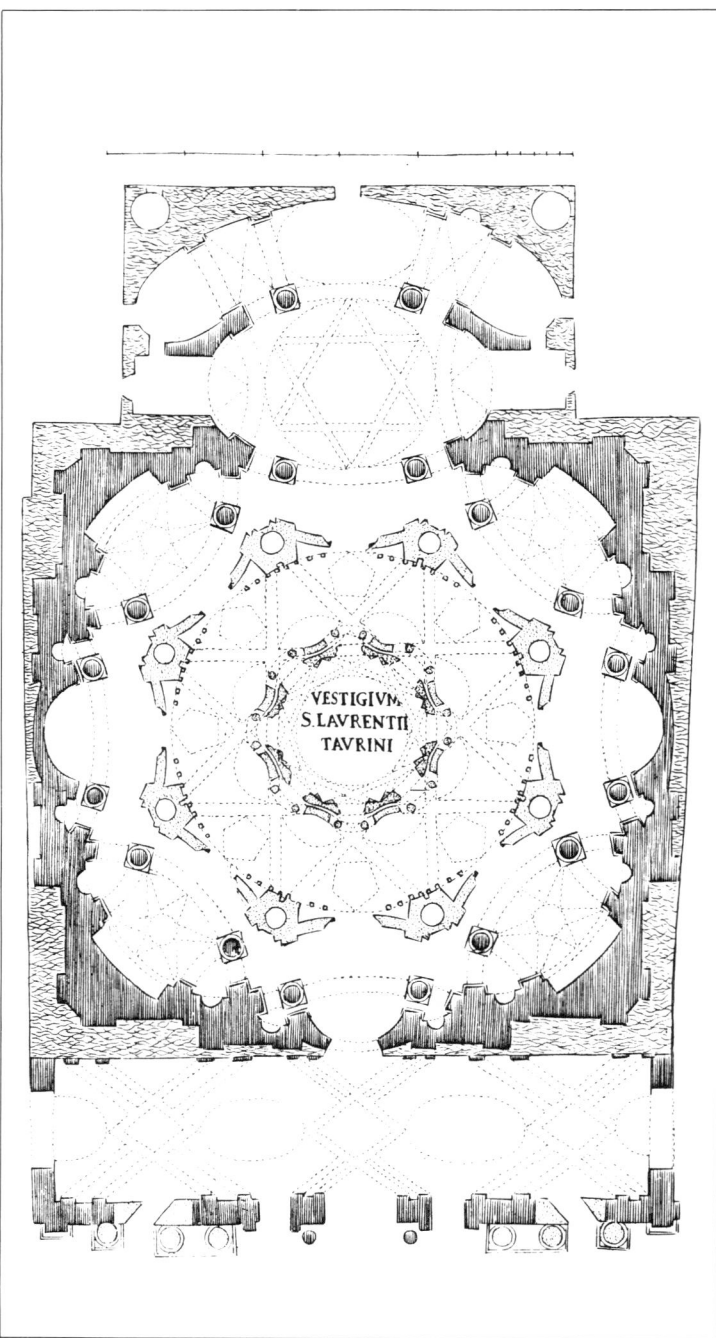

182. *Turin, Guarino Guarini, S. Lorenzo, Schnitt. Aus Architettura Civile, Tafel 6.*

183. *Turin, Guarino Guarini, S. Lorenzo, Grundriß. Aus Architettura Civile, Tafel 4.*

184. *Turin, Guarino Guarini, S. Lorenzo, Tambour und Kuppel.*

185. *S. Lorenzo, Rekonstruktion des Guarini-Projekts.*

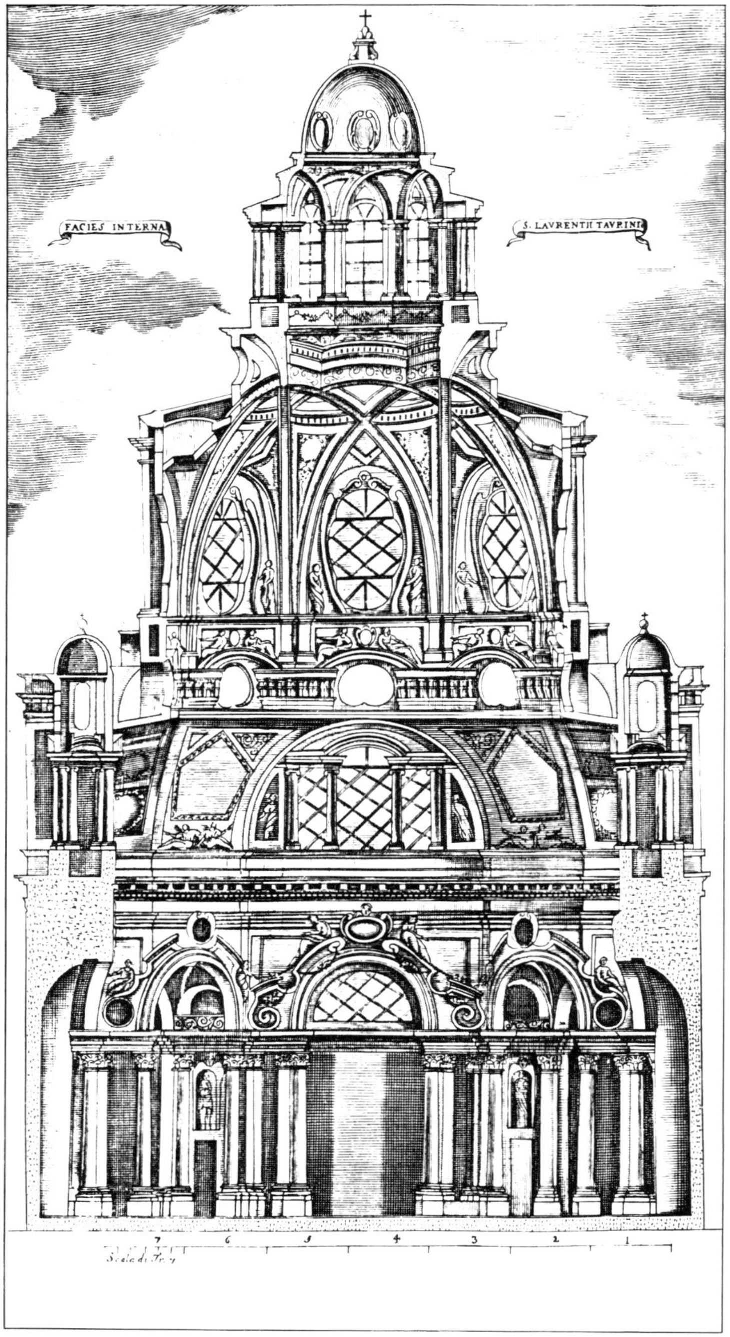

FACIES INTERNA
S. LAVRENTII TAVRINI
7 6 5 4 3 2 1

VESTIGIVM
S. LAVRENTII
TAVRINI

186. *Turin, S. Lorenzo, Isometrie.*

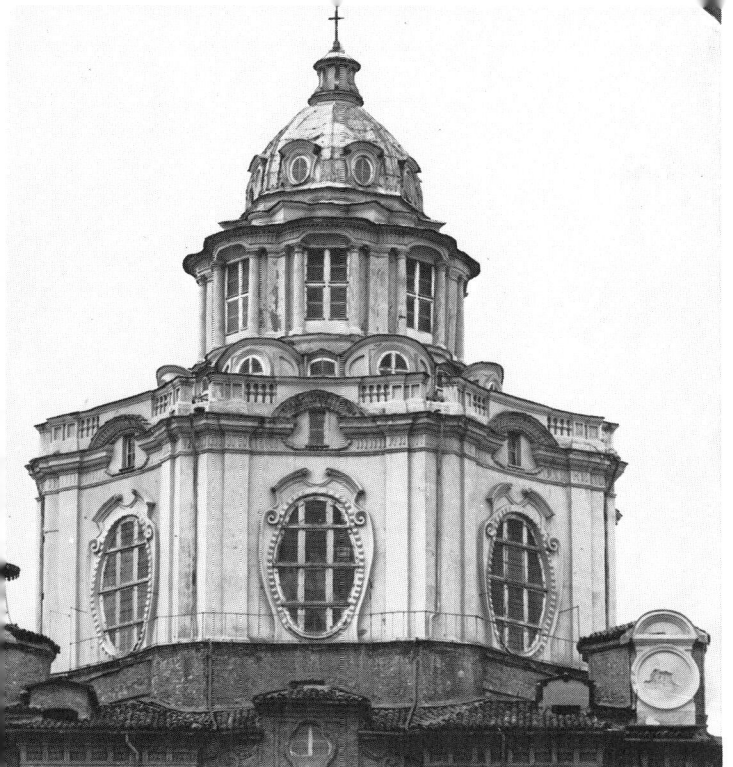

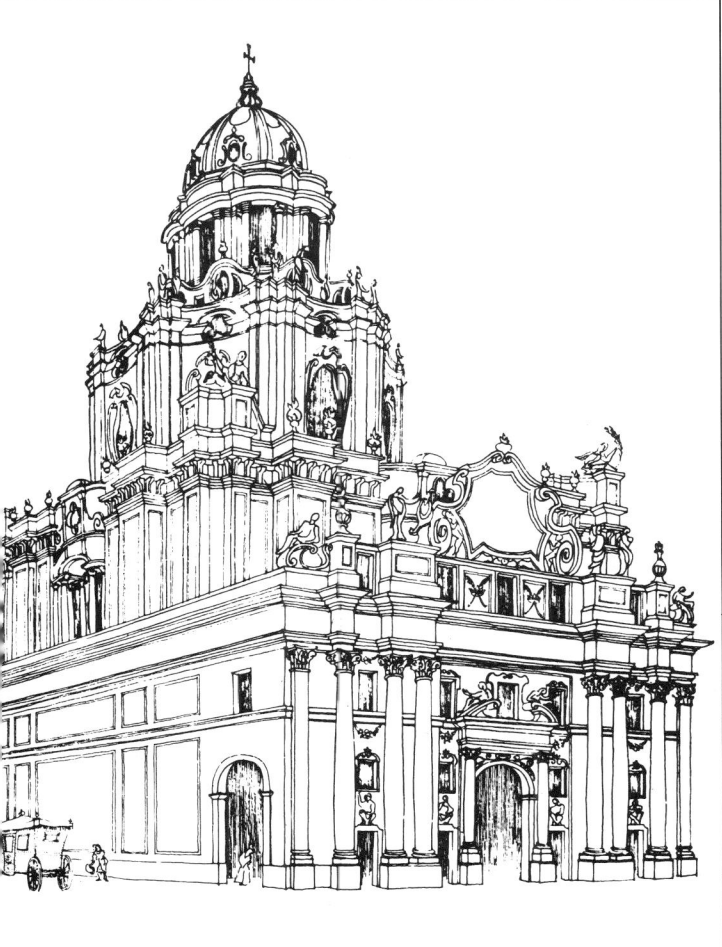

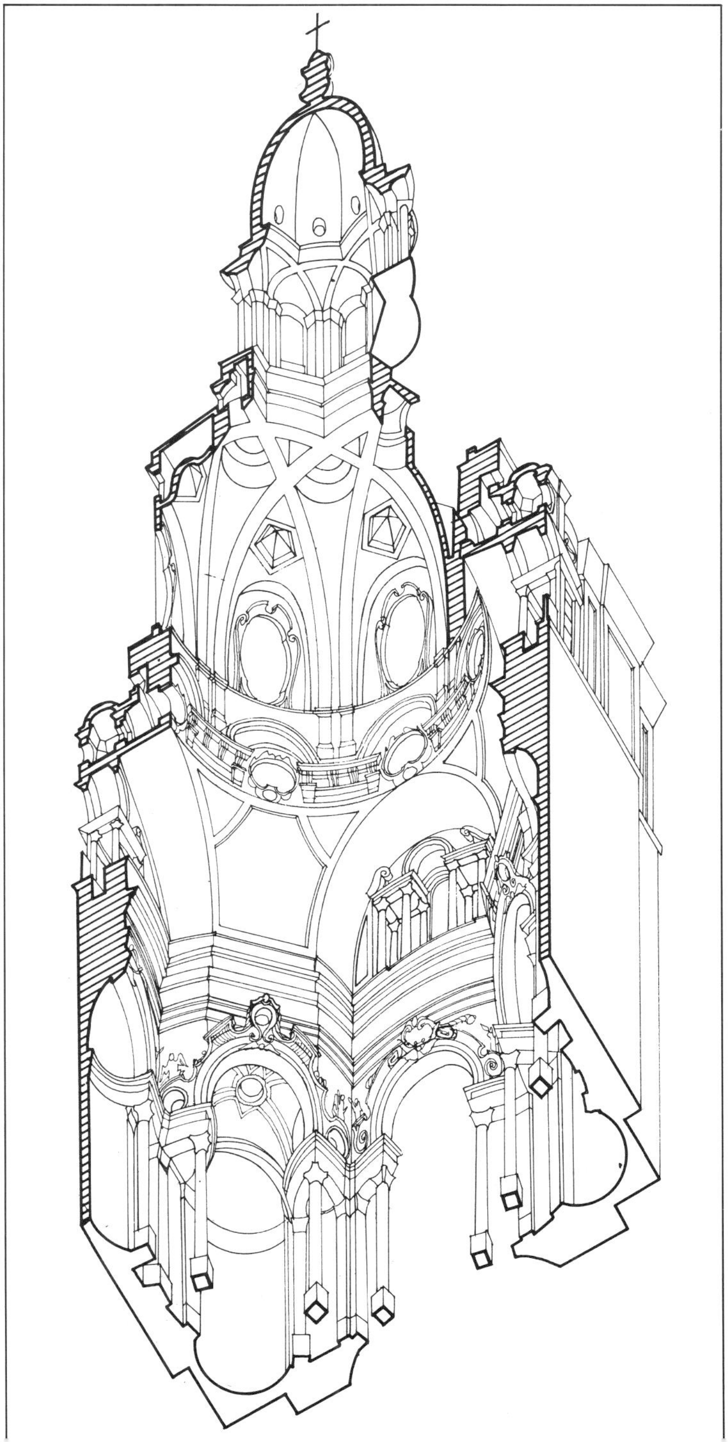

Die »offene« Längsachse macht sie zum Teil des städtischen Raums, während die Betonung der Vertikalen ihre Rolle als »Brennpunkt« ausdrückt. Hardouin-Mansarts Invalidendom mit dem geplanten Platz davor ist ein charakteristisches Beispiel. Ein starker Wunsch nach allgemeiner Raumintegration ist unverkennbar. Dieser Wunsch bewirkte die Umwandlung des Baus in ein transparentes Skelett, während die Nebenräume ihre Unabhängigkeit verloren und Teile eines offenen Systems wurden. Gegenseitige Durchdringung und gegenseitige Abhängigkeit (»pulsierendes Nebeneinander«) und eine ergänzende Innen-Außen-Beziehung werden als charakteristische Mittel gebraucht, um die beabsichtigte Integration zu erreichen. Diese Mittel wurden in der Zeit des Hochbarock durch Architekten wie François Mansart, Pietro da Cortona und Borromini erfunden und in der zweiten Hälfte des 17. Jhs. durch Guarini in ein System gebracht. Die räumliche Kontinuität wird oft von plastischer Kontinuität begleitet, besonders in den Arbeiten Borrominis.

Plastische Kontinuität bedeutet auch, daß zuvor unterschiedliche Elemente zusammenwachsen, um neue, synthetische Ganzheiten zu bilden, die die Fusion traditioneller Charaktere und Gehalte ausdrücken. Forssman hat darauf hingewiesen, daß Innenräume von Kirchen im allgemeinen im korinthischen Stil gehalten sind. Er zitiert Scamozzi, der sagt: »In der Tat ist von allen Säulenordnungen keine so lobenswert und schön wie die korinthische... Die Alten benutzten diese Ordnung, um die Fassaden und das Innere ihrer Tempel zu schmücken, weil sie wünschten zu zeigen, daß nur die edelsten und ausgezeichnetsten Dinge für die Götter geeignet sind... Wir können entsprechend sagen, daß diese Ordnung Lauterkeit der Seele darstellt, so wie sie der Majestät des Höchsten Gottes geziemt.«[88] In der Barockzeit wurde der Reichtum der korinthischen Ordnung als Ausgangspunkt benutzt, um eine Kirche zu einer umfassenden Synthese symbolischer Formen aus Vergangenheit und Gegenwart zu machen, zu einer Imago mundi, die die ewige und universale Rolle der Kirche ausdrückt.[89] Die klassischen Säulen und die Kuppel repräsentieren dann die Stabilität der Grunddogmen des Systems, während die illusionistische Dekoration und der dramatische Gebrauch des Lichts ein »gefrorenes Theater« schaffen, das Überzeugung und Verzückung erstrebt. Im allgemeinen hat Sakralarchitektur »die Aufgabe, die menschliche Seele auf ein Leben vorzubereiten, das in einer einzigen Dimension gelebt werden wird, in einem Raum ohne irdische Begrenzung.«[90] Bernini ist der Erfinder des großen Theatrum sacrum des Barock. Seine Kathedra Petri (Abb. 193) in St. Peter bietet dafür ein charakteristisches Beispiel. Als eine Apotheose des Papsttums bildet sie das natürliche »Ziel« für den »Pfad« durch die ganze Länge des Hauptmonuments der Ecclesia triumphans. Der überzeugende Dynamismus von Berninis Architektur wird in erster Linie durch Dekoration geschaffen, während Borromini und Guarini die architektonische Form selbst zum Träger des ausdrucksvollen Gehaltes machten. In der Architektur des Spätbarock in Mitteleuropa wurden beide Alternativen in einer letzten und überschwenglichen Synthese vereinigt.

143

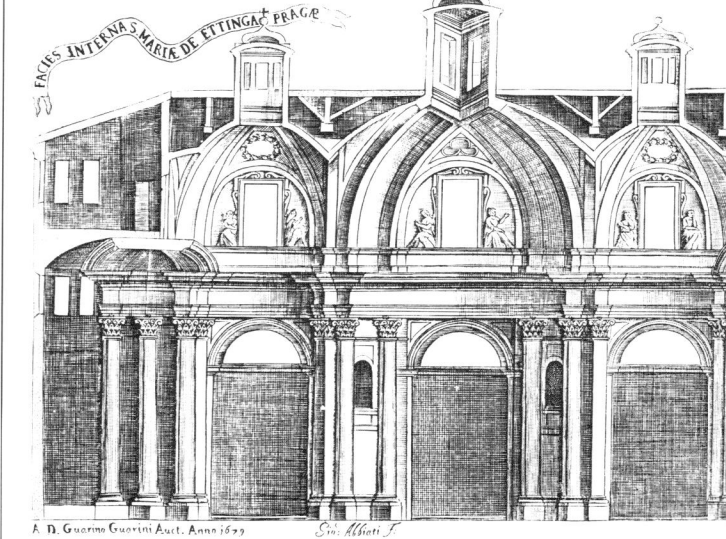

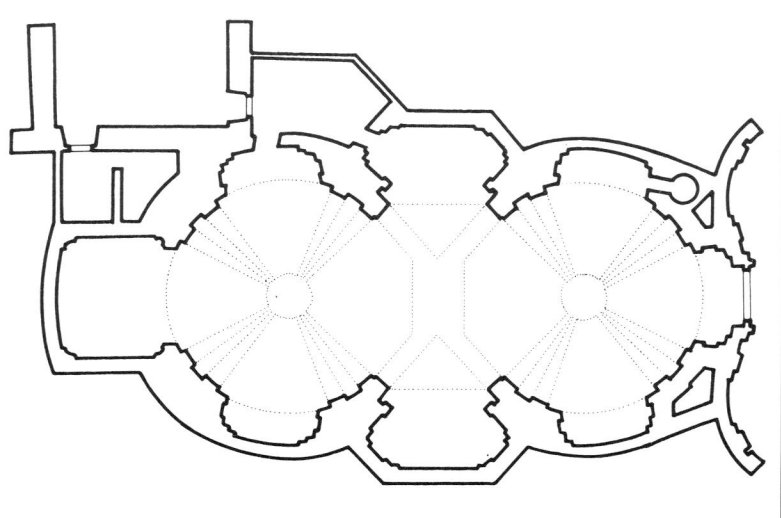

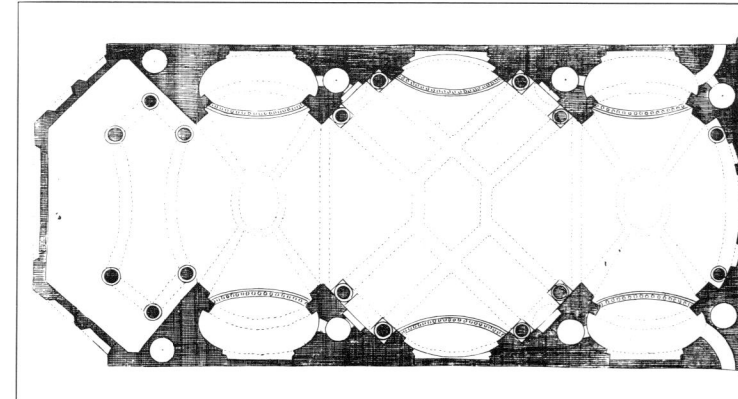

Einleitung

Im ersten Kapitel haben wir die grundlegenden Typen der Profanarchitektur des 17. Jhs. betrachtet, den Stadtpalast und die Villa (château), und dargetan, daß sie einer Synthese zustreben. Der Stadtpalast wurde aufgebrochen, wie es das hufeisenförmige französische Hôtel zeigt, und die Villa wurde typisiert, mit dem gleichen Schema als formale Basis. Diese Entwicklung wurde jedoch durch örtliche Faktoren wie Klima und Lebensstil beeinflußt und nahm daher in den verschiedenen Ländern einen unterschiedlichen Verlauf. In Italien reicht die Tradition des blockförmigen Palastes bis in die Antike zurück, und er ist den klimatischen Bedingungen gut angepaßt, da er die Sonne ausschließt. Sein massiver Charakter steht auch in Übereinstimmung mit dem italienischen Gefühl für plastische Form und Gliederung. Der Palazzo überlebte daher in das Barockzeitalter hinein, obgleich er einige Veränderungen durchmachte. Im Norden verlief die Tradition anders. Das strenge Klima erforderte komfortablere Wohnungen, die der Sonne, wo immer nötig, den Eintritt gestatteten. Statt geschlossener Blöcke finden wir daher ein Aneinanderreihen von ausgestreckten Flügeln und Pavillons. Die allgemeine Anlage war flexibler und den Anforderungen an ein komfortables Leben leichter anzupassen. Während des 17. Jhs. zeigte die französische Architektur einen wachsenden Sinn für Nutzung und Bequemlichkeit, und der italienische Palazzo wurde als »unbequem« abgeurteilt.[1]

Eine Studie des Palastes muß sich auch mit verschiedenen allgemeinen Problemen befassen, die in Verbindung mit der Kirche besprochen wurden, wie Raumorganisation, plastische Integration und die Beziehung zwischen dem Bau und seiner Umgebung. Funktionell jedoch ist der Palast viel komplexer als die Kirche, und die allgemeinen Absichten werden darum weniger direkt ausgedrückt. So ist eine echte Raumintegration kaum möglich, da die einzelnen Baueinheiten verschiedenen Zwecken dienen. Die Bedürfnisse, die der Palast erfüllen muß, umfassen auch variablere Faktoren als die der Kirche und geben der Frage der funktionellen Anpassung den Vorrang. Die Form des Barockpalastes kann daher als Synthese der besonderen funktionellen Forderungen und des allgemeinen Wunsches der Zeit nach Systematisierung verstanden werden. Er ist bequem, repräsentativ und dominierend.

Der italienische Palazzo

Wir haben den Palazzo als eine »geschlossene« Welt definiert. Grundsätzlich ist er ein Block, der mitten auf dem Ehrenhof (Cortile) steht, der der wahre Brennpunkt des zentripetalen Organismus ist und daher als Raum ohne Richtungen, umschlossen von einer einheitlichen und fortlaufenden Umgrenzung, charakterisiert werden kann.[2]

Die Verteilung der Nebenräume zeigt jedoch eine gewisse Differenzierung, je nach ihren praktischen Funktionen und den städtischen Räumen ringsum. Gewöhnlich gibt es einen Haupteingang, der eine wirksame Kontrolle und leichte Orientierung gestattet, und ein Haupttreppenhaus, das entweder rechts oder links liegt, wenn man den Cortile betritt. Ein Eingang für die Dienerschaft befindet sich meist auf der Rückseite, in Verbindung mit den Ställen und Remisen. Das Erdgeschoß wurde zumeist für die Bedienung benutzt (vielleicht an der Hauptstraße auch für Läden), während die Haupträume im ersten Stock, dem Piano nobile, liegen. Die Räume sind aneinandergereiht, ohne viel Differenzierung nach Form und Größe, wenn auch ein Hauptsaal, ein Salon, sich üblicherweise darunter befindet. Im zweiten Stock liegen dann die Schlafräume, und im Mezzanin oder Dachgeschoß ergänzen Zimmer für die Bediensteten das Schema. Was den Gebrauch der Haupträume angeht, so wurde er durch die Möblierung bestimmt, die ihnen der jeweilige Bewohner gab, und nicht so sehr durch Form und Lage im Verhältnis zur städtischen Umgebung. Eine umlaufende Galerie oder Loggia bildet den funktionellen und räumlichen Übergang zwischen dem Cortile und den Räumen[3] und betont den zentripetalen Charakter des Baus.

Die Außenmauer hingegen bildet eine fortlaufende, geschlossene Umhüllung. Sie war jedoch in der Vertikalen unterschiedlich gestaltet, um die wechselnden Innenräume zu kennzeichnen. So wurde das Erdgeschoß im allgemeinen als Rustikabasis behandelt, die den massiven und soliden Charakter des Baus betonte. In den Palästen des Quattrocento wurde die vertikale Gliederung durch ein Abnehmen der Rauheit der Buckelquader von Stockwerk zu Stockwerk dargetan, wodurch gleichzeitig die massive Einheit des Blocks erhalten wurde.[4] In den folgenden Jahrhunderten fand ein ausgedehntes Experimentieren mit den klassischen Ordnungen statt. Sie wurden benutzt, um entweder die Würde des Piano nobile zu betonen oder eine Wirkung von Verflechtung und Widerspruch zu schaffen.[5] In gewissen Fällen wurde die Differenzierung durch die Behandlung sekundärer Elemente erreicht, wie der Fensterrahmen, eher als durch die Einführung von eigentlichen Säulenordnungen. Diesen Gedanken nahm insbesondere Antonio da Sangallo d. J. auf, der einen Typ entwickelte, den man im allgemeinen als römischen Palazzo kennt.[6] Den Höhepunkt dieses Typs bildet Sangallos Palazzo Farnese (1514-1549; Abb. 194). Die Gestaltung des Palazzo Farnese folgt den oben dargelegten allgemeinen Richtlinien. Der Cortile zeigt die konventionelle Übereinanderstellung der Säulenordnungen,[7] wo-

196. Rom, Giacomo della Porta,
Palazzo Serlupi, Fassade.
Stich von Falda.

hingegen die Fassade durch die Variierung der Fensterrahmen und durch Bögen gegliedert wird. Die Stilfolge ist jedoch nicht die übliche: Die Fenster des Piano nobile sind alle von kleinen Kompositsäulen gerahmt, während der Oberstock ionische Säulen hat. So wird die Gliederung benutzt, um den Gehalt des Baus »auszudrücken«. Der Palazzo Farnese stellt das Ideal eines vollständigen, gutproportionierten Blocks dar, der kaum mit seiner Umgebung in Wechselwirkung tritt. Später jedoch führte Michelangelo eine Längsachse ein, die durch das Gebäude hindurchgehen und es räumlich mit der Villa Farnesina auf dem anderen Tiberufer verbinden sollte. Er betonte daher die Mitte der Fassade durch ein großes Fenster über dem Eingang und plante, die Rückwände des Hofes mittels durchsichtiger Loggien zu öffnen (1546-1549). Michelangelo erfand damit zwei Motive, die von grundlegender Bedeutung für die Entwicklung des Palazzo im Barock sein sollten.

In den folgenden Jahrzehnten nahmen verschiedene Architekten den Gedanken, die Hauptachse der Paläste zu verstärken, wieder auf. Im Palazzo Caetani (Mattei-Negroni) in Rom (1564) wurde die Rückwand des Cortile in eine einstöckige Loggia verwandelt, die die beiden Flügel eines U-förmigen Baus verband. Seine toskanische Säulenordnung bildet eine Weiterführung der Gliederung der anderen Seiten des Cortile, so daß ein interessanter Kontrapunkt von Umfassung und Längsrichtung entsteht. Die Lösung könnte Ammanati verdankt werden, der sich des gleichen Mittels im Cortile des Palazzo Pitti in Florenz bedient hatte (1560). Maderno übernahm den Gedanken im Palazzo Mattei (Entwurf 1598, beendet 1618), der allgemein als der erste wahre Barockpalast in Rom angesehen wird. Die Richtung des Cortile wird im Palazzo Mattei weiter verstärkt durch das Fehlen von Loggien an den Seiten. Hier finden wir fortlaufende Mauern, deren Gliederung auf die Entwicklung einiger der Horizontalen der Loggien begrenzt ist. Der traditionelle, zentralisierte Cortile ist aufgegeben worden, und ein starker Wunsch nach Bewegung in die Tiefe fällt auf.[8] Da der Palast auf einer Ecke liegt, wurde eine Querachse eingeführt, die auf das herrliche Treppenhaus zuführt, das eine der bedeutendsten Neuerungen Madernos ist. Es hat vier Treppenfluchten, anstatt der sonst üblichen zwei, und die Treppenabsätze werden durch Kugelkalotten betont, die mit reichen Stuckarbeiten verziert sind. Räumlich weist diese Lösung auf die großartigen Treppenhäuser im Hochbarock hin.

Weniger fortgeschritten, aber eindrucksvoller ist der Cortile des Palazzo Borghese (Abb. 195).[9] Hier sind die dreistöckigen Flügel des Gebäudes durch eine offene zweistöckige Loggia verbunden, eine Lösung, die Flaminio Ponzio zugeschrieben wird

147

(1607). Die Kontinuität rund um den Hof ist intakt, während gleichzeitig die Längsbewegung durch einen ziemlich großen Garten gegeben ist. In den drei erwähnten Beispielen können wir jedoch nicht von einer echten Wechselwirkung zwischen dem Gebäude und seiner städtischen Umgebung sprechen. Die Längsachse impliziert eine Ausdehnung des privaten Bereichs, indem sie dem Cortile einen Gartenraum hinzufügt. Aber wir können ebenso von der »Öffnung« auf eine illusorische Ideallandschaft hin sprechen.

Wie in der Kirche führt die Wechselwirkung mit dem Stadtbereich zu einer neuen Gliederung der Fassade mit erneuter Betonung der Mittelachse. Der Schöpfer der ersten Kirchenfassaden des Frühbarock, Giacomo della Porta, machte auch die ersten Versuche, das Problem der Palastfassade zu lösen. Indem er einfach die Fenster nach der Mitte zu näher zusammenrückte, gelang es ihm, eine wirkungsvolle Konzentration zu schaffen, und damit hob er auch die statische Selbstgenügsamkeit des traditionellen römischen Palazzo auf. Der unvollendete Palazzo Serlupi (Crescenzi; Abb. 196) von 1585 bietet dafür ein gutes Beispiel. Jedoch wurde noch keine vertikale Integration der Fassade erreicht, ein Problem, das römische Architekten erst später lösten.

Alle obengenannten Beispiele zeigen einen überrraschenden Mangel an Systematisierung des Entwurfs. Die Räume sind ohne klare Beziehung zu den Hauptachsen aneinandergehängt, und die symmetrischen Fassaden entsprechen nicht der Verteilung der Räume dahinter. Im Palazzo Farnese z. B. ist der Große Salon in die linke Ecke der Fassade gelegt.[10] Außerhalb von Rom finden wir sehr viel fortgeschrittenere Lösungen. In Palladios Palästen sind Treppenhäuser und Salons regelmäßig angeordnet, und der ganze Grundriß zielt auf eine perfekte axiale Symmetrie ab, ohne jedoch räumliche Integration im barocken Sinn anzustreben. Werfen wir einen Blick auf die Paläste des Cinquecento in Genua, so finden wir den gleichen Hang zur Regelmäßigkeit und eine überraschend reife Behandlung des Raumes. Das große Meisterwerk ist der Palazzo Doria-Tursi (Municipio) von Rocco Lurago (1564-1566). Hier wird ein weiträumiges Vestibül dem gestreckten Cortile mittels einer Freitreppe verbunden. Der Cortile ist hier nicht hinten geschlossen, sondern mit dem obenliegenden Garten durch eine großartige Treppe verbunden. Daraus ergibt sich eine starke Bewegung in die Tiefe, und die Längsachse wird der organisierende Faktor für den symmetrischen Grundriß. Der Salon liegt daher über dem Vestibül und wird von Nebentreppen flankiert. Der Palazzo Doria-Tursi stellt eine interessante Kombination von Palast und Villa dar. Nach der Straße zu erleben wir einen typischen Stadtpalast, aber das große Treppenhaus führte

zu einem Garten, von wo aus nur der obere Teil des Palastes sichtbar war, und schuf so einen intimeren Maßstab.[11] Die Lösung wird durch das abfallende Gelände bestimmt, aber der Wunsch nach räumlicher Kontinuität ist neu und vielversprechend. Das Thema wurde im Palazzo dell'Università (Abb. 197) von Bartolomeo Bianco (1634-1648) weiterentwickelt. Hier hat das Vestibül die gleiche Breite erhalten wie der Cortile (einschließlich der Loggien), und die große Treppe, die zu dem Garten hinaufführt, ist vollkommen transparent geworden. Die Masse des Palastes wird daher auf ein U reduziert und entspricht der Hauptform der obenerwähnten römischen Paläste. Die räumliche Kontinuität ist jedoch wesentlich stärker, und der Grundriß zeigt eine systematische Regelmäßigkeit, wie man sie kaum zu dieser Zeit in Rom findet. Die Wandgliederung der Genueser Paläste ist typisch manieristisch. Sie kombiniert einfache Renaissancearkaden und umfassende Experimente mit einer Verbindung von Rustika und Säulenordnungen.

Etwa aus der gleichen Zeit wie die Universität von Genua haben wir einige bedeutende Versuche, eine aktive Wechselwirkung zwischen dem Palast und seiner städtischen Umgebung herzustellen. 1627 erbaute Ricchino die Fassade des Collegio Elvetico (Abb. 198) in Mailand, wobei er den Mittelteil konkav machte. Gleichzeitig betonte er die allgemeine Kontinuität der Wand durch ein ungebrochenes, stark vorspringendes Sims und eine regelmäßige Wiederholung der Fensterumrahmungen. Der Bau »empfängt« so den Besucher; das ist der Außenraum, wie ihn Borromini zehn Jahre später mit seiner Fassade des Oratoriums beabsichtigte. Das Aufeinandertreffen von Außen und Innen auf der Hauptachse wird durch einen stark betonten Toreingang und einen konvexen Balkon markiert. Die überzeugende Lösung bestätigt, daß der bis jetzt nur wenig bekannte Ricchino als einer der Protagonisten der Architektur des Frühbarock angesehen werden muß.

1625 erhielt Maderno den Auftrag, den neuen Palazzo Barberini in Rom (Abb. 199-201) zu bauen. Eine erhaltene Zeichnung in den Uffizien zeigt, daß er zunächst einen großen breiten Block, umgeben von einem Arkaden-Cortile, zu bauen beabsichtigte. Der Plan von Rom aus dem Jahr 1625, von Paolo Maggi, zeigt solch einen quadratischen Block, aber mit vorspringenden Flügeln, welche die Fassade nach der Stadt hin einrahmen. Der fertige Palast hat auch, in der Tat, solch einen Ehrenhof. Zeichnungen, die auf uns gekommen sind, zeigen, daß über seine Grundform von Januar 1629 entschieden sein mußte, als Maderno starb und Bernini die Leitung des Baus übernahm.[12] Borromini diente beiden als Gehilfe, und es kann nicht geleugnet werden, daß sein

Einfluß auf den allgemeinen Plan möglich war. Während der Planungsarbeiten wurde der Cortile gestrichen, und so der Palast in ein H verwandelt. Ein solcher Plan war für einen römischen Stadtpalast völlig revolutionär, und der erste Entwurf beweist, daß Maderno ursprünglich beabsichtigte, einen Stadtpalast zu bauen. Das Baugrundstück lag jedoch zwischen Gärten an der Peripherie der eigentlichen Stadt, und das muß zu dem Gedanken geführt haben, den Palast in eine monumentale Villa suburbana zu verwandeln. Für eine solche gab es die verschiedensten Vorbilder; aber einen besonders fruchtbaren Typus hatte Peruzzi in seiner reizenden Villa Farnesina am Tiber (1509/10) verwirklicht.[13] Der Eingang zur Farnesina hat einen Ehrenhof und eine offene Loggia, während die Gartenfront eine einfache glatte Wand ist, mit einem Ausgang in der Mitte. Der daraus sich ergebende hufeisenförmige Grundriß sollte das Grundschema für die Villen und großen Residenzen des Spätbarock werden. Im Palazzo Barberini wurde das Thema übernommen und weiterentwickelt. Der Eingangsportikus ist drei Joche tief. Ihre Breite wird stufenweise reduziert, um eine starke Konzentration entlang der Hauptachse zu erzielen. In der Fassade wird diese Konzentration durch ein siebenjochiges Risalit ausgedrückt, das aus dreistöckig übereinandergestellten Arkaden besteht. Der Portikus führt in eine ovale Sala terrena, die sich auf eine lange Rampe hin öffnet, die in den Garten führt.[14]

Da der Garten höher liegt als der Eingangshof, ist er mittels einer Brücke auch mit einem anderen ovalen Raum im ersten Stock verbunden. Zwischen diesem ovalen Raum und der Hauptfassade finden wir den großartigen, durch zwei Stockwerke reichenden Salon des Palastes, symmetrisch auf die Hauptachse gelegt. Der Plan des Palazzo Barberini enthält daher nicht nur die erste echte Tiefenbewegung im Barock, sondern auch einen starken Hang zur Systematisierung und einer Disponierung des Grundrisses nach mehr praktischen Gesichtspunkten. Räumlich zeigt er eine stärkere dynamische Interpretation von Bewegung entlang einer Längsachse als irgendein französischer Palast des 17. Jhs. Das Motiv des tiefen, sich verengenden Portikus ist nie mehr wiederholt worden, obgleich der Grundriß im allgemeinen größte Bedeutung für die Entwicklung des Palastes im Spätbarock außerhalb Italiens haben sollte. In Italien jedoch blieb der Palazzo Barberini ein einmaliges Werk, das eine Synthese von Typen repräsentiert, die nicht den üblichen italienischen Bauformen entsprechen. Maderno, Bernini, Borromini und Pietro da Cortona, sie alle trugen dazu bei, den Palazzo Barberini zu einer einzigartigen Manifestation der Barockkunst zu machen; Cortona vor allem durch seine herrliche Decke im Großen Salon, die mit einem großen Fresko geschmückt ist, das die göttliche Vorsehung verherrlicht und den Barberini-Papst, Urban VIII. (1633-1639). »Die ganze architektonische Komposition ist in Bewegung, und die Figuren schießen zwischen dem gemalten Gesims, den nachgeahmten Karyatiden und den Wolken heraus. Dekoration ist keine Fabel mehr, sondern Gebet und Schauspiel.«[15] Bernini baute in den Palast ein offenes Treppenhaus mit vier Fluchten ein, das die großen Treppenhäuser der Paläste im Spätbarock ahnen ließ. Der Palazzo Barberini zeigt, wie eine starke Längsachse, die die Barockarchitektur eingeführt hat, das Grundmittel ist, um den Plan eines Baus und seine Beziehung zur städtischen Umwelt zu organisieren. In seinen späteren Profanbauten hat Bernini diese Generalabsicht weiter bewiesen. Der Bau des Palazzo di Montecitorio (Abb. 202, 203) für die Familie Pamphili wurde 1650 begonnen, aber 1655 unterbrochen, als der Bau bis zum ersten Stockwerk gediehen war. Vierzig Jahre später wurde der Palast von Carlo Fontana zu Ende geführt. Er veränderte den Entwurf für das Portal.[16] 1871 wurde der Palast Sitz des italienischen Parlaments, und später wurde eine große Versammlungshalle innerhalb des ehemaligen Cortile erbaut. Der Plan von Bernini zeigt eine symmetrische Anlage in Beziehung zu einer Hauptachse, die durch ein großes Eingangstor, ein weiträumiges Vestibül und einen U-förmigen Hof betont wird, den zwei gleiche Treppenaufgänge flankieren. Die Systematisierung, die im Palazzo Barberini begonnen hatte, war so weiterentwickelt worden. Die sehr lange Fassade wurde von einem Mittelrisalit beherrscht und an beiden Enden durch leichte Vorsprünge abgeschlossen. Die verschiedenen Abschnitte der Wand treffen sich in stumpfen Winkeln und schaffen damit die Wirkung einer großen vorstoßenden Masse. Wir sehen so, daß der Bau nicht länger als ein wohlproportionierter Block gedacht war, wie der Palazzo Farnese, sondern durch die allgemeine Stadtsituation bestimmt wird. Das Erdgeschoß wird durch Rustika und naturalistische Felsbildungen an beiden Enden als Basis gekennzeichnet, während die beiden Stockwerke darüber durch hohe Pilaster zusammengebunden sind, die auch dazu dienen, die fünf Wandeinheiten zu bestimmen. Die Mittelachse sollte durch ein Tor, flankiert von Atlanten, die den Balkon eines großen Fensters im ersten Stock trugen, betont werden. Die einfache und starke Monumentalität von Berninis Lösung wurde von entscheidender Bedeutung für die Paläste des Spätbarock.

Im Palazzo Chigi-Odescalchi (1664-1667; Abb. 204) kam Bernini zu einer weiteren Klärung seiner Gedanken. Der Bau war von Maderno, dem Erbauer des Cortile, begonnen worden. Bernini fügte eine neue Front hinzu, die man als die Barockfassade par excellence betrachten kann. Zwischen zwei Rustikaflügel hat er einen Mittelrisalit von unvergleichlicher Großartigkeit gestellt. Wieder finden wir eine Kolossalordnung, die sich über einem einfachen Erdgeschoß erhebt, aber hier schaffen die Pilaster im Wechsel mit reich ornamentierten Fenstern einen regelmäßigen Rhythmus. Der Risalit ist durch ein stark vorspringendes Gesims und durch eine Balustrade betont, die Statuen hätte tragen sollen. Die Gliederung drückt überzeugend den geschlossenen Charakter des Erdgeschosses aus, die festliche Offenheit des Piano nobile und die intime Privatatmosphäre des Oberstocks. Im ganzen repräsentiert die Fassade eine echte Barockinterpretation von Serlios Konzept der »Opera di mano«, die sich selbstbehauptend über die «Opera di natura« erhebt. Unglücklicherweise wurde die Fassade 1745 stark verlängert und verlor hierdurch ihre klare Organisation bezüglich der beherrschenden Mittelachse.

Die Paläste von Borromini zeigen einen starken Wunsch nach räumlicher Systematisierung wie auch nach plastischer Integration in der Horizontalen und Vertikalen. Seine Bemühungen gipfelten in den Entwürfen für den Louvre (Abb. 205-210) in Paris (1664-1665). 1664 war Colbert gerade zum »Surintendant des Bâtiments du Roi« ernannt worden und hatte sich entschlossen, Rat von italienischen Architekten einzuholen, da er nicht mit den Plänen von Le Vau einverstanden war. Sein ursprünglicher Gedanke war, Pläne von Bernini, Cortona, Rainaldi und Borromini zu erhalten, aber letzterer lehnte die Teilnahme ab. Das Interesse des Franzosen konzentrierte sich sehr rasch auf Bernini, und die Entwürfe von Cortona und Rainaldi fanden kaum Beachtung. Ehe er im April 1665 nach Paris ging, hatte Bernini zwei Entwürfe eingereicht. Während seines sechsmonatigen Aufenthaltes dort arbeitete er einen dritten aus, zu dem der Grundstein am 17. Oktober 1665 gelegt wurde, drei Tage bevor Bernini Frankreich verließ.[17] Im folgenden Jahr jedoch wandte sich das Interesse des Königs dem Umbau von Versailles zu, und das große Projekt wurde aufgegeben. 1667 wurde die berühmte Ostfassade nach dem Entwurf von François d'Orbay gebaut (Abb. 280, 281).[18] Da er die bestehenden Bauteile eingliedern mußte, zeigen die Entwürfe Berninis eine ähnliche Anlage rund um den großen Hof des Palastes. Im ersten Entwurf konzentrierte er sich hauptsächlich auf den Entwurf des fehlenden Ostabschnittes, während der dritte Entwurf ein beträchtlich vergrößertes Schema zeigt, in dem die bestehenden Bauteile rund um den Hof hinter zweistöckigen Loggien versteckt sind; kleinere Höfe sind im Osten und Westen hinzugefügt worden. Architektonisch ist der erste Entwurf eine wirklich radikale Erfindung. Die Hauptfront kann im Grunde als eine Weiterentwicklung des Schemas der Cour d'honneur (des

200. Rom, Palazzo Barberini,
Grundriß.
201. Rom, Palazzo Barberini,
Schema.

Ehrenhofes) im Palazzo Barberini intepretiert werden. Hier sind die vorspringenden Flügel mit dem Mittelrisalit durch konkave zweistöckige Loggien verbunden, und der Risalit selbst ist eine konvex vorstoßende Masse, betont durch ein hohes Dachgeschoß, das dem großen ovalen Vestibül Höhe gibt.[19] Das Resultat ist eine stark gegliederte schwingende Fassade, deren Bewegung durch ein fortlaufendes Gesims und eine beherrschende Kolossalordnung von Halbsäulen, die von Halbpilastern flankiert werden, zusammengefaßt wird.[20] Die konkaven Arme und der vorspringende, aber transparente Mittelbau ergeben ein unübertroffenes Gefühl der Wechselwirkung zwischen Innen- und Außenraum, und die meisterhafte Gliederung erzeugt den Eindruck wundervoller Großartigkeit. Zwei Treppenhäuser sind in die Ecken des Hofes eingegliedert, das eine quadratisch, das andere rund, und wiederholen die Gedanken des Palazzo Barberini. Der Entwurf bleibt eine der größten Leistungen der Architektur des 17. Jhs.; er war seiner Aufgabe würdig. In seinem ersten Entwurf zum Louvre hat Bernini gezeigt, wie räumliche Wechselwirkung geschaffen werden konnte, indem man einfache Volumina nebeneinanderstellte, und er bewies, daß eine der überzeugendsten Interpretationen barocker Grundgedanken in der klaren Darlegung eines großen Themas lag.

Die Ostfassade des zweiten Entwurfs variiert die Lösung der ersten, indem sie den Mittelrisalit konkav macht. Die Loggien werden aufgegeben und ein drittes Stockwerk hinzugefügt, indem man die Kolossalordnung über das Rustika-Erdgeschoß legt. Räumlich ist diese Lösung weniger überzeugend, da die Bewegung der Front keiner klaren Wechselwirkung der Volumina entspricht. Die Neigung zu einer gewissen Vereinfachung ist klar ersichtlich, eine Tendenz, die zu der geraden Fassade des dritten Entwurfs führte, wo die dreistöckige Anlage beibehalten ist und die ganze Lösung als eine monumentale Variation des Themas des Palazzo Chigi-Odescalchi angesehen werden kann. So wird der Hauptrisalit durch Säulen betont, die zur Mitte hin enger gestellt sind. Im allgemeinen hat die Fassade einen geschlossenen Charakter, während die gegenüberliegende Westfront eigentlich einen weiteren Risalit mit offenen Loggien auf beiden oberen Stockwerken hätte haben sollen. Die Lösung des Hofes ist einer der interessantesten Aspekte des Entwurfs. Indem er das dritte Stockwerk auf der Innenseite wegfallen ließ, konnte Bernini eine Wand nur zwei Drittel hoch machen. Dadurch erzielte er einen hellerleuchteten Raum von ausgezeichneten Proportionen, der sicherlich einer der herrlichsten Höfe, die es gibt, hätte werden können. Wie wir schon erwähnten, wurde sein Entwurf aus praktischen Gründen kritisiert, und der Hauptgrund, warum er nie ausgeführt wurde,

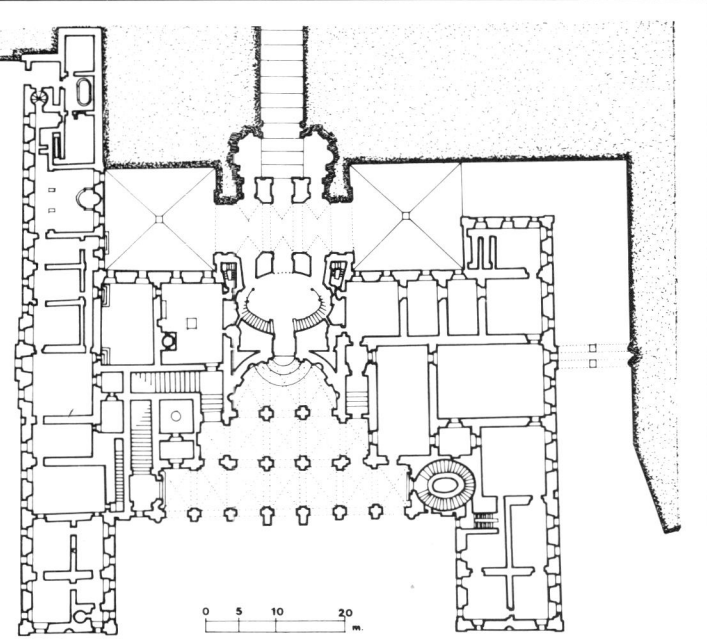

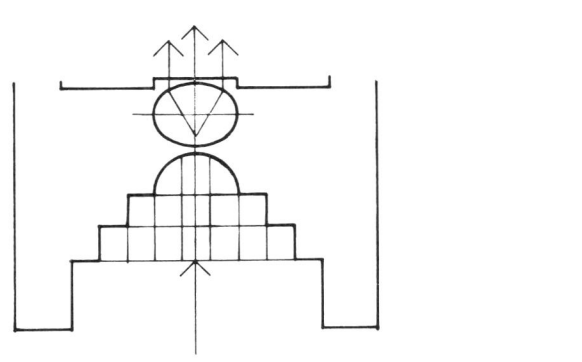

151

202. Rom, Giovanni Lorenzo
Bernini, Palazzo di Montecitorio.
Stich.

203. Rom, Palazzo di
Montecitorio.

204. Rom, Giovanni Lorenzo
Bernini, Palazzo Chigi-Odescalchi,
Fassade. Stich von Specchi.

liegt gewiß darin, daß er dem französischen Geschmack und der französischen Lebensart nicht entsprach. »Paris wurde die zweifelhafte Ehre erspart, innerhalb seiner Mauern den monumentalsten römischen Palazzo, der je entworfen wurde, zu besitzen. So großartig Berninis Entwurf war, der riesige, nüchterne Klotz hätte für immer als ein fremdartiges Gewächs in der strengen Atmosphäre von Paris gestanden. In Rom kann man den Würfel des Palazzo Farnese, den Vorgänger von Berninis Entwurf, mit dem Solopart in einem Chor vergleichen. In Paris hätte Berninis überwältigender Louvre keine Resonanz gehabt: Er hätte einen fast düsteren Schatten über die Heiterkeit der Stadt geworfen.«[21] Die vorhandenen Partien des Louvre bestanden aus einer langen Reihe von Räumen, die ihr Licht von beiden Seiten empfingen, ein »appartement simple«. Bernini hingegen fügte Loggien rund um den Hof hinzu und schuf so ein »appartement semi-double«. Rainaldi und Cortona hielten sich enger an den Plan von Le Vau, der einen neuen Doppelflügel nach Osten vorsah. Ihre Entwürfe sind daher hauptsächlich wegen der Wandgliederung von Interesse.[22] Rainaldis Entwurf für die Hauptfassade bezeugt seine Liebe zur Säule. Die drei hohen Risalite des Aufrisses sind, in der Tat, mit übereinandergestellten Doppelsäulen geschmückt. Die niedrigen Wände zwischen den Risaliten haben eine Kolossalordnung aus einzelnen Pilastern und ein Dachgeschoß. Der ganze Entwurf hat einen gezwungenen und überladenen Charakter, der mit der einfachen Monumentalität von Berninis Entwürfen kontrastiert. Ein besonderer Zug muß jedoch erwähnt werden: Die Risalite enden in turmähnlichen Strukturen, die naturalistische Imitationen von Königskronen tragen. Mit dieser Lösung »kann Rainaldi beabsichtigt haben, dem Gedanken des göttlichen Ursprungs der Autorität der absoluten Monarchie beredten Ausdruck zu geben, ein Ursprung, aus dem sie Prestige und Würde bezog.«[23] Der Palast, den Cortona entwarf, wird gleichfalls von einer hohen Kuppel beherrscht, die einer geschlossenen Krone gleicht. Wenn wir uns an die ovale Attika von Berninis erstem Entwurf erinnern, könnte man sich einbilden, daß das Programm eine «Krone» vorsah.[24] Auch Cortona kämpfte mit Schwierigkeiten, um dem großen Bau Kraft und Einheit zu geben. So zeigt seine Hauptfassade eine ziemlich unproportionierte Addition von einander übergelagerten Elementen. Dem breiten Risalit in der Mitte gelingt es zu einem gewissen Grad, das Ganze zusammenzuhalten. Die gegenüberliegende Front nach den Tuilerien zu ist interessanter.[25] Eine breite ovale Masse stößt in den Garten vor. Niedrige Flügel auf beiden Seiten sind hinzugefügt und mit dem Mittelvolumen und den Seitengalerien, die zu den Tuilerien führen, durch interessante, unbestimmte Übergangsjoche verbunden, die uns an die

205. Giovanni Lorenzo Bernini, erster Entwurf für den Louvre, Hauptansicht. Paris, Louvre.

206. Giovanni Lorenzo Bernini, zweiter Entwurf für den Louvre, Gesamtgrundriß. Paris, Louvre.

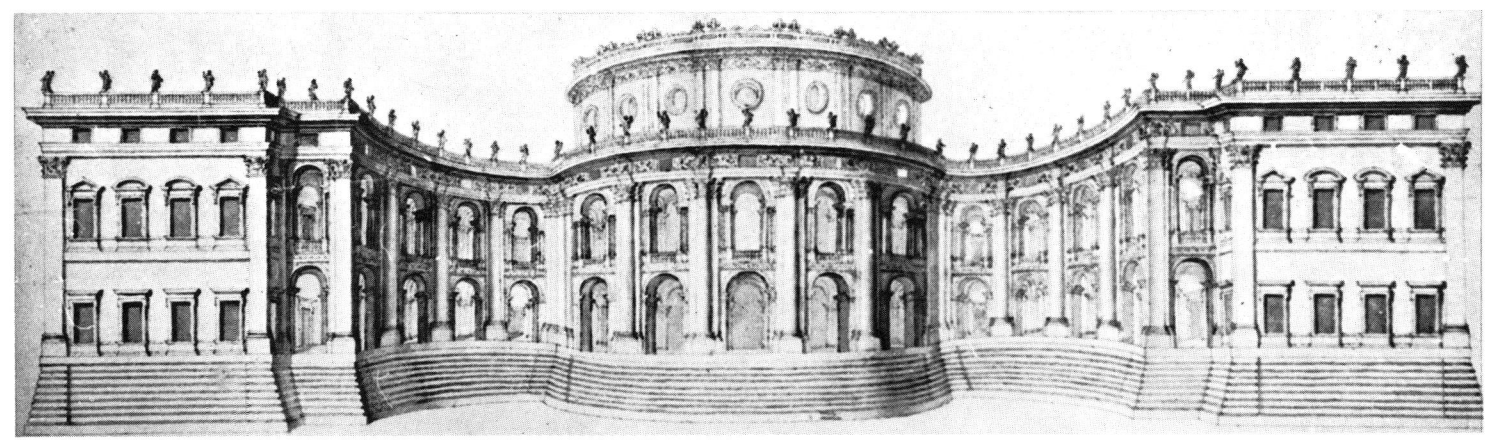

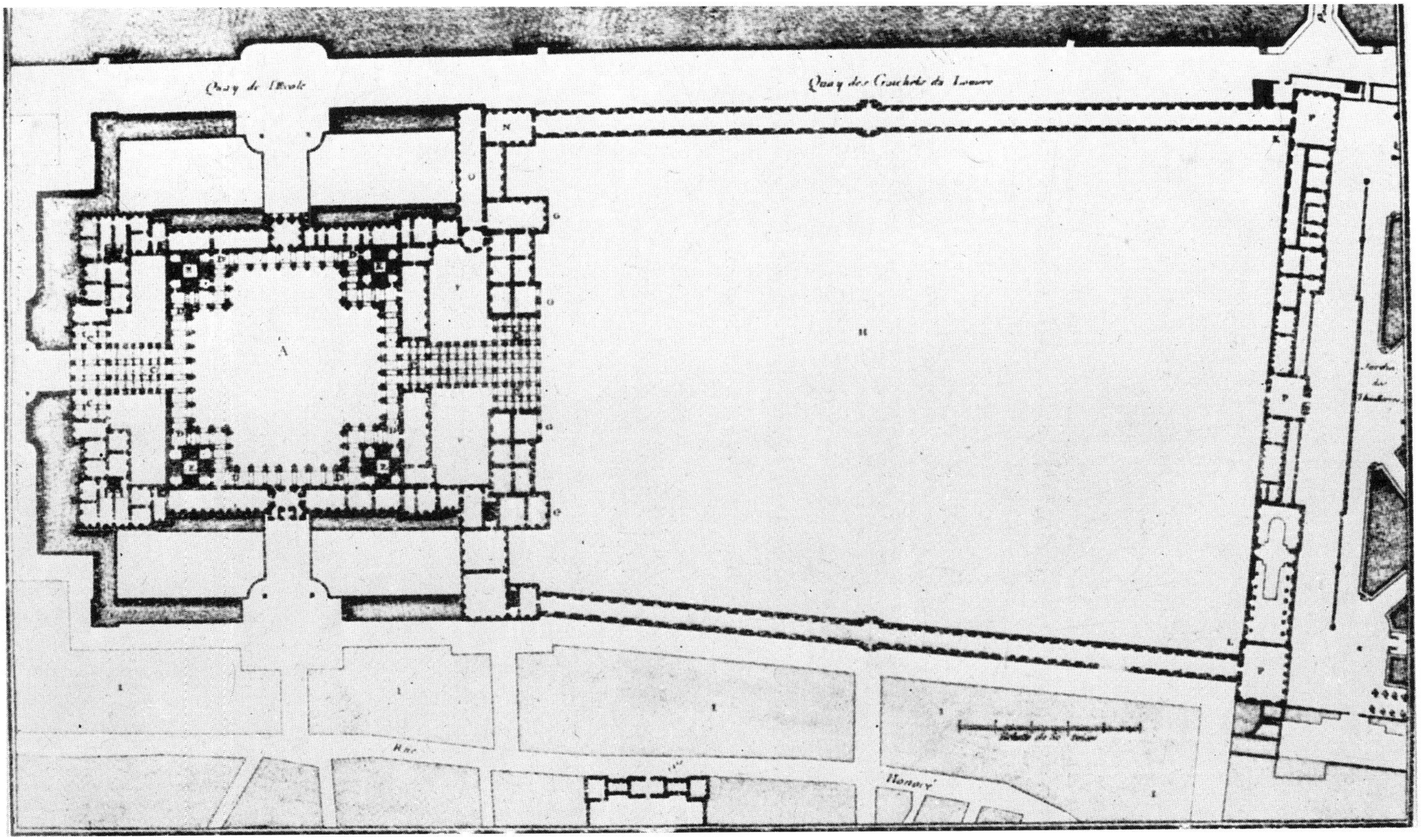

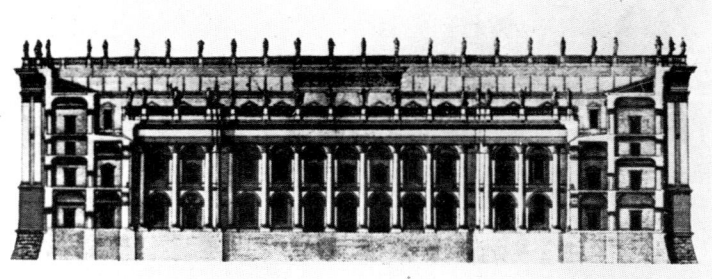

geniale Lösung von S. Maria della Pace denken lassen. Die Wandgliederung zeigt Cortonas Interesse an einem reichen Spiel von
Licht und Schatten. Im allgemeinen stellt das Projekt eine interessante Synthese des französischen Pavillonsystems und der italienischen Art der Behandlung von plastischen Volumina dar, eine Synthese, die gewisse Bauten von Fischer von Erlach und von
Hildebrandt vorausnimmt. Zur gleichen Zeit entwarf Cortona einen Chigi-Palast an der Piazza Colonna in Rom, der nie gebaut
wurde. Die Frontlösung ähnelt dem unteren Teil von Borrominis
S. Agnese an der Piazza Navona ebenso wie Berninis erstem Entwurf für den Louvre. Die Kolossalordnung erhebt sich über einem Rustika-Erdgeschoß, in das ein großer Brunnen mit Figuren
und künstlichen Felsen eingebaut ist, ein Gedanke, der in der
Fontana di Trevi von Nicola Salvi fast siebzig Jahre später verwirklicht wurde. Cortonas Entwurf zeigt, wie gewisse Grundmotive
Teil eines allgemeinen »Wortschatzes« wurden, wie die konkave
Nische mit einer Gegenbewegung in der Mitte und die Kolossalordnung über einer Rustikabasis.

Borromini trug auch wesentlich zu der Entwicklung des hochba-
rocken Wortschatzes bei. Wenn er auch niemals Gelegenheit hatte, einen vollständigen Profanpalast zu bauen, so geben seine Re-
konstruktionspläne und Entwürfe für Kirchenpaläste doch einen
guten Aufschluß über seine Absichten.

Zwischen 1635 und 1650 bereitete Borromini verschiedene Entwürfe für den Umbau des Palazzo Carpegna in Rom vor.[26] Der
vollständigste seiner Pläne (Abb. 212) zeigt eine sehr interessante
Raumkomposition. Entlang einer Längsachse, die durch den ganzen Palast verläuft, liegt eine Reihe von einheitlichen Räumen, die
eine großartige Bewegung in die Tiefe schafft. Die Längsachse
wird von einer Querachse geschnitten, die dem ganzen Palast eine
bi-axiale Organisation gibt. Der Mittelpunkt wird durch einen
großen, ovalen Cortile markiert. Wir sehen wieder, wie Borromini
den Raum als Ausgangspunkt nimmt und hierdurch zu Lösungen
kommt, die einheitlicher und dynamischer sind als die seiner Zeit-

genossen. Zur gleichen Zeit machte Borromini einige Studien für
den Palazzo Pamphili an der Piazza Navona (Abb. 213, 214), den
Girolamo Rainaldi erbaut hatte (1650). Borrominis Schema zeigt
wieder einen quasiovalen Cortile mit Vestibülen auf der kürzeren
Achse und gibt so dem Palast eine bi-axiale Ordnung. Seine Fassade hat einen stark betonten Mittelrisalit, der von einem hohen,
durchsichtigen Belvedere bekrönt wird. Die vertikale Integration
wird durch Kolossalordnungen gewährleistet, die alle vier Stockwerke umfassen. Im allgemeinen ist dieser Entwurf das Fort-
schrittlichste, das man bis dahin kannte. Borrominis bedeutendste
Bauwerke jedoch sind seine Kirchenpaläste, die Casa dei Filippini

211. Pietro da Cortona, Entwurf
der Gartenfassade des Louvre.
Paris, Louvre.
212. Rom, Francesco Borromini,
Palazzo Carpegna, Grundriß.
Wien, Albertina.

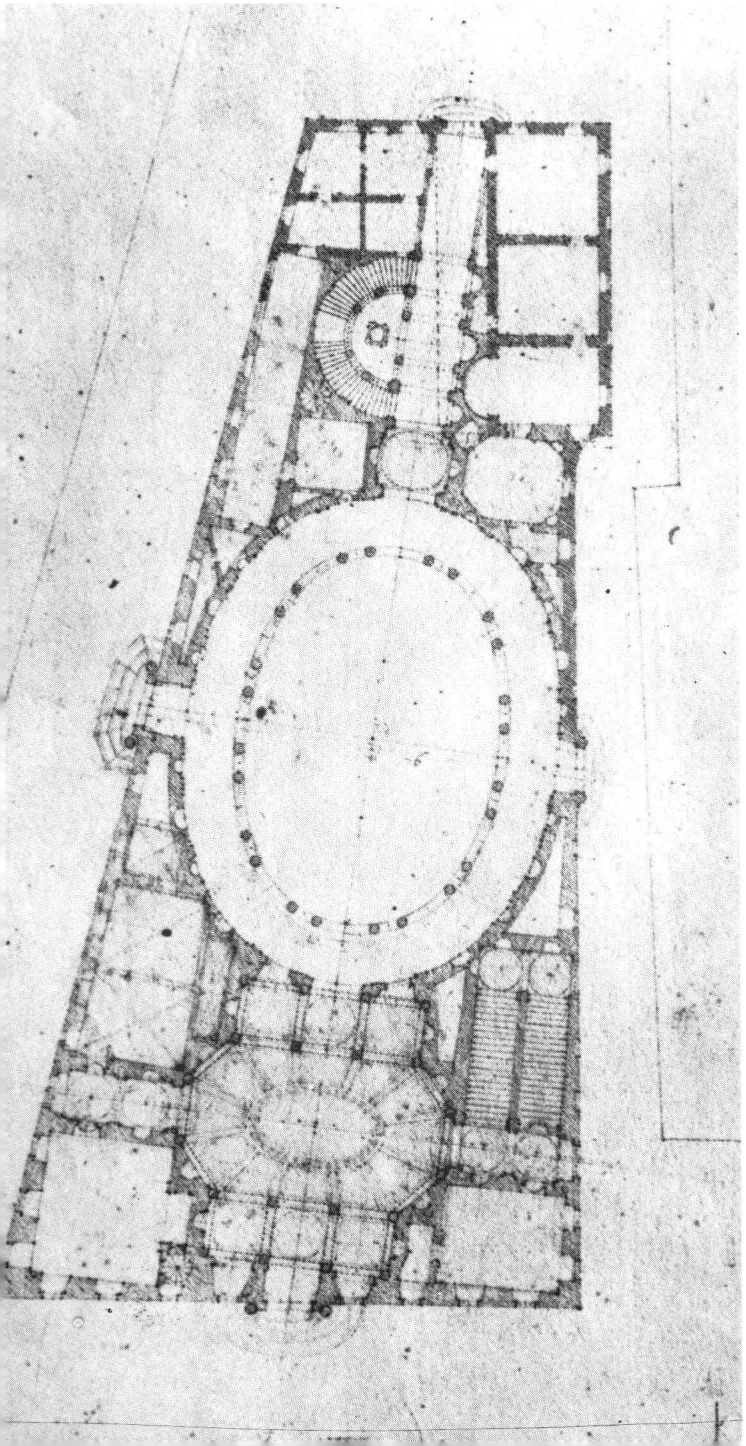

(1637) und das Collegio di Propaganda Fide (1647-1664; Abb. 215, 216).[27] Wir haben schon den klaren und systematischen Aufbau der Casa dei Filippini und Borrominis Versuch, eine Übereinstimmung zwischen der inneren Anlage und der äußeren Gliederung zu schaffen, erwähnt. Das unregelmäßige Baugrundstück des Propaganda-Fide-Palastes und bestehende Bauten an zwei Seiten erlaubten keine Entwicklung eines regelmäßigen Plans, aber die äußere Gliederung beweist die Meisterschaft, die Borromini seit dem Bau des Oratoriums erreicht hatte. Der Propaganda-Fide-Palast ist in der Tat seine höchste Leistung und ein einzigartiges Werk in der Geschichte der Barockarchitektur. Der große Block wird durch abgerundete Ecken als eine einheitliche Masse charakterisiert. Die Ecke an der Via di Propaganda und Via Capo le Case ist ein Meisterstück plastischer Gliederung. Die Kontinuität der umfassenden Wand wird durch Friese, die um die Ecke herumgreifen, betont, während jede Wand gleichzeitig durch flache Pilaster bestimmt wird. Besser als die meisten Beispiele zeigt dies, daß Gliederung gleichzeitig Trennung und Verbindung bedeutet. Die Hauptfassade an der Via di Propaganda ist ein außerordentliches Werk. Ungeheure Pilaster schließen die nüchterne Wand zusammen. In der Mitte und an den Enden sind sie schräggestellt, als ob der ganze Bau unter dem Druck langsamer, aber unwiderstehlicher Kräfte sich veränderte. Zwischen den Pilastern brechen große plastische Ädikulen durch. Die ganze Fassade ist eine Studie über Druck und Ausdehnung und erklärt besser als jedes andere Werk dieser Zeit die Rolle der Wand als Treffpunkt von inneren und äußeren Kräften. Die Fensterumrahmungen sind dorisch, jedoch ein Dorisch, das Blumen enthält, Girlanden und Palmzweige. Die Kapitelle des Hauptpilasters stammen sowohl von Triglyphen als auch dem ionischen Kyma und tragen ein Sims auf breiten Konsolen, anstatt eines normalen Hauptgesimses. Trotz ihrer Nüchternheit zeigt die Fassade eine einzigartige Synthese von Charakterzügen.

Einen ähnlich synthetischen Charakter finden wir in dem Bau, der den Höhepunkt der italienischen Palastarchitektur im 17. Jh. darstellt, in Guarinis Palazzo Carignano in Turin (1679-1685; Abb. 217-221). Der Palast wurde als Residenz für den Fürsten Carignano erbaut und 1860 Sitz des ersten italienischen Parlaments. Guarini baut auf einem U auf,[28] aber dieses wohlbekannte Schema erhält dank der Behandlung des Mittelteils des Baus eine neue Interpretation. Wir finden hier eine große ovale »Rotunde«, die in einem Tambour ohne Kuppel endet und konvex auf beiden Seiten des Palastes vorspringt.[29] Im Erdgeschoß dient sie so als Vestibül, das alle Bewegungen innerhalb des Palastes zusammenfaßt, und gleichzeitig als Dreizack, der in den Hof

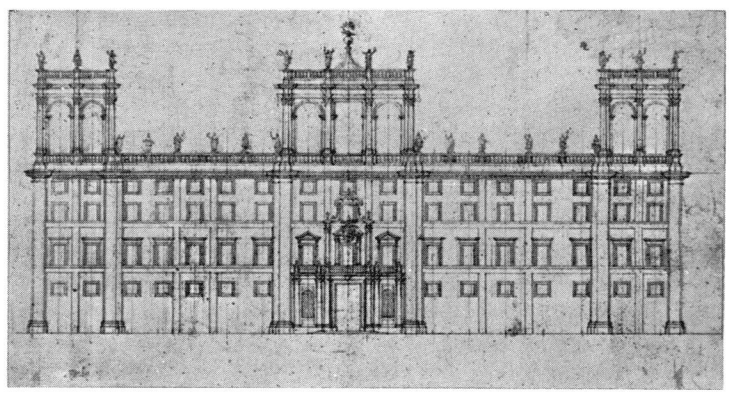

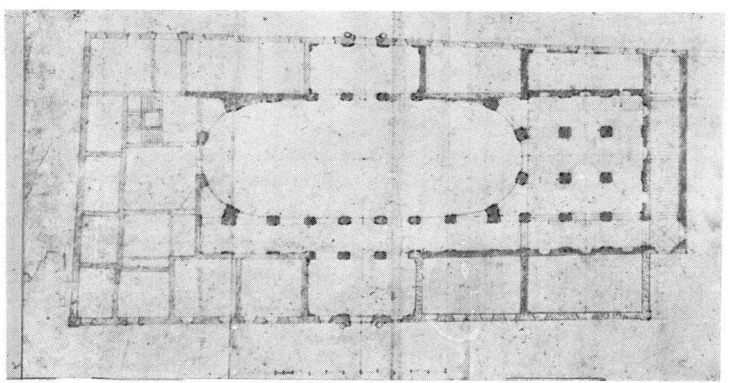

ausstrahlt. Im Piano nobile liegt der Hauptsaal mit einer Hänge-kuppel innerhalb des hohen Tambours. Zwischen der ovalen Masse und der Hauptfassade verbinden gekurvte Treppenaufgänge die beiden Etagen. Die Fassade steht in Beziehung zu den Innenräumen und bildet doch gleichzeitig eine ständig schwingende Umhüllung. Das Zentrum der konvexen Mitte ist eingesunken, um eine konvexe zweistöckige Ädikula aufzunehmen, eine Variation von Borrominis Propaganda-Fide-Palast. Die Gliederung basiert auf zwei übereinandergestellten Kolossalordnungen: die untere surrealistisch dorisch, die obere ebenso frei korinthisch. Die surrealistische Dekoration erreicht ihren Höhepunkt auf der Hoffassade, die durch mit Sternen besetzte Pilasterstreifen gegliedert ist. Im allgemeinen hat der Palazzo Carignano eine echte plastische Monumentalität, und die gegenseitige Abhängigkeit der Raumeinheiten ist eine einzigartige Leistung der Palastarchitektur des 17. Jhs. In einem anderen Projekt, dem sogenannten »Palazzo Francese« (Abb. 222), wandte Guarini das Prinzip des pulsierenden Nebeneinander auf den Palast an und schuf eine ständig schwingende Bewegung rund um den Cortile. Bedauerlicherweise wurde der Gedanke nie wieder auf einen großen Profanbau angewandt.[30]

Château und Hôtel in Frankreich

Die großen französischen Wohnbauten des 17. Jhs. haben ganz andere Wurzeln als der italienische Palazzo. Statt auf der römischen Insula basierte das Hôtel auf mittelalterlichen Prototypen, die aus einer Serie von Einheiten bestanden, die um einen geräumigen Hof angeordnet waren (Abb. 238). Wir finden dieses Muster auf den Landsitzen wie auch in den großen Stadthäusern, wie dem Hause Jacques-Cœur in Bourges (1445-1451). Es gab gewisse Tendenzen zu einer regelmäßigeren Anlage, insbesondere der Anlage der Haupthalle gegenüber dem Eingang, wodurch der Hof eine Art von Achse erhielt und gleichzeitig eine Art von intimer Privatatmosphäre geschaffen wurde, die der italienische Palazzo nicht kennt. Im allgemeinen kann man das Hôtel als »Anpassung, Übertragung der Burg oder des feudalen Landhauses des Adligen in die Stadt« ansehen.[31] Die unterschiedliche Genese macht den italienischen und den französischen Palast zu Umkehrungen voneinander. Im italienischen Palast ist der Hauptteil des Gebäudes der Öffentlichkeit zugewandt, wohingegen der Cortile privat ist. In dem französischen Hôtel »öffnet« sich die Cour d'honneur dem davorliegenden städtischen Raum, während das Corps-de-logis, der Wohnteil, zurücktritt und privat ist. Damit werden verschiedenartige Lebensformen und soziale Strukturen ausgedrückt. Die Bewohner des italienischen Palazzo können von ihrer Wohnung aus das bürgerliche Leben verfolgen; sie nehmen

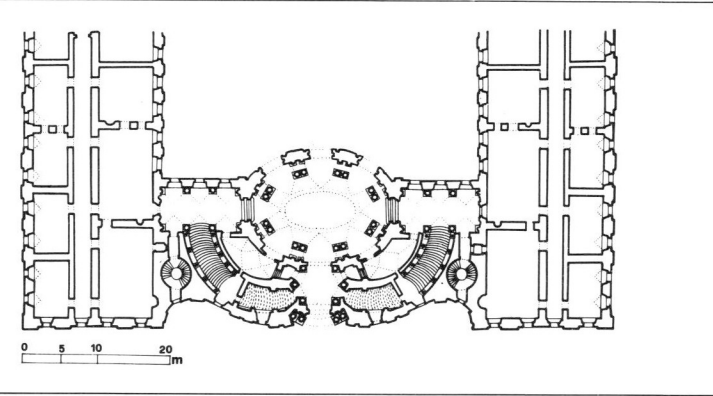

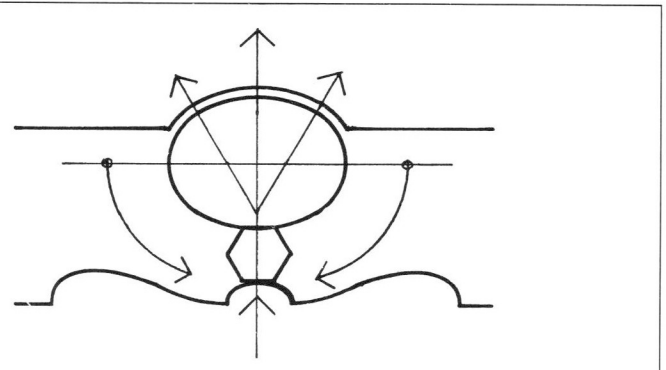

221. *Turin, Palazzo Carignano,*
Atrium.
222. *Guarino Guarini, Grundriß*
eines französischen Palastes.
Aus Architettura Civile, Tafel 23.

223. *Salomon de Brosse, Château*
de Coulommiers, Schnitt und
Aufriß. Stich von Marot.
224. *Château de Coulommiers,*
Grundriß. Stich von Marot.

225. *Paris, Salomon de Brosse,*
Palais du Luxembourg, Grundriß.
226. *Paris, Palais du Luxembourg,*
Schema.
227. *Paris, Palais du Luxembourg.*
Stich aus dem 17. Jh.
228. *Paris, Palais du Luxembourg.*

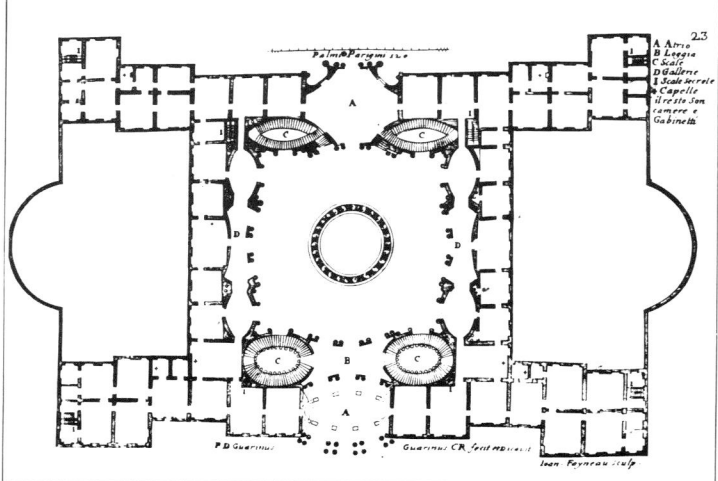

daran teil,[32] aber sie behalten ihre individuelle Identität, die durch die geschlossene blockartige Struktur und den zentralisierten Cortile symbolisiert wird. Die Bewohner des Hôtel nehmen nicht am bürgerlichen Milieu teil, sondern sind dem beherrschten Raum unterworfen, auf den sich ihr Hof öffnet, und sie werden Teile des allgemeinen »Systems«. Im 16. Jh. tendierten die Grundrisse unter dem Einfluß der Renaissancekonzepte zu einer stärker betonten Geometrisierung. Diese Tendenz ist in Chambord (1519-1550) klar ersichtlich.[33] Dort wurde eine mittelalterliche Burg in ein System gebracht und ein Organismus geschaffen, dessen allgemeine Anlage überraschend nahe an die der ersten Paläste des 17. Jhs. kommt, wie dem Palais du Luxembourg (Abb. 225-228). Revolutionärer als Chambord ist jedoch das Château de Bury (1511-1524), dessen U-förmiger Grundriß das Corps-de-logis in der Mitte und Nebenräume auf den beiden Seiten vorsieht. Das U wird durch eine niedrigere Mauer mit Arkaden auf der Innenseite und einem Tor in der Mitte geschlossen. Das Corps-de-logis öffnet sich durch ein Mitteltor zum Garten. So ist eine klar definierte Längsachse geschaffen.

Um die weitere Entwicklung des U-Planes zu erklären, nennen wir das Château de Villandry (1532), das einen vollentwickelten Ehrenhof hat, und das herrliche Château d'Anet von Philibert de l'Orme (1547-1552),[34] wo die Längsachse durch ein monumentales Tor betont wird und einen hohen Risalit in der Mitte des Corps-de-logis, das durch übereinandergestellte dorische, ionische und korinthische Säulen gegliedert ist. In seinem eigenen Hause in Paris wandte de l'Orme den U-Grundriß auf eine einfache Stadtwohnung an. Der Hof mußte durch einen Querflügel mit einer zweistöckigen Fassade zur Straße hin und einem betonten Tor in der Mitte geschlossen werden. Das Zentrum des Corps-de-logis wurde von einer Kapelle aufgenommen, deren Apsis konvex in den Garten vorstieß.[35] Trotz so vieler manieristischer Züge war Philibert de l'Orme der Initiator der klassischen französischen Architektur. In seinem Buch »Architecture« legte er viele bedenkenswerte Ideen vor, wie die Anwendung der Kolossalordnung auf ein Haus. Diesen Gedanken übernahmen Jean de Bullant beim Château d'Ecouen (um 1560) und Baptiste Du Cerceau im Ehrenhof des Hôtel Lamoignon in Paris (1584), dessen manieristische Gliederung die Erfindungen seines Vaters, Jacques Androuet Du Cerceau, widerspiegelt. 1665 entwarf Du Cerceau d. Ä. das Château du Verneuil über einem U-Grundriß und führte ein rundes, überkuppeltes Vestibül in der Mitte der umschließenden Blindmauer ein.

Der Mann, der alle diese Gedanken zu dem vereinen sollte, was man den französischen Frühbarock nennen kann, war Salomon

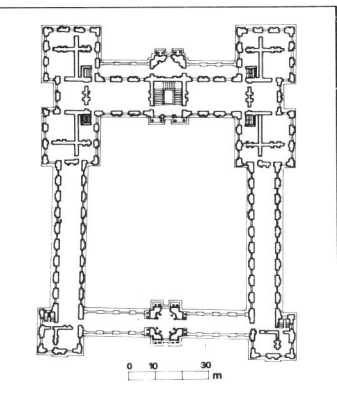

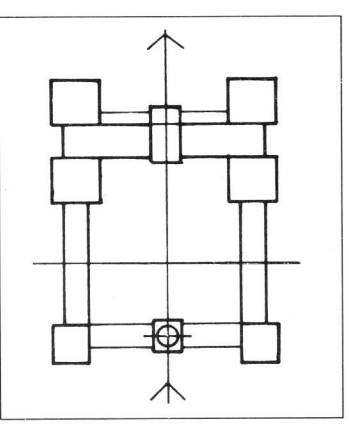

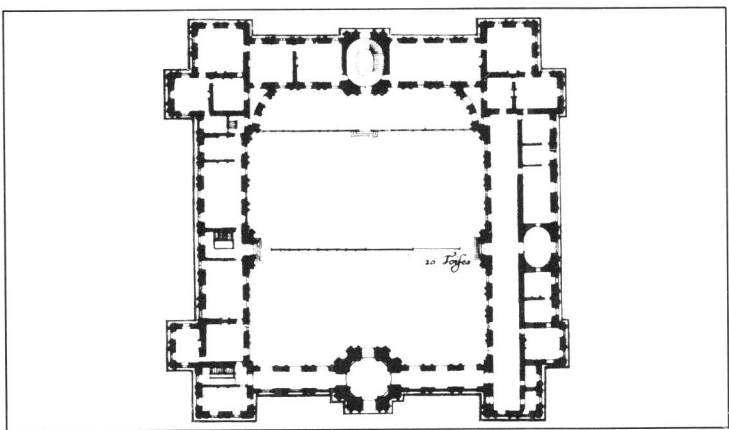

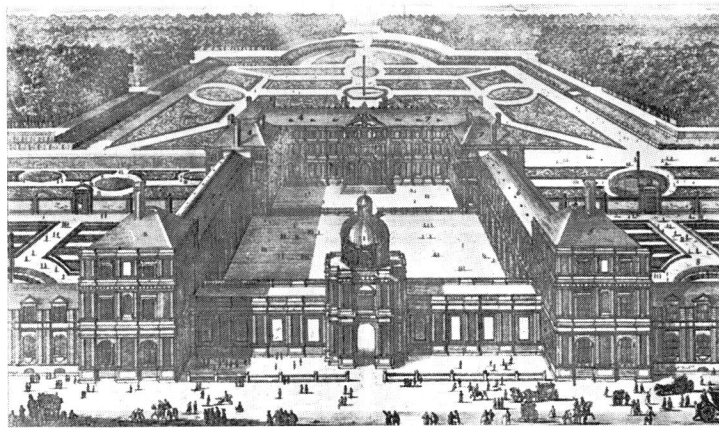

229. Rennes, Salomon de Brosse, *Palais de Justice.*
230. *François Mansart, Château de Berny, Vedute des Schlosses. Stich von Perelle.*

de Brosse. Im zweiten Jahrzehnt des 17. Jhs. erbaute de Brosse drei große Paläste, das Château de Coulommiers (1613), das Château de Blérancourt (1614-1619) und das Palais du Luxembourg in Paris (1615-1624). Das Château de Coulommiers (Abb. 223, 224) hält sich am meisten an die Tradition, denn es hat einen U-Grundriß und eine einstöckige Blindmauer mit einem großen überkuppelten Vestibül, das die vierte Seite abschließt.[36] Während das U zweistöckig ist, sind die Ecken durch dreistöckige, turmähnliche Pavillons markiert. Die Gliederung zeigt jedoch einen ausgesprochenen Wunsch nach Einheit und Integration. Das ganze Äußere ist umhüllt von einem fortlaufenden System gekoppelter Rustika-Pilaster. Die Hauptachse wird durch die Einführung von Halbsäulen am Vestibül sowie am »ressaut« (Risalit) des Wohnhauses betont, das ein ovales Treppenhaus enthält. Der Hof ist ebenfalls durch gekoppelte Halbsäulen gegliedert. Er ist bi-axial angelegt, und gekurvte Wandabschnitte treffen auf die Flügel des Wohnhauses. Das Château de Coulommiers ist so eine sensitiv ausgewogene Komposition, bei der die individuellen Volumina getrennt sind, während sie gleichzeitig durch eine ständig fortlaufende begrenzende Oberfläche geeint werden. Der Hof ist abwechslungsreich und trägt zu der Bedeutung des äußeren Wandsystems bei, indem er eine gesteigerte »Offenheit« ausdrückt. Seine Umfassungsmauer bildet einen ausdrucksvollen Kontrast zu der Längsachse. Das Château de Blérancourt hat keine Flügel, sondern ist auf das Corps-de-logis beschränkt. Der Grundriß wird eine Art von H, und der Bau als Ganzes entfaltet eine Wechselwirkung mit dem Außenraum, daß man ihn mit dem Palazzo Barberini in Rom vergleichen kann. Anders als italienische Palazzi hat Blérancourt ausgesprochene, quadratische Eckpavillons mit massigen Dächern und bekrönenden Laternen. Einheit wird jedoch durch eine fortlaufende, aber mannigfaltige Wandgliederung erreicht, die drei übereinanderstehende Säulenordnungen benutzt. Die Eckpavillons sind in zwei Joche geteilt, um ihre formale Unabhängigkeit zu reduzieren, während der dreiteilige Mittelrisalit durch einen Segmentziergiebel betont ist. Als Ganzes ist das Château de Blérancourt ein sehr überzeugendes Werk, das barockes Gefühl für Raum und Volumen mit einer einfachen und verfeinerten Gliederung verbindet, die zum Hauptcharakteristikum der französischen klassischen Architektur werden sollte.
Das dritte von de Brosses Schlössern, das Palais du Luxembourg (Abb. 225-228) in Paris, kombiniert die Pläne von Coulommiers und Blérancourt. Ursprünglich für Maria von Medici gebaut, wurde es 1642 die Residenz von Gaston d'Orléans (»Palais d'Orléans«).[37] Der Palast hat ein Corps-de-logis mit Eckpavillons ähnlich wie Blérancourt und Flügel sowie ein überkuppeltes Ve-

231. François Mansart, Château
de Blois, Orléans-Flügel.

232. François Mansart, Château
de Maisons, Eingangsseite.
Stich von Perelle.

233. Château de Maisons,
Gartenseite. Stich von Perelle.

234. *Château de Maisons,*
Gartenseite.
235. *Château de Maisons, Schema.*

236. *Louis Le Vau, Château de*
Raincy, Grundriß.
237. *Château de Raincy, Vedute.*
Stich von Perelle.

stibül ähnlich wie Coulommiers. Die fortlaufende Gliederung besteht in gekoppelten Rustika-Pilastern; Säulen dienen nur zur Betonung der Haupteingänge. Die Eckpavillons enthalten auf jedem Stockwerk vollständige Appartements, eine Lösung, die einen wichtigen Schritt hin zu den funktionell geplanten Appartements des späten 17. Jhs. darstellt.[38] Die Einheit, bestehend aus einem großen Raum, zwei kleinen Räumen und einer Garderobe, wurde zur Norm. Sie führte zu einer neuen Konzeption von Bequemlichkeit und Privatleben und zu einer praktischeren Verteilung der Räume als die Aneinanderreihung der altmodischen »appartements simples«. Die Enfilade übte immer einen starken Einfluß auf den barocken Geist aus. So sagte Madame de Maintenon von ihrem Gemahl, Ludwig XIV.: »Für ihn kommt nur Grandeur, Großartigkeit und Symmetrie in Frage; es ist unendlich lohnend, den Zug zu ertragen, der unter den Türen durchkommt, wenn man es nur einrichten kann, daß sie sich alle gegenüberliegen.«[39] Der letzte Palast von de Brosse, das Palais de Justice (Abb. 229) in Rennes (1618), wurde für das Parlament der Bretagne erbaut. Dieser einfache, aber hochentwickelte Bau kann das erste voll ausgereifte Werk des französischen Klassizismus genannt werden. Eine schmale Cour d'honneur bestimmt die Form der Fassade. Die Flügel sind in zwei Joche geteilt und dadurch als untergeordnete Elemente gekennzeichnet. Sie machen einen etwas solideren Eindruck als der Mittelteil, der aus einer Reihe großer Bogenfenster zwischen Doppelpilastern besteht. Die Hauptachse wird durch Doppelsäulen markiert, die eine Attika mit rundem Ziergiebel tragen. Die Säulenordnung erhebt sich über einer geschlossenen Rustikabasis. Diese Gliederung ist ganz klar von Raffaels Palazzo Vidoni übernommen, aber in Rennes ist die plastische Qualität der römischen Palazzo dahin. Statt dessen finden wir einen krausen Kristallcharakter, der Oberfläche und Volumen betont, anstatt Plastizität und Masse. Die allgemeine Form kommt der von Peruzzis Farnesina nahe, wenn sie auch zweifellos aus anderen Wurzeln stammt.

Die Absichten von de Brosse wurden von François Mansart fortgeführt und vervollkommnet. In seinen ersten Schlössern, Berny (1623; Abb. 230) und Balleroy (1626), geht die Anlage noch von dem traditionellen Hofmodell aus und verstreut eine Reihe von Pavillons entlang der Querachse. Gleichzeitig jedoch wird die Hauptachse durch ein hohes turmähnliches Ressaut betont. In Berny sind die Flügel dem Corps-de-logis durch gekurvte Wandabschnitte im Erdgeschoß angeschlossen, wie in Coulommiers, während Balleroy ein stufenweises Fortschreiten von der Wandoberfläche nach der Mitte zu zeigt. Das gleichzeitige Ausdehnen und Zusammenkommen um eine beherrschende Achse herum,

die durch das Gebäude hindurch in die Tiefe führt, erzeugt eine typische barocke Spannung, weniger dramatisch, aber subtiler als der gleichzeitige Palazzo Barberini in Rom.

Im Orléans-Flügel des Château de Blois (1635-1638; Abb. 231) führte Mansart eine enge Cour d'honneur ein, wo die Flügel wieder mit dem beherrschenden dreiteiligen Ressaut mittels gekurvter Kolonnaden verbunden werden.[40] Das Übereinanderstellen von drei Schichten schlanker gekoppelter Pilaster (dorisch, ionisch und korinthisch) und die hohen Fenster schaffen ein Äußeres, dessen Eleganz und Feingefühl unübertroffen ist. In allen drei Werken zeigt Mansart, wie die Grundauffassungen des 17. Jhs. in Raumfragen mit einer zurückhaltenden klassischen Formensprache kombiniert werden können. Das Château de Blois enthält auch das erste wirklich großartige Treppenhaus des Jahrhunderts mit einer Reihe von Räumen, die darüberliegen. Dadurch wird eine Vertikalachse in den erweiterten Organismus des Palastes eingeführt.[41] Das Château de Maisons (Abb. 232-235) wird allgemein als Mansarts Meisterwerk angesehen, und hier finden wir, in der Tat, eine Synthese aller vorhergehenden Ideen, kombiniert mit einem neuen Reichtum in der Modellierung und im Detail. Der Palast wurde für Robert de Longueil, Président de Maisons, zwischen 1642 und 1646 erbaut.[42] Im allgemeinen kann man Maisons als einen Bau charakterisieren, der gleichzeitig völlig gegliedert und völlig integriert ist. Die verschiedenen Volumina haben ihre Wurzeln in der französischen Pavillon-Tradition und sind klar unterschieden durch steile Dächer und Ressauts. Die Flügel haben so eine gewisse Unabhängigkeit und erscheinen als die Arme des Corps-de-logis. Sie sind jedoch auf überzeugende Art durch eine beherrschende axiale Symmetrie geeint und durch eine höchst wirksame, fortlaufende Wandgliederung. In der Tat gibt es wenige Bauwerke, die einen einheitlicheren Charakter haben als Château de Maisons. Dies wird auch dem fast bi-axialen Bauplan verdankt. Wir könnten den Grundriß als ein regelmäßiges bi-axiales Schema interpretieren, das umgeformt wurde und nun auf äußere »Kräfte« einwirkt, nämlich die unterschiedlichen räumlichen Bereiche von Eingang, Hof und Garten. Auf der Gartenseite springen die Flügel nur leicht vor, während sie auf der anderen Seite einen schmalen Ehrenhof bilden. Dieser Hof erhält Tiefe durch hinzugefügte einstöckige Vestibüle, die in den Totalorganismus durch das starke und fortlaufende dorische Gesims integriert sind. Außen ist die Querachse durch zweiteilige Risalite (ressauts) mit dreieckigen Ziergiebeln markiert. So wird die Achse gleichzeitig bestimmt und geblockt. Die Hauptachse wird durch »doppelte Risalite« betont, wo der Mittelteil auf drei Stockwerke ansteigt und das für de Brosse charakteristische

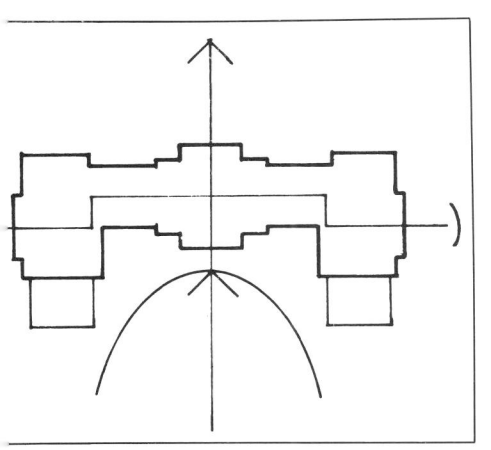

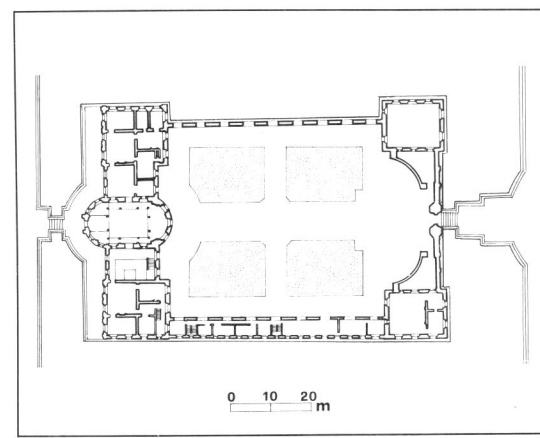

238. Schema der Hofanlage beim
italienischen und französischen
Palast.

239. Louis Le Vau, Château de
Vaux-le-Vicomte, Schema.
240. Château de Vaux-le-Vicomte,
Fassade.

241, 242. Château de Vaux-le-
Vicomte, Ansichten des Schlosses.

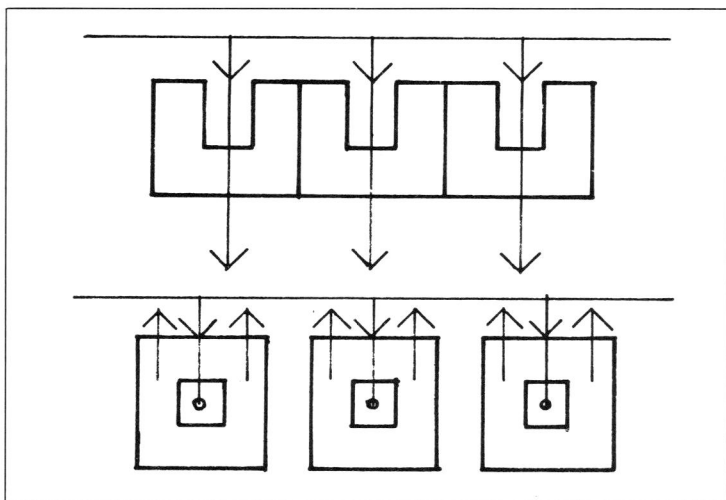

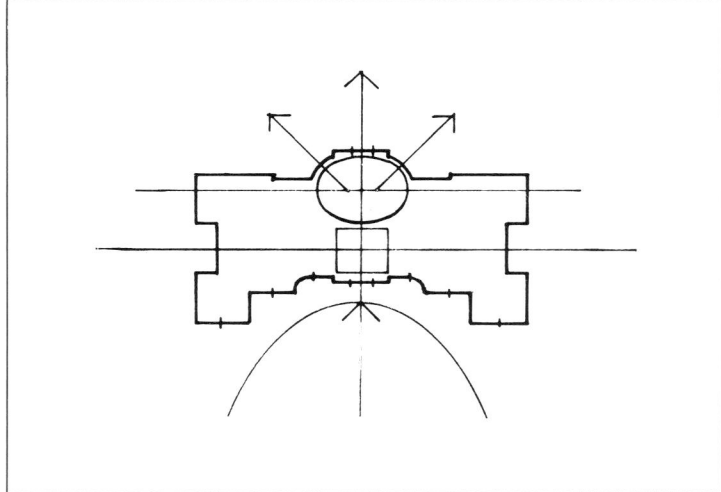

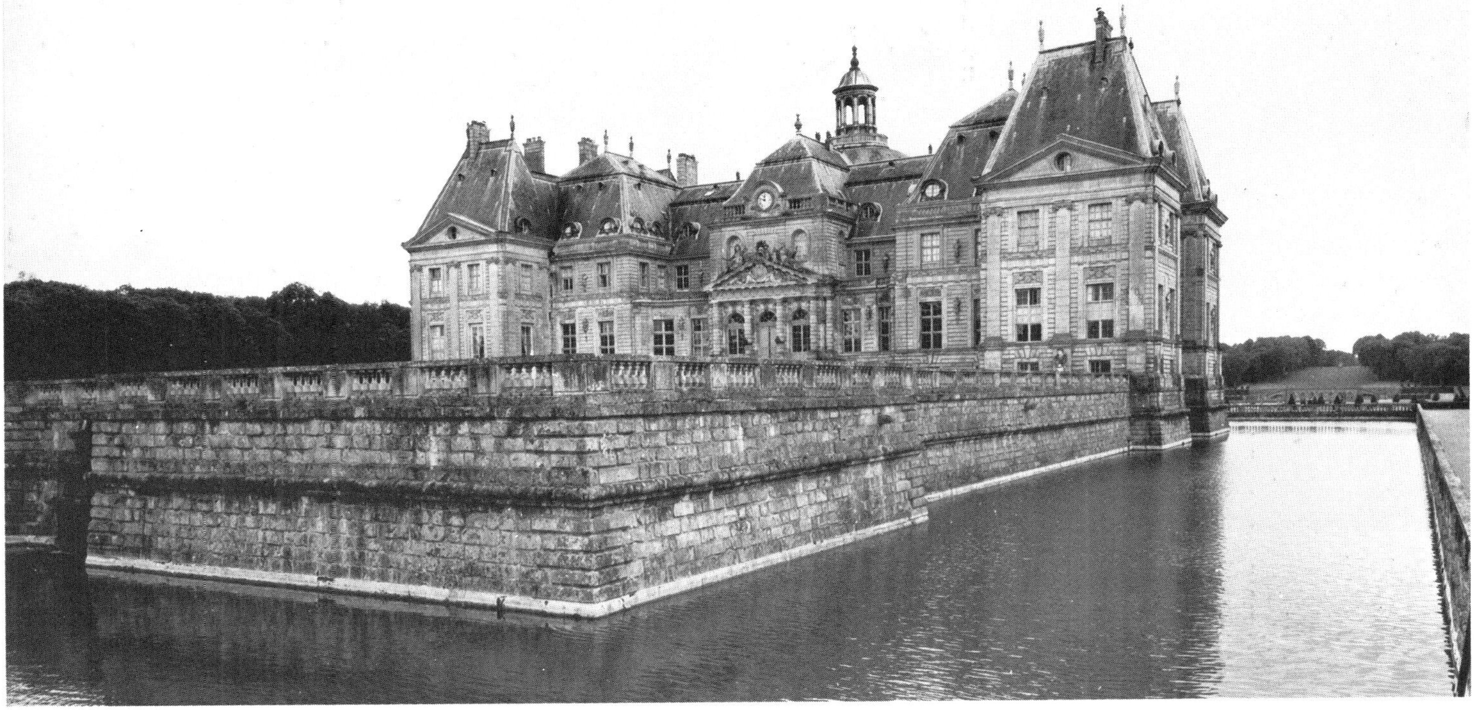

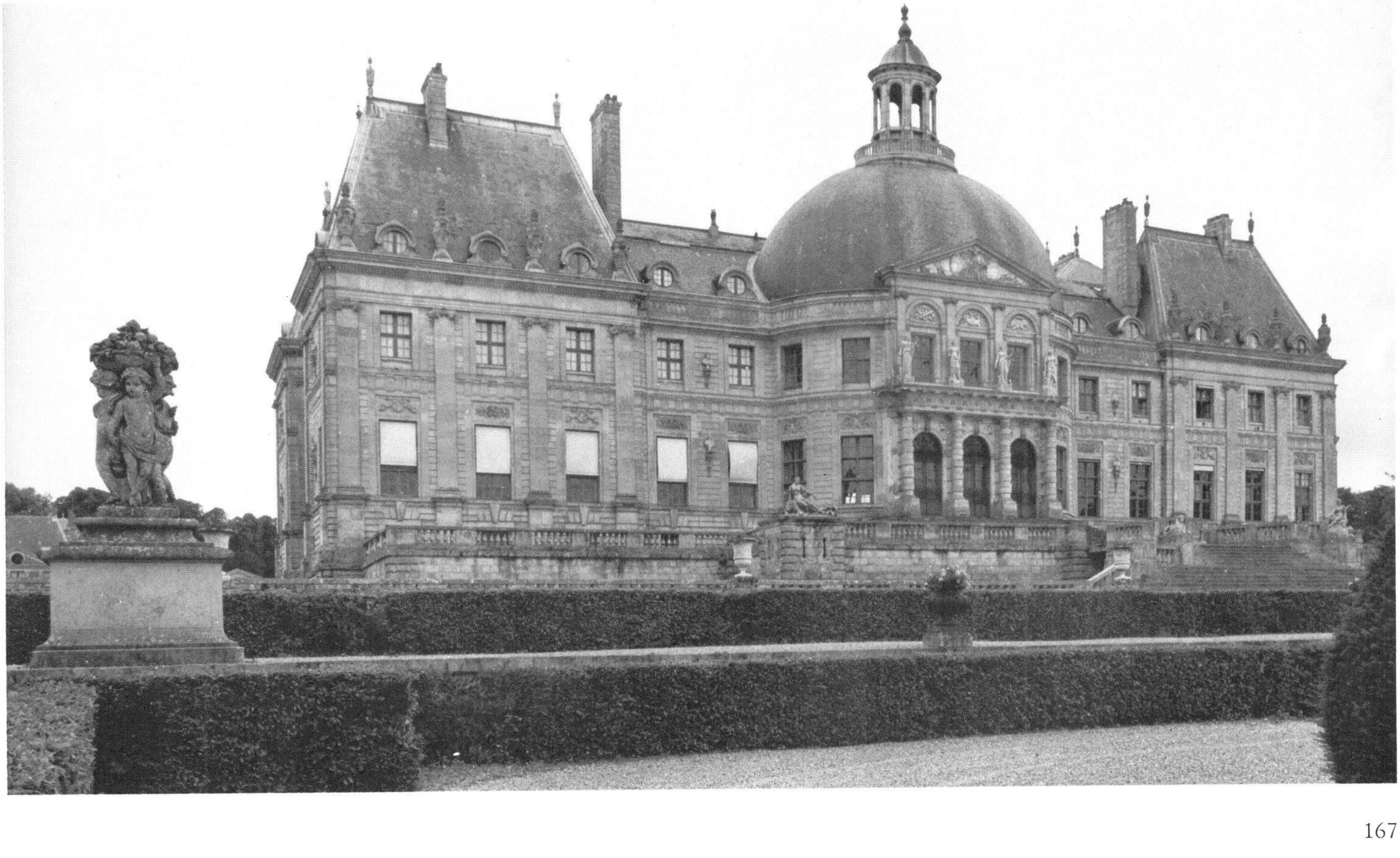

243. Paris, Salomon de Brosse,
Jacques Lemercier, Hôtel de
Liancourt, Grundriß.
244. Paris, François Mansart,
Hôtel de la Vrillière. Stich von
Marot.

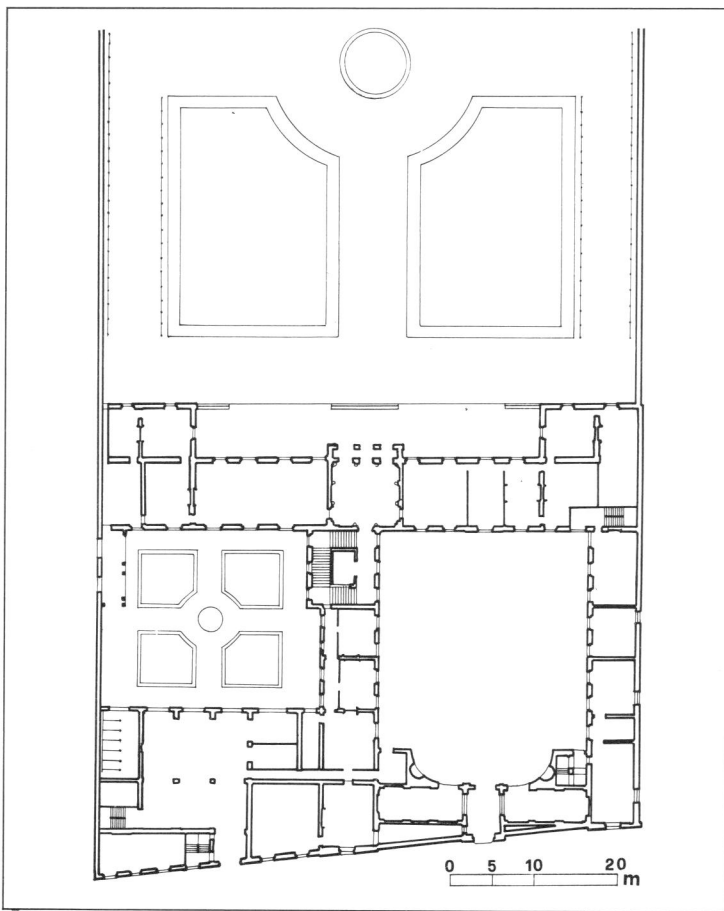

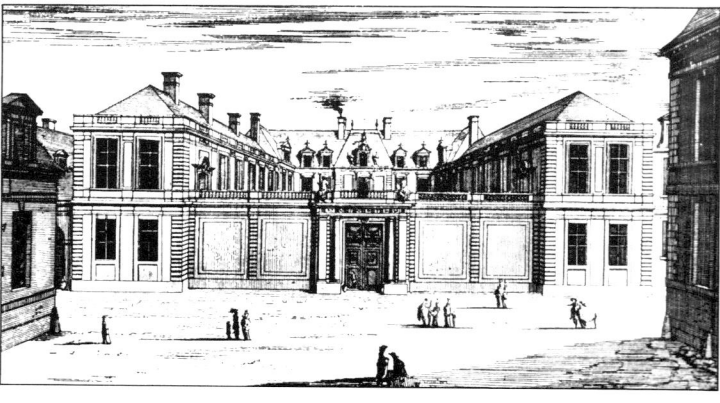

Schema der drei übereinandergestellten Säulenordnungen wiederholt. Es ist nicht leicht, einen Bau zu nennen, in dem zentrifugale und zentripetale Bewegungen, Horizontalität und Vertikalität, oder wir könnten auch sagen »klassische« und »gotische« Eigenschaften, ein überzeugenderes dynamisches Gleichgewicht gefunden haben. Die Spannungen, die der Gesamtanlage eigen sind, spiegeln sich im Rhythmus der Pilaster, die eine ständige Verdichtung und Ausdehnung zeigen, wodurch Ecken und Fugen Substanz erhalten und die Räume dazwischen geöffnet werden. Die Modellierung hat jedoch keineswegs die plastische Ausdruckskraft der römischen Barockbauten. Trotz des ihm innewohnenden Dynamismus bleibt der Charakter kraus und verhalten, präzise und kristallen. Das bi-axiale Vestibül wiederholt diese allgemeine Form, wenn auch die artikulierenden Glieder eine originelle Synthese von dorischen und ionischen Charakteren zeigen. Das seitwärts plazierte Treppenhaus hat eine starke vertikale Entwicklung und endet in einer Hängekuppel. Mit Château de Maisons zeigte François Mansart, daß er eine der kraftvollsten Persönlichkeiten des 17. Jhs. war.

Etwa zu der gleichen Zeit, als Maisons gebaut wurde, errichtete Louis Le Vau das Château de Raincy (Abb. 236, 237) für Jacques Bordier, Surintendant des Finances (1645).[43] Raincy liegt das traditionelle U-Schema zugrunde, und der Hof wird durch ein monumentales Tor und durch Eckpavillons geschlossen. Das Corps-de-logis ist klar als ein einheitliches Volumen definiert, das in etwa die allgemeine bi-axiale Anlage von Maisons wiederholt. Da ein Vorhof hinzugefügt wurde, bilden die Flügel keinen echten Ehrenhof, sie springen nur wenig mehr vor als auf der Gartenseite. Die Hauptneuheit ist eine quasiovale Halle, die die Längsachse bestimmt und auffallend an beiden Seiten des Baus vorspringt. Die Flügel sind durch Kolossalpilaster gegliedert, die ihnen im Gegensatz zu der Horizontalteilung des Corps-de-logis eine gewisse Steifheit geben. Eine flache lineare Rustika und ein fortlaufendes dorisches Gesims über dem Erdgeschoß binden alle Teile dieses Palastes zusammen. Der allgemeine Charakter ist einfacher als in den Bauten von Mansart, und der Gebrauch von elementaren, wohlbestimmten Volumina wie auch von beherrschenden Motiven, wie der Kolossalordnung, schafft eine neue Verwandtschaft mit dem Stil von Bernini.[44]

Zwölf Jahre nach Raincy erhielt Le Vau Gelegenheit, seine Ideen weiterzuentwickeln, indem er das Château de Vaux-le-Vicomte (Abb. 239-242) für Nicolas Fouquet, Surintendant des Finances, erbaute (1657-1661)[45]. Vaux-le-Vicomte ist zweifellos das Meisterstück Le Vaus und eines der bedeutendsten Werke in der Geschichte der Palastbauten. Es besteht aus drei Haupteinheiten:

dem eigentlichen Palast, der auf einer »Insel« liegt, die von einem Graben umgeben ist, und zwei Außenhöfen, die die Hauptachse auf jeder Seite des Eingangs flankieren. Dadurch ist eine starke Bewegung in die Tiefe geschaffen, die sich auf der anderen Seite des Baus fortsetzt, bestimmt durch die unendliche Perspektive von Le Nôtres wunderbarem Garten. Verschiedene Querachsen sind eingeführt und zeigen eine allgemeine »offene« Ausdehnung an. Der Palast bildet den Brennpunkt dieses Raumes, eine Rolle, die durch das traditionelle (ursprünglich funktionelle) Motiv des Grabens und durch eine Kuppel betont wird, die der wahre Mittelpunkt der Komposition ist. Betrachten wir den Anlageentwurf als Ganzes, so bildet die Palastinsel ein großes »ressaut«, das aus der menschlichen Welt des Eingangs und der Vorhöfe in die Natur vorspringt. Dieses Motiv wird in kleinerem Maßstab im Palast selbst wiederholt, wo das runde überkuppelte Volumen den innersten »Treffpunkt« der beiden Welten bildet. Der Palast empfängt so den Besucher im Ehrenhof, führt ihn durch das symbolische Zentrum und entläßt ihn schließlich in den unbegrenzten Raum. Diese große Konzeption ist keine neue Erfindung, sondern eine besonders überzeugende Synthese der Grundintentionen der Profanarchitektur des 17. Jhs. Der Palast kann, wie Maisons, als Organismus charakterisiert werden, der zugleich gegliedert und integriert ist. Die Mittel, mit denen dies erreicht wird, sind verschieden. Wie man nach Raincy erwarten durfte, arbeitet Le Vau vor allem mit Beziehungen zwischen Volumina. In Vaux-le-Vicomte ist die Komposition komplexer geworden. Das wird offensichtlich, wenn wir auf das Zentrum des Baus blicken. Anstatt aus einem einheitlichen Volumen zu bestehen, sind die beiden Seiten, von denen eine nach dem Hof, die andere nach dem Garten schaut, sehr unterschiedlich behandelt worden, angepaßt an die Funktionen von »Empfang« (dreiteiliges Tor und Vestibül), »Wohnen« (großer Salon im Mittelpunkt) und »Ausdehnung« (ausstrahlende Achsen und gekurvtes Ressaut). Der große Salon ist über einem Queroval erbaut, das einen notwendigen Kontrapunkt zu der sehr starken Längsbewegung bildet, während es gleichzeitig eine aktive räumliche Beziehung zu den Flügeln des Palastes anzeigt. Die Einführung einer geschlossenen Kuppel, als eines eminent symbolischen Elements, ist eine mutige Erfindung, die zu dem Zorn des Königs beigetragen haben kann. Die Flügel enden in traditionellen Eckpavillons, die jedoch ihre Unabhängigkeit verloren haben, weil sie sich mit dem Hauptkörper des Palastes durchdringen. Zum Hofe hin werden sie in flache Fronten umgewandelt, die eine Reihe von Ebenen hervorrufen, die zum Eingang hin zurücktreten. Alle diese Ebenen sind zweiteilig, und die letzte von ihnen ist konkav, um den dreiteiligen Eingang

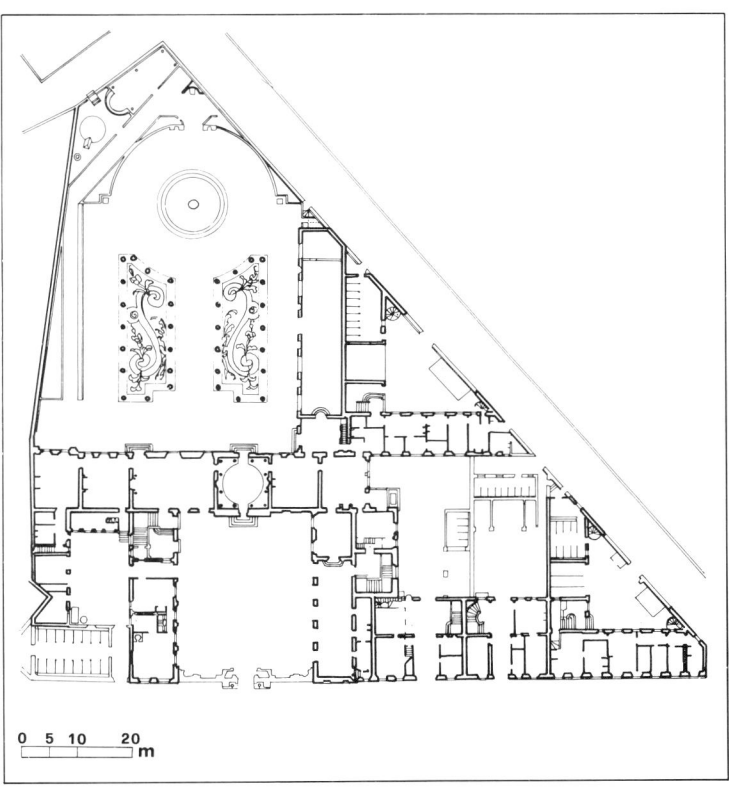

0 5 10 20 m

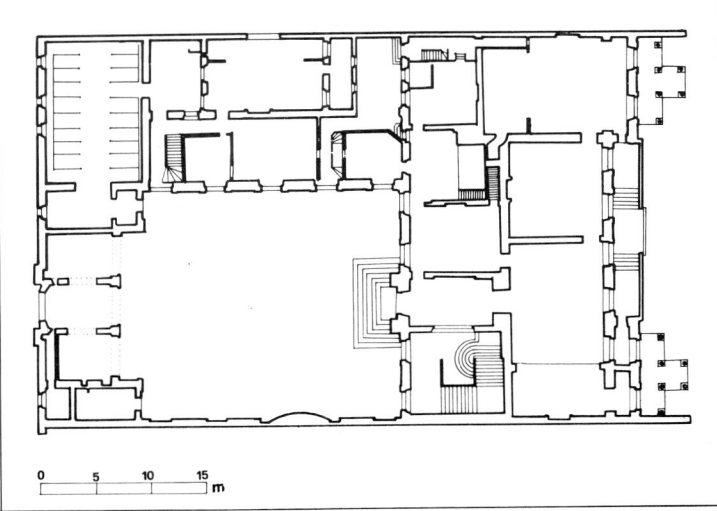

0 5 10 15 m

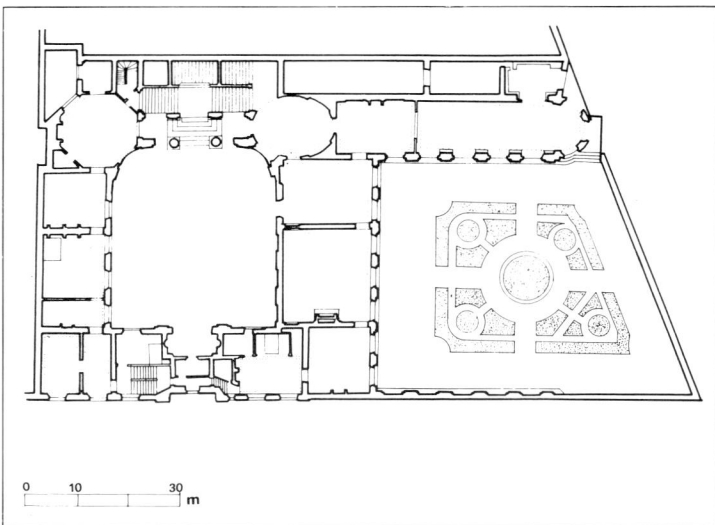

247. Paris. Hôtel Lambert,
Grundriß.
248. Paris, Hôtel Lambert,
Garten.

0   10   30
                m

zu betonen. Die Volumina bilden so Teil einer fortlaufenden Wandbewegung, während sie gleichzeitig als Volumina durch die Steildächer definiert werden. Auf der Gartenseite ist die Gliede-rung einfacher, und die einzelnen Einheiten befreien sich kaum von der allgemeinen Kontinuität der Front. Wie in Raincy sind die Eckpavillons durch Kolossalpilaster verstärkt. Im allgemeinen ist Vaux-le-Vicomte ein Meisterwerk der Raumkomposition. Le Vau hatte nicht Mansarts Sensibilität für Wandgliederung und Detailarbeit, aber seine Geschicklichkeit in der Handhabung von räumlichen Beziehungen und Volumina machte ihn zum barock-sten aller französischen Architekten.

Vaux-le-Vicomte ist auch wichtig für die praktische Disposition des Grundrisses. Traditionsgemäß waren die Räume des Palastes nur vom einen zum anderen hindurch zugänglich. Sie bildeten ei-ne »enfilade« oder ein »appartement simple«. Wir haben gesehen, daß die Italiener zur Entlastung einen Seitenkorridor benutzten und so ein »appartement semi-double« schufen. Nur in den Ecken konnten die Räume praktischer arrangiert werden als im Palais du Luxembourg. In Vaux-le-Vicomte erhielt jedoch das ganze Corps-de-logis »appartements doubles«, eine Lösung, die durch die Einführung eines Vestibüls vor dem großen Salon möglich wurde.[46] Das war die Geburtsstunde des »appartement double«, eine Neuerung, die eine fundamentale Bedeutung für die weitere Entwicklung haben sollte.[47] In Verbindung mit Nebentreppen und anderen »dégagements« (Erleichterungen) erlaubte das Corps-de-logis mit »appartements doubles« eine praktische Raumverteilung und gab jedem Appartement seine Privatatmo-sphäre. Dem lag der Gedanke zugrunde, Bequemlichkeit zu errei-chen, ohne Repräsentation aufzugeben. Dieser Wunsch war ver-bunden mit der Rolle der Frau in der französischen Gesellschaft. In der Tat war es oft sie, die das Programm für den Architekten machte, mit dem sie nicht immer übereinstimmte. Mademoiselle de Scudéry sagte: »Es ist in der Tat für diese großen Häuser üb-lich, höchst unkomfortabel zu sein. Architekten träumen so viel von dem Äußeren der Dinge, für die sie von Fremden gepriesen werden wollen, daß sie kaum einen Gedanken daran verschwen-den, wie man diese Plätze bequemer für die Menschen machen kann, denen sie gehören.«[48] Der Wunsch nach Bequemlichkeit brachte nicht nur einen praktischeren Zugang zu den verschiede-nen Räumen, sondern auch eine Differenzierung von Gebrauch und Raum. Die Grundelemente waren die »antichambre« für Warten und Essen, wodurch sich eine Art von »Barriere« zwi-schen dem Eingang und der privaten Sphäre ergab; die »chambre de parade« für Empfang und Unterhaltung, üblicherweise mit ei-nem Bett möbliert, da der Hausherr und die Hausfrau oft in ihrem

Schlafzimmer empfingen; die »chambre à coucher«, wo man
schlief und auch empfing; das »cabinet« für Arbeit und Empfang
von Geschäftsleuten, und schließlich die »garderobe« für Anklei-
den und Schränke, wo die Kammerjungfer oder der Kammerdie-
ner schlief, »denn Dienstboten waren so wenig mehr vom Leben
der Familie getrennt, als der Empfang von den Wohnräumen«.[49]
Zusätzlich zu der »chambre de parade« hatten größere Häuser gewöhnlich einen »salon« und vielleicht noch eine »galerie«. Auch
die »salle à manger« erscheint als besonderer Raum.[50] Der
Grundriß wurde daher in viele relativ kleine Einheiten geteilt.
Was das Haus vielleicht an Großartigkeit verlor, gewann es an
Charme und Überraschung. »Wo bliebe die zeitgenössische Ko-
mödie ohne diese Plätze zum Verstecken, ohne Wandschirme,
Türen und heimliche Treppen? Und die zahllosen Überraschun-
gen, die Ausflüchte, die komischen Situationen, wo wären sie,
wenn nicht der Wunsch nach bequemerem Wohnen das häusliche
Leben selbst in seinen kleinsten Einzelheiten aufgeteilt hätte?«[51]
Wir haben schon dargelegt, daß das Château und das Stadt-Hôtel
den gleichen Grundtyp darstellen. Wegen der unterschiedlichen
Situation jedoch entwickelte das Hôtel gewisse Sonderzüge. Gewöhnlich wurden die Hôtels aneinandergebaut und hatten daher
nur zwei Fronten. Als Konsequenz wurde der Grundriß oft mehr
verkrampft als im Falle eines freistehenden Schlosses. Die Un-
möglichkeit, einen besonderen Vorhof vor dem Ehrenhof zu haben, führte zu der Entwicklung von zwei Höfen nebeneinander,
eine Anordnung, wie wir sie schon in dem Hôtel de Liancourt
(Bouillon; Abb. 243) von de Brosse und Lemercier (1613-1623)
gefunden haben. Die Hauptachse des Ehrenhofes entspricht daher nicht mehr länger der Achse des Gartens, so daß eine gewisse
Konfusion in den Raumbeziehungen entsteht.[52] Die Eingangs-
achse des Hôtels de Liancourt endete blind, während der Zugang zum Corps-de-logis in der linken Ecke des Hofes lag. Er öffnete sich auf das Treppenhaus, das mit dem Vestibül in der Mitte
der Gartenfront verbunden war. Der Hof hatte eine einfache,
klassische Mauergliederung mit einer dorischen Pilasterordnung,
die sich über einem Rustika-Erdgeschoß erhob. Die Fassade sah
aus wie die Front eines monumentalen Château mit vorspringenden Flügeln und einem Ressaut in der Mitte. Die konventionelle
Gliederung basierte mehr auf einem Netzwerk von horizontalen
und vertikalen Linien als auf klassischen Gliedern.[53]
Noch altmodischer ist die Gliederung des Hofes im Hôtel de Sul-
ly, erbaut von Jean Du Cerceau (1624-1629). Das sehr tiefe und
schmale Baugrundstück bestimmte den einfachen axialen Grundriß. Interessanter ist das Hôtel de Bretonvilliers von dem gleichen
Architekten. Es wurde zwischen 1637 und 1643 an der Ostecke

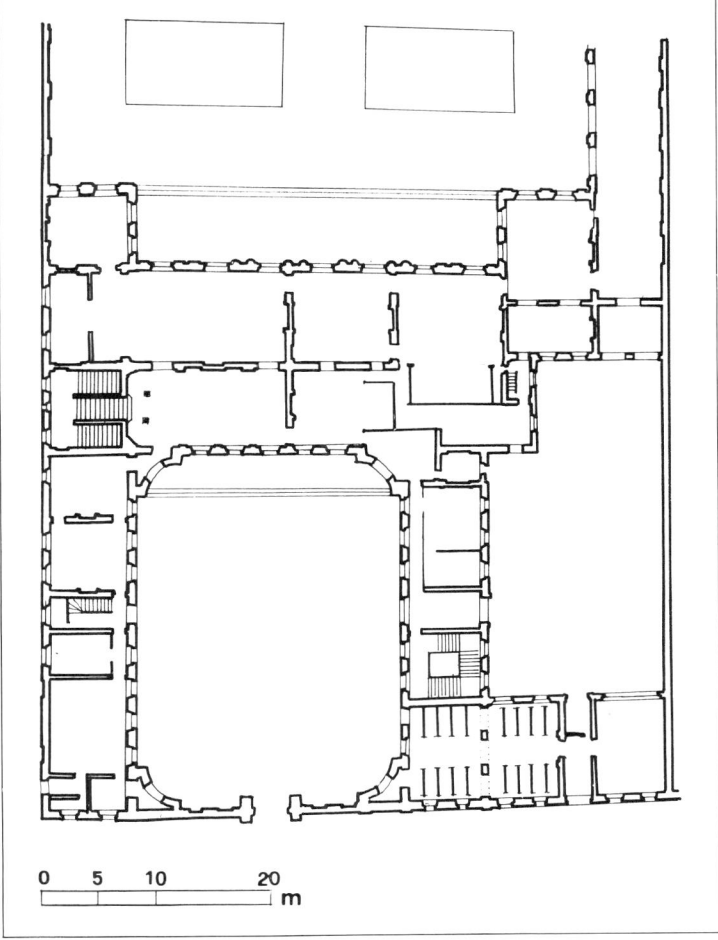

0   5   10   20
�────────────────⌐ m

252, 253. Louis Le Vau,
Château de Versailles, Hof.

254. Jules Hardouin-Mansart,
Château de Versailles,
Spiegelgalerie.
255. Louis Le Vau, Château
de Versailles, Grundriß.

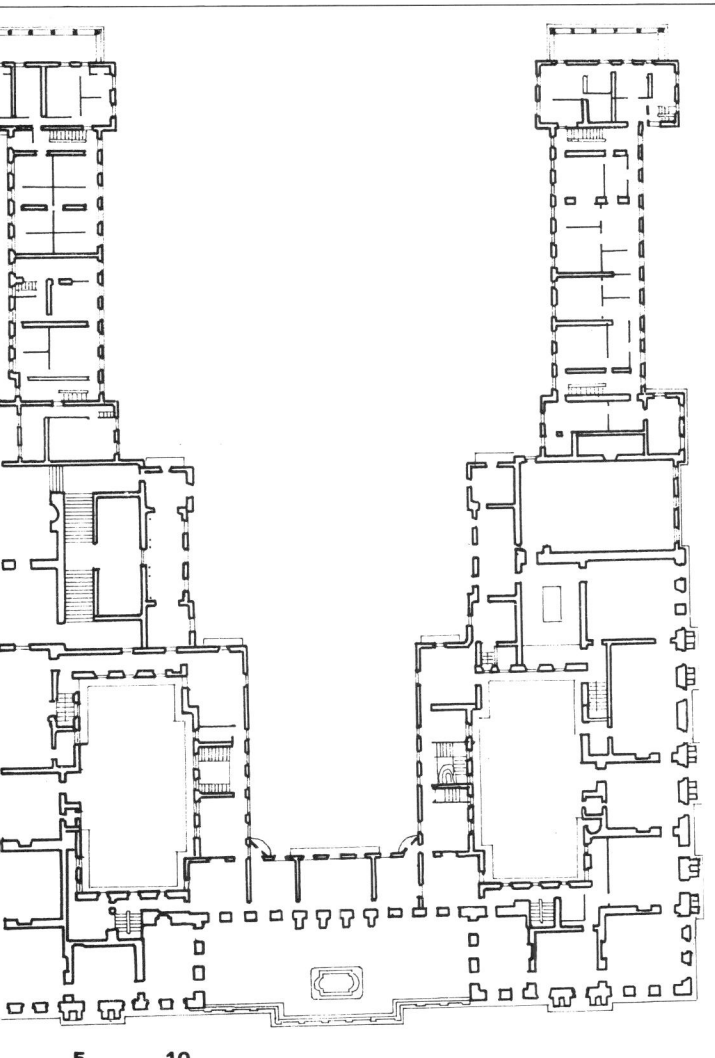

der neuerschlossenen Ile St. Louis erbaut.[54] Wieder wurde die Hauptachse verlagert, weil ein kleiner Vorhof hinzugefügt worden war. Die Verlagerung ist jedoch sehr gering, da die Hofachse in der linken Öffnung des dreiteiligen Mittelrisalits der Gartenfront endet. Das Mitteljoch ist daher geschlossen, während das rechte sich zum Hauptsalon hin öffnet, wodurch eine symmetrische Fassade erreicht wird. Der Hof ist auf eine neue und interessante Weise gebildet, da die Seitenflügel architektonisch von dem Corps-de-logis getrennt worden sind, das zwei eigene kurze Flügel besitzt, die einen inneren Ehrenhof bilden. Die Anlage ist offensichtlich von den Eckpavillons des Schlosses abgeleitet und weist auf das freistehende Hôtel des 18. Jhs. hin.[55] Daraus erfolgt eine barocke Betonung des Bauvolumens, wodurch auch der einheitliche Charakter der Fassaden bestimmt wird, die ungewöhnlich große Fenster haben. Entlang der Nordseite des Gartens wurde eine Galerie hinzugebaut, als Schutz gegen die angrenzenden Gebäude.

1635 erhielt François Mansart seinen ersten Auftrag für ein Privathaus in Paris, das Hôtel de la Vrillière (Abb. 244, 245).[56] Die Anlage hat wie üblich drei Flügel um einen Hof herum, der von einer Mauer abgeschlossen wird. Wie in dem Hôtel de Bretonvilliers ist links ein Vorhof hinzugefügt worden, was zu einer ähnlichen Verlagerung der Hauptachse führte. Wir finden auch einen analogen Bruch in den Seitenmauern des Hofes, der das Corps-de-logis von den Flügeln trennt. Die Gliederung ist jedoch viel subtiler als in dem Werk seines Zeitgenossen Du Cerceau. Mansart betonte so die Hauptachse durch ein breites »ressaut«, das ein etwas höheres Dach hatte als die Flügel auf beiden Seiten, eine Lösung, die er in vergrößertem Maßstab auch in Blois anwandte. Das Ressaut bestimmte ein herrlich überkuppeltes Vestibül. Die Wandbehandlung zeigt Mansarts feines Einfühlungsvermögen für Proportionen und Details, die das Hôtel de la Vrillière zum klassischen Stadtpalast der ersten Hälfte des Jahrhunderts machten. 1648 begann Mansart mit dem Bau des Hôtel du Jars (Abb. 246). Wieder zeigt die Anlage die charakteristische Verlagerung der Hauptachse. Als eine Folge davon ließ Mansart die Mitteltür zum Garten wegfallen und schuf statt dessen zwei Ausgänge aus den Seitenrisaliten. Das Hôtel du Jars ist der erste Palast, in dem das Corps-de-logis mit einem Appartement double ausgestattet wurde.[57] Das Appartement double ermöglichte es, die Treppe hinter einem weitläufigen Gartensalon direkt mit dem Vestibül zu verbinden. Wieder ist das Corps-de-logis von dem Flügel getrennt, diesmal durch eine Unterbrechung des Daches, während die Wandgliederung kontinuierlich verläuft.

Der erste bedeutende Stadtpalast von Le Vau, das Hôtel Tam-

5   10
m

256. Jules Hardouin-Mansart,
Château de Dampierre.

257. Jules Hardouin-Mansart,
Château de Clagny bei Versailles.
Stich von Perelle.

258. Jules Hardouin-Mansart,
Château de Marly. Zeitgenössischer
Stich.

259. Jules Hardouin-Mansart,
Versailles, Grand Trianon.
Stich von Perelle.

bonneau (1639), bestand aus einem zweistöckigen Corps-de-logis mit einstöckigen Flügeln.[58] Der Stich von Marot zeigt eine sehr einfache Wandgliederung, die mit dem durchsichtigen Mittelrisalit kontrastiert. Zwei Säulenreihen sind unter einem Ziergiebel und einem Mansardendach übereinandergestellt, was zu dem voluminösen Charakter des Baus beiträgt. In der Tat scheint Mansart der Erfinder des sogenannten Mansardendaches gewesen zu sein, bei dem der steile gotische Absturz gebrochen wird, um eine bessere Ausnutzung des Volumens zu gestatten. Dieses Mansardendach wurde ein Charakteristikum der Architektur des Spätbarock und gibt seinen Bauten eine fast sinnliche Plastizität.[59] Die Gartenfront des Hôtel Tambonneau hatte eine Kolossalordnung von ionischen Pilastern. So paßte Le Vau sie der unendlichen Weite an, die der Garten repräsentierte, während der Hof in Stockwerke unterteilt war, die menschliches Maß hatten.[60] Der Grundriß des Hôtel Tambonneau ist nicht erhalten, jedoch die Ansicht aus der Vogelperspektive von Marot zeigt, daß das Corps-de-logis eine gewisse Tiefe hatte, das heißt, es könnte als Appartement double gebaut worden sein.

Der bedeutendste von Le Vaus Stadtpalästen, die die Zeiten überdauert haben, ist das Hôtel Lambert in Paris (1640-1644; Abb. 249), das auf der Ile St. Louis, neben dem Hôtel de Bretonvilliers, auf einem gleichartigen Grundstück erbaut wurde. Das Hôtel Lambert zeigt eine höchst geniale Anpassung des Standardschemas an eine besondere Situation. Da der Bau von der längeren Seite her betreten wird, konnte Le Vau keine Längsachse hindurchführen. So endet die Achse des Hofes in einem großartigen Treppenhaus, wo sie eine Querachse kreuzt, die durch ein ovales Vestibül und eine herrliche lange Galerie in die Landschaft hinausführt. Ein Garten ist zwischen der Galerie und dem rechten Flügel des Baus eingebettet. Das schmale Grundstück erlaubte nicht die Entwicklung eines Appartement double, aber die »bel étage« ist über einem noch ingeniöseren Erdgeschoß angelegt, das sogar eine Ausfahrt der Wagen in der Hofecke vorsah. Der Hof konzentriert sich auf das offene Volumen der Treppe, deren Blindwand mit den Mauern durch abgerundete Ecken verbunden ist. Ein fortlaufendes dorisches Gesims umgürtet den ganzen Raum. Im Grund genommen ist die französische Architektur Borromini nirgend nähergekommen als hier. Die Wandgliederung zeigt zwei übereinandergestellte Säulenordnungen, während die Gartenfassade Kolossalpilaster hat.[61] Zwischen ihnen sind die Wände völlig durch »französische Türen« (Glastüren) geöffnet, nämlich durch Fenster, die bis zum Fußboden hinunterreichen, einer weiteren genialen Erfindung von Le Vau. In dem Hôtel de Lionne (1661; Abb. 250) konnte Le Vau alle seine Ideen einbrin-

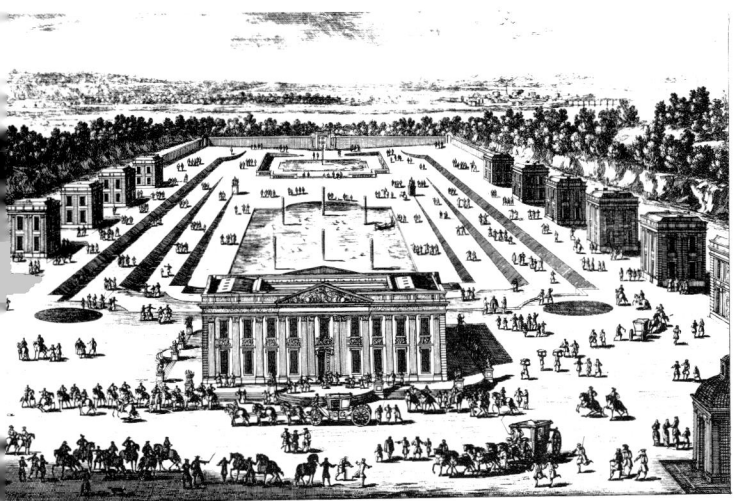

gen und einen wirklich monumentalen Stadtpalast bauen.[62] Der Grundriß zeigt wegen der Einführung eines Vorhofes neben dem Haupthof eine verlagerte Achse. Das Corps-de-logis hat zwei Stockwerke und ein Dachgeschoß, während die Flügel nur zweistöckig sind. Der Hof wird räumlich mittels konkaver Ecken und durch ein fortlaufendes Gesims integriert. Er hat zwei übereinandergestellte Säulenordnungen plus Attika, und die Hauptachse wird durch einen dreieckigen Ziergiebel betont. Die zweistöckige Gartenfassade wird durch gekoppelte Kolossalpilaster (Halbsäulen am Mittelrisalit) am Corps-de-logis und durch Einzelpilaster an den Flügeln gegliedert. Der Grundriß bildet ein unregelmäßiges H mit einem Appartement double in der Mitte und weist das erste große dreiteilige Treppenhaus auf, wie es Balthasar Neumann mit soviel Erfolg in Würzburg und Brühl anwenden sollte. Die einfachen volumetrischen Beziehungen und die klare Gliederung geben dem Hôtel de Lionne eine überzeugende architektonische Qualität. Es gehörte zweifellos zu den Hauptbauwerken seiner Zeit.

Nach seinem Erfolg mit Vaux-le-Vicomte erhielt Le Vau den Auftrag, das Château de Versailles (Abb. 252, 253, 255) für Ludwig XIV. umzubauen (1664). Ihm wurde befohlen, das alte Jagdschloß, das 1624 für Ludwig XIII. erbaut worden war, zu erhalten, und 1669 wurde entschieden, das alte Schloß mit einem Neubau zu umgeben, der den ursprünglichen Hof offen ließ.[63] Das Ergebnis war ein immenser, fast quadratischer Block mit zwei Flügeln, die so angeschlossen waren, daß sie einen sehr tiefen Ehrenhof bildeten. Der Grundriß zeigt auf beiden Seiten des alten Baus lange Enfiladen von Räumen und dazwischen eine große Terrasse. Die Gartenfassade bestand so aus zwei vorspringenden Flügeln und einer tiefen Einbuchtung über einem Rustika-Erdgeschoß. Die »bel étage« wurde durch ionische Pilaster gegliedert und durch Säulen, die ein hohes Gesims und eine Attika trugen. Ungewöhnlich ist der Gebrauch eines »italienischen« Flachdaches, eine Lösung, die man allgemein als einen Widerhall von Berninis Entwurf für den Louvre ansieht.

Le Vaus Flügel stehen noch, aber die Terrasse dazwischen wurde im Jahr 1678 durch Jules Hardouin-Mansarts Spiegelgalerie (Abb. 254) ersetzt. So erhielt die Fassade einen ziemlich monotonen Charakter. Diese Monotonie wurde noch weiter betont, als Hardouin-Mansart lange Querflügel hinzufügte, die das gleiche Wandsystem in einer Gesamtlänge von über 400 m wiederholen. Es wäre jedoch unfair, Versailles als wohlproportioniertes, komplettes Volumen zu beurteilen. Hier ist Ausdehnung als solche das Thema, und dementsprechend wurde das Gebäude zu einem sich einfach wiederholenden System umgeformt. Dieses System besteht aus einem durchsichtigen Skelett, dessen Zwischenräume

175

zwischen den Pilastern voll durch große Bogenfenster ausgefüllt sind.[64] Versailles hat daher den Charakter eines Glashauses und stellt ein Verbindungsglied zwischen den durchsichtigen Strukturen der gotische Zeit und den großen Eisen-und-Glas-Bauten des 19. Jhs. dar. Seine Ausdehnung ist »unbestimmbar«, eine weitere charakteristische Eigenheit, die gewisse moderne Konzeptionen vorwegnimmt. Der ganze Block von Le Vau ist so in ein großes »ressaut« umgewandelt worden, das aktiv in die Landschaft vorstößt. In diesem Kontext gesehen, wird auch das Flachdach sinnvoll. Die Interpretation von Versailles als des Ausdrucks reiner Ausdehnung löst den Widerspruch, der stets zwischen der Faszination bestand, die das Gebäude auf den Beschauer ausübt, und der negativen Kritik seiner Architektur aufgrund »akademischer Regeln«. Trotz seines Mangels an traditionellen architektonischen Qualitäten stellt Versailles die Grundintentionen der Barockzeit dar, Intentionen, die insbesondere mit der absoluten Monarchie verbunden sind und daher hier mehr als irgendwo sonst ausgedrückt werden mußten. Das Bett des Herrschers ist in der Tat der allerinnerste Brennpunkt. Versailles ist ein echtes Symbol des absoluten, aber »offenen« Systems in Frankreich des 17. Jhs.

Ehe er 1678 sein großes Schema für Versailles entwarf, hatte Jules Hardouin-Mansart einige kleinere Paläste gebaut, in denen seine charakteristische Einstellung schon sichtbar wurde. Das kleine Château du Val (1674) ist ein einstöckiger Bau und besteht aus einem Salon, »où le Roi mange ordinairement au retour de la chasse« (wo der König gewöhnlich nach der Rückkehr von der Jagd speist) in der Mitte, einem kleinen Appartement auf der einen und vier verschieden großen Räumen auf der anderen Seite, »où est représentée dans chacune une des quatre saisons« (in jedem eine der vier Jahreszeiten dargestellt). Das gestreckte, schmale Gebäude ist durch Reihen französischer Bogenfenster völlig zur umgebenden Außenwelt hin geöffnet. Das Château de Dampierre (1675; Abb. 256) ist konventioneller angelegt, aber außer einem Mittelrisalit besteht die Gliederung in der Hauptsache aus der Wiederholung zahlreicher, einförmiger Öffnungen. So hat der Bau keine bestimmte Ausdehnung, wird aber von einem riesigen Mansardendach zusammengehalten. Noch charakteristischer war das Château de Clagny (Abb. 257), 1676 für Madame de Montespan erbaut.[65] Der Grundriß zeigt eine Serie sehr langer, schmaler Flügel, ein Plan, der die Lösung von Versailles vorwegnimmt. Ein überkuppelter großer Salon führte einen sehr wirkungsvollen Brennpunkt in den langgestreckten, sich wiederholenden Organismus ein. Wir dürfen sagen, daß Clagny in kleinerem Maßstab zeigt, wie Versailles geworden wäre, hätte Hardouin-Mansart bei Null anfangen können. Im Jahr 1679 baute er das Château de Marly (Abb. 258) als Lustschloß für den König.[66] Ein Rundpavillon bildete den Brennpunkt und bestimmte die stark betonten Hauptachsen. »Ausdehnung« wurde erreicht, indem an den Seiten zwei Reihen kleiner Pavillons für die Höflinge standen und einen fortlaufenden Rhythmus von unbestimmter Dauer bildeten. Alle Gebäude beruhten auf einem gleichen, sich wiederholenden System von Pilastern. Die Gedanken Hardouin-Mansarts kulminierten in dem Grand Trianon (Abb. 259), im Garten von Versailles (1687). Hier bestehen die sehr langen schmalen einstöckigen Flügel einfach aus einem gleichförmigen System von Pilastern und Säulen, die ein gerades Gesims tragen. Der fortlaufende Rhythmus wird durch französische Bogenfenster betont, und das Flachdach trägt zu dem Eindruck unendlicher Ausdehnung bei. Wir dürfen daraus schließen, daß alle Profanbauten von Jules Hardouin-Mansart auf dem gleichen Formprinzip beruhten, das die fundamentalen Aspekte des Raumes im Barock konkretisierte.[67] Um sein Ziel zu erreichen, mußte Hardouin-Mansart die Elemente auf das Wesentliche zurückführen, das heißt, er gründete die Gliederung auf einfache, klassische Glieder. Seine offenen Organismen unterscheiden sich von denen Guarinis. Sie bestehen nicht in der Wiederholung von »Raumzellen«, sondern sind durch ein einheitliches Struktursystem gebildet. Er wird oft als Klassizist betrachtet, obgleich seine Pläne nichts mit dem klassischen Ideal einer vollkommen »perfekten« Form gemein haben. Anstatt klassisch zu sein, kommen die Bauten Hardouin-Mansarts dem Ideal des 20. Jhs., einem »offenen«, unbestimmten Organismus, nahe, und sie illustrieren, wie der Barock in manchem die moderne Architektur vorwegnimmt.

Schlußfolgerung

Der wesentliche Gehalt des Barockpalastes ist ständige Bewegung entlang einer Längsachse. Diese Bewegung eint die drei »Grundebenen« des menschlichen Lebens: die bürgerliche Welt, den privaten »Ort« und die unendliche Natur. Gemeinsam ist den italienischen und französischen Palästen eine Betonung der Hauptachsen durch Symmetrie und formale Akzente. Die Räume des Baus und seine Umgebung leben in Beziehung auf diese Achse.

Das bedeutendste Problem eines Entwurfs war der Übergang von einem Raumbereich zum anderen. In Italien behielt der Barockpalast seine umschlossene, blockartige Form, und der Übergang von der städtischen Umgebung ins »Innere« wurde daher zu einer dramatischen Begebenheit, die die Wand ihres traditionellen Charakters als trennendes Element beraubte. Die italienische Wand will ihre untergeordneten Komponenten um die Hauptachse herum konzentrieren, oder sie will sie beugen als Ergebnis des

Zusammenstoßes von inneren und äußeren Kräften. Der Übergang vom Gebäude in den Garten (Landschaft) war weniger hef-
tig, da die Natur eher als eine Ausweitung des Wohnhauses denn
als eine andere Domäne angesehen wurde. Der Cortile wurde daher, wo immer möglich, geöffnet, und eine regelmäßigere Verteilung der Innenräume sollte versuchen, der allgemeinen Symmetrie des Entwurfs Genüge zu tun. Der französische Palast hatte
niemals den gleichen umschlossenen Charakter. Von allem Anfang an war er ein »ausgedehnter« Organismus. Die frühen Paläste des 17. Jhs. haben noch einen »additiven« Charakter. Der
Prozeß der formalen Konzentration und Vereinheitlichung, der
mit den einheitlichen, sich wiederholenden Strukturen von Jules
Hardouin-Mansart endete, dauerte ungefähr fünfzig Jahre. Erst
dann wurde eine neue Art allgemeiner, offener Ausdehnung möglich. Daher tendierte die französische Wand dazu, ein transparentes Skelett zu werden, das eine Fusion von Innen- und Außenraum erlaubte. Die plastischen Rahmen und Ziergiebel, die den
figürlichen Charakter der Öffnung in der italienischen Architektur zu betonen pflegten, wurden aufgegeben und durch ein uni-
formes System von Bögen gleicher Höhe ersetzt, die die Türen
rahmten, die Fenster, die Raumtäfelungen, die Dekoration und
die Spiegel. Das französische Fenster ist in der Tat von entscheidender Bedeutung für den leichten und sommerlichen Charakter
des französischen Schlosses. Dieses Schloß war vor allem die Bühne für die Entwicklung eines neue Konzepts des komfortablen
Lebens. In beiden Ländern gründete sich die Gliederung auf den
Gebrauch der klassischen Säulenordnungen für die formale Differenzierung und die Vereinheitlichung ebenso wie für die Integration der Bauten in die große Tradition des europäischen Humanismus.[68]

Italien

Gegen Ende des 16. Jhs. konzentrierte sich die Entwicklung der italienischen Architektur in Rom. Die treibende Kraft hinter dieser Entwicklung war die Gegenreformation, die eine Zentralisierung von Ideen und künstlerischen Möglichkeiten hervorbrachte.[1] Als Ergebnis entwickelte sich eine kraftvolle römische Barockarchitektur, die ihre Einflußsphäre auf die ganze katholische Welt erstreckte und noch darüber hinaus. Wenn auch die römische Barockarchitektur ihre Hauptwerke erst nach 1630 hervorbrachte, so waren viele der Grundgedanken doch schon eine ganze Weile früher zu erkennen. Im allgemeinen war es das Ziel, eine Umgebung zu schaffen, die einen stärkeren emotionellen und überzeugenden Einfluß hatte, und jedes einzelne Gebäude als den Ausdruck eines universellen Wertsystems erscheinen zu lassen. So haben wir gesehen, wie Kirchen und Paläste begannen, mit ihrer städtischen Umgebung in Wechselwirkung zu treten, hauptsächlich infolge der Einführung einer Längsachse, die die traditionelle, sich selbst genügende architektonische Form »öffnete«. Die innere Anlage der Gebäude wurde ebenfalls eine Funktion der Hauptachse. Die Kirchen jedoch, die die Hauptbrennpunkte des bedeutungsvollen Systems darstellten, brauchten auch eine beherrschende Vertikalachse, um die herum ihre räumliche Ausdehnung organisiert wurde.

Diese allgemeinen Absichten waren schon erkennbar in den Arbeiten von Giacomo della Porta (1533-1602). Della Porta wird oft als Architekt zweiten Ranges angesehen. Das mag von der Tatsache herkommen, daß er meistens die Werke anderer beendete oder seine eigenen Bauten der Vollendung durch Nachfolger hinterließ. Wir haben jedoch gezeigt, daß er eine echte erfinderische Kraft besaß und wesentliche Beiträge zur Entwicklung der Kirche und des Palastes in der Barockzeit leistete.[2] Eine entscheidende Klärung der Zwecke und Mittel charakterisiert die Entwürfe von Carlo Maderno (1556-1629). Der Ruf Madernos hat durch das unglückliche Geschick der Fassade von St. Peter etwas gelitten. Im allgemeinen jedoch haben seine Arbeiten eine überzeugende Kraft und Feinheit im Detail. Dies wird besonders deutlich bei der Fassade von S. Susanna in Rom (1597-1603; Abb. 264), die man allgemein als das erste voll ausgewachsene Beispiel der Barockarchitektur betrachtet. Hier sind die allgemeinen Absichten Della Portas zu verstärkter Plastizität entwickelt, um dadurch die Betonung der Mittelachse zu verstärken. So finden wir ein Fortschreiten von Pilaster zu Halbsäule und weiter zu Dreiviertelsäule und Rundsäule nach der Mitte der Fassade zu. In seinen Profanbauten wie dem Palazzo Mattei und dem Palazzo Barberini löste Maderno entsprechende Probleme durch neuarti-

ge geniale Raumdispositionen. »Als Maderno starb, hatte er die römische Architektur in völlig neue Bahnen geleitet. Autoritativ hatte er den gefügigen akademischen Manierismus, der zu seinen ersten Eindrücken in Rom gehört hatte, zurückgewiesen, und er hinterließ – obwohl er kein Revolutionär war wie Borromini –, weithin geleitet von Michelangelo, ein monumentales Werk von so viel Solidität, Ernsthaftigkeit und Gehalt, daß es gleichermaßen von den großen Antipoden Bernini und Borromini respektiert wurde.«[3]

Im allgemeinen jedoch wurde die Barockarchitektur charakterisiert durch eine relativ oberflächliche Annäherung an das Problem der architektonischen Form. Um den beabsichtigten, überzeugenden Einfluß zu verwirklichen, wurden die gliedernden Elemente vervielfacht und auf die verschiedenste Art miteinander verbunden, so daß oft der Eindruck einer gewissen Überladung entstand. Ein typisches Beispiel dafür ist Martino Longhis Fassade von SS. Vincenzo ed Anastasio in Rom (1644; Abb. 265). Hier wird eine unübertroffene Verdichtung nach der Mitte der Fassade zu mit Hilfe von dreifachen Säulen und zusammenschließenden Ädikulen erzielt, die Schritt für Schritt voranschreitend die Mittelachse betonen.[4] Der Übergang von »Frühbarock« zum »Hochbarock« wird durch ein tieferes Eindringen in die Probleme gekennzeichnet. Das heißt, den Zielen der Raumintegration und des überzeugenden Ausdrucks wurde eher durch eine Verwandlung der Grundform Genüge getan als durch eine applizierte Dekoration. Maderno regte diese Untersuchungen an, aber die entscheidenden Resultate finden wir in den Arbeiten von Bernini, Borromini und Cortona.

Der neue Versuch wird schon in dem ersten Bau von Giovanni Lorenzo Bernini (1598-1680) sichtbar, dem »Baldacchino« in St. Peter (1624-1633). Die vier gedrehten Bronzesäulen wiederholen die Form der frühen christlichen Säulen, die in der Pergola von Alt-St.-Peter gestanden hatten. Sie haben jedoch Riesenmaße angenommen »und drücken symbolisch den Wechsel von der Einfachheit früher Christen zum Glanz der Kirche der Gegenreformation aus und gleichzeitig den Sieg der Christenheit über die heidnische Welt.«[5] Die gedrehte Form löst gleichzeitig ein bedeutendes Formproblem. Gerade Säulen hätten wie eine verkleinerte Ausgabe der Riesenpilaster gewirkt, die die Hauptordnung der Kirche darstellen, und hätten ihrem Brennpunkt nicht genügend Bedeutung gegeben: der Grabstätte des hl. Petrus. Die gedrehte Säule stellt eine dynamische und emphatische Variation einer »normalen« Säule dar, und so gelingt es dem Baldacchino, den großartigen Raum, der ihn umgibt, zu beherrschen und zu zentralisieren. Über den Säulen erheben sich riesige S-förmige

263. Rom, Carlo Maderno,
S. Susanna, Isometrie der Fassade.
264. Rom, Carlo Maderno,
S. Susanna, Fassade.

Schnecken, die das Kreuz über der goldenen Weltkugel tragen. Wir haben Grund zu der Annahme, daß diese Schnecken ein Entwurf von Borromini sind, der zu dieser Zeit als Gehilfe von Bernini arbeitete. Jedenfalls kann man den Baldacchino (Abb. 266) als das »Manifest der Barockarchitektur« bezeichnen.[6] Seine reiche und überzeugende Form kommt mehr aus einer Verwandlung der Grundelemente als aus zusätzlicher Dekoration, und das Ergebnis ist ein einfaches, integriertes Ganzes, das durch plastische Kontinuität charakterisiert wird. Der Baldacchino stellt ebensosehr einen Ausgangspunkt für die Antipoden Bernini und Borromini dar. Er hat die große Einfachheit und die machtvolle Bedeutung von Berninis letzten Entwürfen, aber auch die Dynamik und den synthetischen Charakter von Borrominis letzten Arbeiten. Die bedeutenderen Bauwerke der beiden Architekten sind oben besprochen worden. Aber wir sollten noch ein paar sie kennzeichnende Beiträge erwähnen. Unter Berninis Arbeiten nimmt die Scala Regia (Abb. 267) im Vatikan (1663-1666) einen bedeutenden Platz ein. Der enge zur Verfügung stehende Raum erlaubte kaum die Entwicklung eines monumentalen Treppenhauses, aber durch geniale Tricks in Perspektive und Beleuchtung korrigierte Bernini die wahren Dimensionen des Raumes. So hätten die konvergierenden Wände den Eindruck einer außerordentlichen Tiefe erweckt, hätte Bernini nicht Reihen von Säulen davorgestellt, die weniger als die Wände konvergieren.[7] Berninis Werke zielen in der Tat darauf ab, die Phänomene zu konkretisieren, die über die meßbaren, »echten« Eigenheiten der Situation hinausgehen. Er läßt uns an Situationen teilnehmen, die natürlich und selbstverständlich zu sein scheinen, die aber einen bezeichnenden, irrationalen Gehalt haben. Architektonisch wird die Konkretisierung durch den Gebrauch von scheinbar einfachen Volumina und durch eine regelmäßige, integrierende Gliederung verwirklicht. In den Arbeiten von Francesco Borromini (1599-1667) wird andererseits der irrationale »synthetische« Gehalt durch eine entsprechend komplizierte Form ausgedrückt. Borromini jedoch überwindet die Kompliziertheit durch räumliche und plastische Kontinuität. Er vereint dadurch heterogene Elemente zu synthetischen Ganzheiten, die neue psychische und existentielle Charaktere darstellen. Dies ist besonders auffällig in zwei Werken, die wir noch nicht erwähnt haben: dem unvollendeten Kampanile und der ebenso unvollendeten Kuppel von S. Andrea delle Fratte (1653) sowie der Cappella Spada (Abb. 270, 271) in S. Girolamo della Carità (1662). In S. Andrea delle Fratte (Abb. 268, 269) verwandelt Borromini den traditionellen statischen und umschlossenen Tambour in einen dynamischen, ausstrahlenden Organismus. Die konvexen Joche in der Mitte zeigen die expansive

265. Rom, Martino Longhi d. J.,
SS. Vincenzo e Anastasio, Fassade.

266. Rom, Giovanni Lorenzo
Bernini, St. Peter »Baldacchino«.
267. Rom, Giovanni Lorenzo
Bernini, Vatikan, Scala Regia.

Bewegung des Innenraumes an, der in Wechselwirkung mit dem äußeren Raum steht, um eine starke Ausstrahlung längs der Diagonalachsen zu schaffen. Indem er einen freistehenden Kampanile hinzufügte, schuf Borromini einen städtischen Brennpunkt, der sich verändert, je nachdem von wo wir ihn sehen, aber nie seine Identität verliert.[8] Die Kuppel und der Kampanile von S. Andrea delle Fratte repräsentieren so einen außerordentlich barocken Brennpunkt, der an einem ausgedehnten »Feld« räumlicher Beziehungen teilnimmt. Die Spada-Kapelle illustriert besser als jedes andere Werk, wie Borromini den Raum zum Hauptakteur der Architektur machte. Anstatt die Aufmerksamkeit auf einen plastisch modellierten Altar zu lenken, reduzierte er die Plastizität auf ein Minimum, indem er die Wände mit Schmuck aus fortlaufenden Marmormosaiken bedeckte. So zielte Borromini auch auf eine gewisse Konkretisierung ab. Während Bernini das Übernatürliche wirklich machte, indem er es in einem einfacheren, rationalen Raum erscheinen ließ, gab Borromini dem irrationalen, übernatürlichen Raum Struktur, so daß er vorstellbar und in den existentiellen Raum des Menschen integriert wurde.

Die Gedanken von Borromini fanden eine gewisse Gefolgschaft. Einige Architekten übernahmen seine Formmittel, ohne den revolutionären Gehalt seines Werkes zu verstehen. Ein typisches Beispiel dafür bietet Giovanni Antonio de Rossi (1616-1695), der, früher als irgendein anderer, Borrominis Methoden der Gliederung anwandte. Sein Meisterstück ist der wohlausgewogene und formal integrierte Palazzo d'Aste-Bonaparte (1658-1665), wo die Ecklösung und die Ziergiebel der Fenster klar von Borromini übernommen sind. Ein origineller und wirklich erfinderischer Anhänger Borrominis war Guarino Guarini (1624-1683), der Borrominis Versuche zur Schaffung neuer synthetischer »Charaktere« fortsetzte und auch die Möglichkeiten untersuchte, wie man den Raum als konstituierendes Element in der Architektur gebrauchen könne. Guarinis Gliederung und Dekoration sind höchst persönlich, und der Gehalt, den er ausdrückt, wie tief er auch sei, ist selten direkt verständlich. Als ein typisches Beispiel erwähnen wir die komplizierte Detailarbeit am Collegio dei Nobili in Turin (1679). Dieser Aspekt seiner Arbeit fand daher wenig Nachfolge. Wie wir jedoch schon gesehen haben, eröffnete seine Art der Raumbehandlung neue, fundamentale Möglichkeiten. Im Grunde konkretisierte Guarini den komplizierten und höchst irrationalen Gehalt seiner Bauten durch einfallsreiche, aber rationale Systeme räumlicher Ausdehnung. Wie bei Bernini und Borromini war eine Konkretisierung des Irrationalen auch sein Grundziel, aber während Maderno, Bernini und Borromini Repräsentanten einer römischen Barockarchitektur

waren, gehören Guarinis Werke weder einem besonderen Ort noch einer bestimmten Gegend an. Trotz seines persönlichen Stils drückt Guarini daher die Universalität der Kirche der Gegenreformation aus.

Die römische Barockarchitektur behielt immer ihre charakteristische Identität durch alle persönlichen Veränderungen hindurch. Als Haupteigenschaft des römischen Charakters dürfen wir den Nachdruck nennen, den sie auf die Behandlung von Masse und Plastizität legte. Dieser Nachdruck ist sogar in Borrominis Arbeiten gegenwärtig, da wir seine schwingenden Wände als abstrakten Ausdruck der dramatischen Wechselwirkung von inneren und äußeren Kräften verstehen müssen, die römische Plastizität und römischen Dynamismus ausmachen. In den Bauten von Carlo Rainaldi (1611-1691) wird das gleiche Ziel sichtbar, aber trotz seiner Erfindungsgabe gelingt ihm keine echte Barocksynthese von Masse, Raum und Oberfläche.[9] Sein Hauptmittel für die Gliederung sind Säulen, die schwülstig in frühbarocker Manier »appliziert«, anstatt plastisch integriert werden. Eine echte plastische Integration jedoch charakterisiert die Werke von Pietro da Cortona (1596-1669). Anstatt von Raumzellen oder von Wandmembranen auszugehen, komponiert Cortona mit fortlaufenden Reihen von plastischen Gliedern, deren verschiedene Dichte einen Raum schafft, der eminent lebendig erscheint. Dies sieht man schon an seinem ersten Bau, der Villa Sacchetti (1625-1630; Abb. 272).[10] Eine vollständige Wechselwirkung von Räumen, die seine späteren Werke ankündigt, wird durch Gruppen und Reihen von Pilastern und Säulen gebildet, die ein reiches, vibrierendes Spiel von Licht und Schatten schaffen. Im allgemeinen besitzt die Villa Sacchetti ein einmaliges, überzeugendes Gleichgewicht zwischen Masse und Raum. Das gleiche gilt für sein letztes Meisterwerk, die Kuppel von S. Carlo al Corso (1668-1672; Abb. 273). Hier wird der Tambour aus Bündeln von kräftigen Säulen und Pilastern gebildet, die ein stark vorspringendes Gesims tragen und ein plastisch gegliedertes Dachgeschoß. Kraftvolle Rippen verwandeln die Kuppel in einen aktiven, dynamischen Organismus. So kann man Cortona als eine Repräsentanten klassischer, anthropomorpher Architektur in der Barockzeit ansehen, der die traditionellen »objektiven« Merkmale einbezieht in einen Prozeß von Wechselwirkung und Umwandlung.[11]

Trotz der zentralen Bedeutung, die Rom in der Architektur des 17. Jhs. hatte, tauchten auch einige wertvolle regionale Stile auf. Wir haben schon die wichtigen Beiträge von Francesco Maria Ricchino erwähnt (1584-1658), der die örtliche Mailänder Tradition von Pellegrino Tibaldi und Lorenzo Binago fortsetzte. In Turin finden wir das Zentrum einer besonders reichen Piemonteser

270. Rom, Francesco Borromini,
S. Girolamo della Carità, Cappella
Spada, Inneres.
271. Rom, S. Girolamo della
Carità, Cappella Spada, Detail
der Wanddekoration.

Architektur, die Ascanio Vitozzi (1539-1615) angeregt hatte und
die fortgesetzt wurde von Carlo (1560-1641) und Amedeo (1610-
1683) di Castellamonte. Diese erste Phase der Piemonteser Barockarchitektur vereint Einflüsse aus Rom und Paris. Während
die einzelnen Bauten einen unmißverständlichen »italienischen«
Charakter haben, ist die städtische Umgebung von französischem
Rationalismus geprägt.

Einen ausgeprochenen Lokalcharakter finden wir in Venedig, wo
die traditionelle malerische und dekorative Einstellung durch
Baldassare Longhena (1598-1682) eine barocke Interpretation erhielt. Sein Palazzo Pesaro (1663) zeigt eine reiche, aber kontrol-
lierte Wechselwirkung von Masse und Raum, Licht und Schatten
und hat – trotz der etwas konventionellen Komposition – echte
barocke Plastizität. Die Barockarchitektur von Süditalien gehört
hauptsächlich ins 18. Jh. Wir sollten jedoch den Neapolitaner Co-
simo Fanzago erwähnen (1591-1678). Er ist barock in seiner
Wandelbarkeit, aber ohne echtes, schöpferisches Talent. Gegen
Ende des Jahrhunderts wurde die römische Architektur von dem
mittelmäßigen, klassisch gesinnten Carlo Fontana (1638-1714)
beherrscht. Im allgemeinen wurde die italienische Architektur
des 17. Jhs. durch die Aufgabe bestimmt, Kirchen zu bauen. Außer in Turin besitzt die Umgebung daher keine systematisch orga-
nisierte, horizontale Ausdehnung. Sie ist vielmehr von den Verti-
kalachsen der Kirchen beherrscht, deren Wechselwirkung mit der
städtischen Umgebung, das heißt der »Gesellschaft«, durch eine
»dynamische« und überzeugende plastische Form ausgedrückt
wird.

Frankreich

In Frankreich war der Prozeß der Zentralisierung stärker als in
Italien. Eine gewisse regionale Aktivität bestand bis zu dem Tod
Mazarins (1661). Aber das künstlerische Potential war seit dem
Beginn des Jahrhunderts in Paris zentralisiert. Die französische
Architektur des 17. Jhs. hat daher einen eindeutigen Charakter
und eine eindeutige Entwicklung. Die treibende Kraft war der
Gedanke der absoluten Monarchie von Gottes Gnaden, und das
Ergebnis war eine neue Art von Staatsarchitektur.[12] Sie vereinte
die Pole Ratio und Transzendenz. Wir haben schon die Konzeption des Raumes analysiert, der diese Absichten konkretisierte,
und haben auch dargelegt, wie regionale und gotische Traditionen von einer neuen Architektur absorbiert wurden, die im allgemeinen eine Formsprache benutzte, die aus Italien importiert
war.[13] Der führende Bautyp war der Palast, der den Brennpunkt
eines ins Unendliche ausgedehnten Raumes bildete. Ausdehnung
setzt voraus, daß die konstituierenden Elemente eine gewisse

272. Rom, Pietro da Cortona,
Villa Sacchetti. Zeitgenössischer
Stich.

273. Rom, Pietro da Cortona,
S. Carlo al Corso, Äußeres, Apsis
und Kuppel.

274. Venedig, Baldassare
Longhena, Ca' Pesaro.

Einförmigkeit haben, und in der Tat zeigt die französische Architektur des 17. Jhs. nicht die plastische Modellierung und die Bestimmtheit, die die zeitgenössischen italienischen Bauten charakterisiert. Sie wird daher oft als weniger »barock« und mehr »klassisch« betrachtet. Solch ein Urteil jedoch stammt aus oberflächlicher Definition der in Frage stehenden Kategorien. »Barocke Architektur« wird nur dann ein brauchbares Konzept, wenn es die Konkretisierung einer Art von existentiellem Raum bedeutet und nicht besondere formale Züge. Die typisch französische Einstellung wird bereits in den Arbeiten von Salomon de Brosse sichtbar (1571-1626). Seine Fassade von St. Gervais in Paris (1616) [14] zeigt eine »korrekte« Übereinanderstellung der drei klassischen Ordnungen. Sowohl vertikal als auch horizontal ist seine Komposition auf regelmäßiger Wiederholung aufgebaut, wenn auch die Fassade als Ganzes die Längsachse des Baus betont. Eine ähnliche Lösung verwandten de Brosse und seine Schüler auch in Profanbauten. Erinnern wir uns z. B. an den Mittelrisalit von François Mansarts Château de Maisons. [15] Das Motiv vereint in einer einfachen Formel die Grundgesetze der klassischen Architektur, der gotischen Vertikalität und der barocken Bewegung in die Tiefe. Es wurde so ein Merkmal der französischen Architektur im 17. Jh. Die Profanbauten von de Brosse zeigen noch manieristische Züge wie die Verbindung von Rustika und Säulenordnungen, aber die für den Manierismus typischen Spannungen und Widersprüche sind durch regelmäßig ausgedehnte Rhythmen ersetzt worden. So bestimmte de Brosse die grundlegenden Ziele und Mittel des Jahrhunderts.

François Mansart (1598-1666) gehört zu der Generation von Bernini, Borromini und Cortona. Er spielte eine analoge Rolle, indem er die Architektur zu einem flexiblen und subtilen Werkzeug machte, um damit das Wesen der Epoche auszudrücken. Seine Arbeiten sind durch große Erfindungskraft charakterisiert, aber auch durch eine Beschränkung, die die radikalen Züge weniger sichtbar macht. Obwohl seine Gliederung höchst originell ist, so schafft doch ein »korrekter« Gebrauch der Ordnungen einen allgemeinen, klassischen Charakter. Mansart gelingt es so, den Dynamismus und die irrationalen Variationen, die der Barockarchitektur innewohnen, durch den Gebrauch eines rationalen, wohlbekannten Vokabulars der Formen zu objektivieren. In der Baugeschichte haben nur wenige Architekten eine gleiche Ausgewogenheit des Allgemeinen und des Besonderen, des Objektiven und des Persönlichen erreicht. In der Fassade der Kirche der Minimiten (Abb. 277) in Paris (1657) wird die Geschicklichkeit von Mansart klar ersichtlich. [16] Das Problem, die Längsachse zu betonen und gleichzeitig den Bau zu einem Teil der davorliegenden

Straße zu machen, wurde von ihm in einer Weise gelöst, die uns an Borrominis S. Agnese auf der Piazza Navona erinnert. Mit dem System der fortlaufenden Wand jedoch gibt Mansart jedem Volumen seine klare Bestimmung, wie er es schon in dem Château de Berny (1624) getan hatte. Er kombiniert die vertikale mit der horizontalen Ausdehnung, so daß sie ein wohlausgewogenes Ganzes bilden. Die Kuppel über dem Eingang zur Kirche beendet auch die Achse der Place des Vosges, so daß eine höchst originelle Integration von Bau und städtischer Umgebung erzielt wird.

Louis Le Vau (1612-1670) packt in seinen Bauten ähnliche Probleme auf andere Art an. Der Unterschied wird sichtbar, wenn wir die Kirche der Minimiten mit dem Collège des Quatre Nations (Institut de France; Abb. 278, 279) von Le Vau (1600) vergleichen. In beiden Fällen markiert eine Kuppel das Ende einer städtischen Achse, wohingegen langgestreckte Flügel seitliche Ausdehnungen schaffen. In den Bauten von Le Vau jedoch sind die subtilen Spannungen Mansarts durch barocken Schwulst ersetzt, der auf dem Gegensatz zwischen konkaven und konvexen Volumina sowie Kolossalordnungen und normalen Ordnungen basiert. Eine allgemeine Kontinuität wird durch das Mittel einförmig sich wiederholender Öffnungen beibehalten. [17] Trotz seines Interesses an großartigen Verbindungen leistete Le Vau einen wesentlichen Beitrag zur Entwicklung des behaglichen und praktischen Wohnbaus. Er bewies ein besonderes Geschick für die Lösung funktioneller Entwürfe und scheint »temperamentmäßig gut geeignet für die Forderungen seiner Bauherren gewesen zu sein, wohingegen Mansart Aufträge infolge seiner Dickköpfigkeit und Arroganz verpaßte.« [18] Mit dem Problem des Louvre jedoch wurde die Kapazität von Le Vau überfordert.

Die Einschaltung Berninis haben wir bereits besprochen; aber wir sollten noch ein paar Worte über die endgültige Lösung sagen. Die Ostfront des Louvre gilt allgemein als der Höhepunkt der klassischen französischen Architektur. Über einem geschlossenen Erdgeschoß erhebt sich eine prachtvolle Reihe gekoppelter Säulen. Die typisch französische Ausdehnung durch Wiederholung ist durch feine Variationen gegliedert. Die Wand besteht aus fünf Abteilungen, die verschieden charakterisiert sind. Die Ecken sind durch eine Vereinigung von Wand und Säulenordnungen zu soliden Pavillons geworden. Die Säulen wurden so zu Pilastern, und nur die »offene« Mitte wird durch Paare von Pilastern und Säulen gekennzeichnet. Die langen Wände zwischen den Ecken und dem Mittelrisalit sind zu durchsichtigen Kolonnaden geworden, die uns gleichzeitig an einen römischen Tempel und an eine gotische «lichtdurchlässige» Struktur erinnern. Im Mittelrisalit sind Masse und Skelettstruktur kombiniert, um ei-

nen aktiven, aber zurückhaltenden Ausdruck der Wechselwirkung zwischen Innen und Außen zu schaffen. Selten ist die Dialektik von Säulenordnung und Variation meisterhafter gezeigt worden. Wer war nun der Mann, der diesen großartigen Entwurf schuf? Der allgemeine Grundplan geht offensichtlich auf ein Projekt von Le Vau aus dem Jahr 1644 zurück. Die Charakterisierung der fünf Wandabschnitte entspricht in der Tat der typischen Anordnung seiner anderen Bauten, und in seinem Werk finden wir auch die gekoppelten Säulenordnungen (Hôtel de Lionne, 1662). Die einfache klassische Größe der Endlösung (1667/68) wird erwiesenermaßen seinem Schüler und Mitarbeiter François d'Orbay (1631-1697) verdankt.[19]

Während d'Orbay der französischen Architektur eine mehr klassische Richtung gab, entwickelte Le Vaus Schüler Antoine Le Pautre (1621-1691) die barocken Aspekte seines Werkes. Le Pautre baute nicht viel, aber sein Hôtel de Beauvais in Paris (1654-1656; Abb. 282, 283) zeigt ein großes Geschick bei der Ausnutzung eines schwierigen Bauplatzes. Der Übergang vom Eingang zum Hof wird durch Seitenwände betont, die eine Kolossalordnung von Säulen gliedert, die am fernen Ende in einer Ädikula zusammenlaufen. Gleichzeitig wird der Raum durch ein fortlaufendes, stark vorspringendes Kranzgesims umgrenzt. Im Grunde genommen hat kein anderer Raum in der Architektur des 17. Jhs. in Frankreich so viel Plastizität und Dynamismus. Am berühmtesten von Le Pautres Bauten ist der Enwurf für ein Schloß (Abb. 285), das er in seinem Buch »Les Œuvres d'Architecture« veröffentlicht (1652).[20] Die allgemeine Anlage ist dem Palais du Luxembourg entlehnt, mit Eckappartements und einem Vestibül in der Mitte; die Wandgliederung folgt dem üblichen Schema von Le Vau mit einer Kolossalordnung auf den Flügeln. Der Wunsch nach plastischer und räumlicher Systematisierung übertrifft jedoch alles bisher Dagewesene. Das große, kreisrunde Vestibül, das von einem »Tambour ohne Kuppel« bekrönt wird, bestimmt das Zentrum eines Systems von ausstrahlenden Richtungen, unter denen die Hauptachse besondere Bedeutung hat. Entlang der Querachse steigt man durch eine Reihe von verschiedenen Räumen in den ersten Stock hinauf. Der Gebrauch von »dégagements« (Treppenabsätzen) ist sehr fortschrittlich, aber als Ganzes hat der Entwurf einen etwas theoretischen Charakter. Der ganze bi-axiale Organismus wird durch ein fortlaufendes Hauptgesims vereinheitlicht. Wir dürfen annehmen, daß Bernini die Veröffentlichungen von Le Pautre kannte und daß der Schloßentwurf seinen ersten Entwurf für den Louvre beeinflußte.

Die letzten Jahrzehnte des Jahrhunderts wurden von Jules Hardouin-Mansart beherrscht (1646-1708). Er wird oft als ein et-

was trockener und wenig inspirierter Planer beurteilt, wir haben
jedoch gesehen, daß seine einförmigen, ausgedehnten Strukturen
das Ergebnis von wohlerwogenen Absichten waren, und wir haben auch auf sein Geschick verwiesen, ganz besondere Probleme
zu lösen, so wie die Place des Victoires oder den Dôme des Invalides. »Er diente den Bedürfnissen seiner Zeit vollkommen und
verwandte darauf ein ungeheures Talent: einen außergewöhnlichen Sinn für Grandeur, großes Geschick in der Anleitung einer
Gruppe von Arbeitern und, wenn es benötigt wurde, eine beachtliche Meisterschaft in der ganz praktischen Seite des Architek-
tenberufs.«[21] Sein klarer und sicherer Stil ist besonders ersichtlich in der Kapelle von Versailles (1689-1710; Abb. 284). Die Kapelle mußte zwei Stockwerke enthalten, das Erdgeschoß für die
Höflinge und das Publikum und das Obergeschoß für den König,
in direkter Verbindung mit seinem Appartement. Hardouin-
Mansart löste das Problem auf eine Weise, die an die Louvrefas-
sade erinnert, nicht nur wegen der Klarheit des Entwurfs, sondern gleicherweise wegen der Beziehung zwischen massiver Basis
und »transparentem« Hauptgeschoß. Der König erhebt sich sozusagen in voller Selbstsicherheit über seine Gefolgsleute, ein In-
halt, der durch die »gotischen« Proportionen des Raumes betont
wird. Mit der Fassade des Louvre (Abb. 280, 281) und der Kapelle von Versailles erreichte die französische klassische Architektur
einen Höhepunkt. Die beiden Werke geben eine vollendete Konkretisierung des rationalen und transzendentalen esprit de système Frankreichs im 17. Jh.

Frankreichs Sakralarchitektur

Während der ersten Hälfte des 17. Jhs. hatte Frankreichs Sakralarchitektur noch einen schöpferischen Impuls, wie dies die Bauten von François Mansart zeigen, und der Raum wurde nicht nur
als abstrakte Ausdehnung erfahren, sondern, in italienischer Art,
als ein konkretes Phänomen. Als die Staatsbauten begannen die
Szene zu beherrschen, mit dem Palast als dem führenden Bauwerk, wurden die Kirchen in den Hintergrund gedrängt. Kuppeln
verschwanden, und die Idealform war die neutrale Halle, die
nicht länger ein vorherrschender Brennpunkt war.[22] Die abstrakten Eigenheiten des Raumes wurden betont, insbesondere Probleme der Proportion, und die Architektur neigte dazu, den Gesetzen der Natur und der Ratio zu folgen, mehr als der Imagina-
tionskraft und den individuellen Umständen. Diese Stellung wurde kodifiziert durch den Leiter der Akademie, François Blondel
(1617-1686), dem daran lag, eine Sammlung von Gesetzen aufzu-
stellen, die absolute Gültigkeit haben sollte.

280. Paris, François d'Orbay,
Louvre, Ostfassade.

281. Paris, Louvre, Ostfassade.

Spanien

Spanien erlebte den Höhepunkt der imperialen Macht im 16. Jh.
unter Philipp II. Unter Philipp III., der von 1598 bis 1621 regier-
te, wurde aus Größe Niedergang. Die Bedingungen für die Entwicklung einer echten Barockarchitektur waren daher nicht gün-
stig. Die großartigen Pläne von Philipp II. für den Escorial (Abb.
287) wurden aufgegeben, und die spanische Architektur hatte nur
noch zweitrangige Bedeutung.[23] Der Escorial wurde 1562 von
Juan Bautista de Toledo geplant und in der Hauptsache von Juan
de Herrera (um 1530-1597) zwischen 1572 und 1584 erbaut. Er
repräsentiert eine großartige Synthese von Bautypen, denn er
mußte Philipp ja mit einem Palast für seinen Hof versehen, mit
einem Kloster, in das er sich zurückziehen konnte, mit einer großen Kirche und mit einem Grabmal. So symbolisierte er einen besonderen Charakter des spanischen Staates. Das große symmetrische Rechteck hat viele Vorgänger, bis hin zu Diokletians Palast
in Split, und wurde das Modell für die großen Fürstabteien des
18. Jhs. in Mitteleuropa. Im Jahre 1585 plante Herrera die Kathedrale von Valladolid über einem interessanten zweiachsigen
Grundriß und betonte sowohl die Bewegung in die Tiefe als auch
die Zentralisierung. Das Konzept hatte eine gewisse Nachfolge,
z.B. die Kathedrale von Mexico City und die interessante Pilar-
Kirche in Saragossa (1680). Herreras Nachfolger, Juan Gómez de
Mora (1580-1648), kehrte jedoch zu einem mehr konventionellen
Schema zurück, als er die Clerecía der Jesuiten in Salamanca entwarf (1617). In der Anlage folgt sie Il Gesù, ohne jedoch den
rhythmischen Reichtum und die räumliche Einheit der römischen
Kirche zu erreichen. Interessanter ist die Kathedrale von Madrid,
S. Isidro (Abb. 289), erbaut von Francisco Bautista (1594-1678)
nach 1629. Hier zeigt das Mittelschiff einen Wechsel von weiten
und engen Jochen, ein Motiv, das in den Enden des Querschiffs
wiederholt wird. Die Gliederung zeigt einen neuen Reichtum, der
die Wand zunehmend zu einem fortlaufenden Oberflächenorna-
ment macht. Der Gedanke könnte auf maurischer Inspiration beruhen und regte eine bedeutende Entwicklung in der spanischen
Barockarchitektur an. Die Entwicklung der Längskirche fand
ihren Höhepunkt in S. Maria Magdalena in Granada (Abb. 290)
von Juan Luis Ortega (1628-1677), die nach 1677 erbaut wurde.
Hier wird ein zweiachsiges Mittelschiff einer beherrschenden,
hohen Kuppel gesellt, eine Lösung, die zeitgenössischen römischen Kirchen verwandt ist. Unter den Zentralbauten in Spanien
erwähnen wir die Kirche Desamparados in Valencia (Abb. 291)
von Diego Martínez Ponce de Urrana, erbaut 1652-1667. Ein
Längsoval ist in ein Rechteck eingefügt und nimmt die doppelte
räumliche Begrenzung, die typisch für das 18. Jh. ist, vorweg. Der

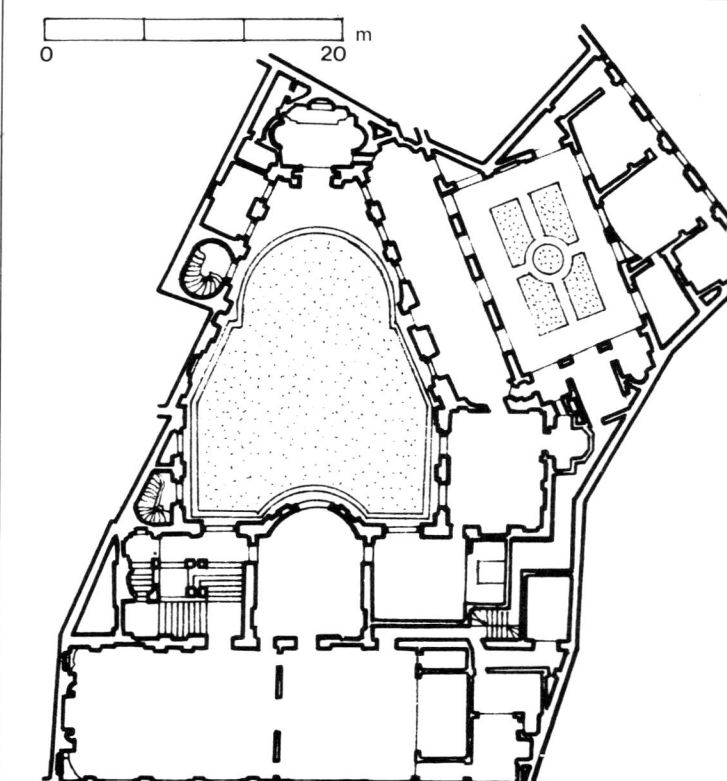

282. Paris, Antoine Le Pautre,
Hôtel de Beauvais, Grundriß des
ersten Stockes.

283. Paris, Hôtel de Beauvais,
Ansicht des Hofes.

Raum endet mit einem Camarín, das heißt einem Raum oberhalb des Altars für die Aussetzung des Sakraments.[24] Im allgemeinen tendiert die spanische Architektur des 17. Jhs. zunehmend zu einer dekorativen Haltung, die eine Variation des Barockthemas der Überredung darstellte. Es ist daher natürlich, daß sie einen Höhepunkt in den Missionskirchen in Amerika erreichte.

England

Bis hin zum Beginn des 17. Jhs. hatte die englische Architektur ihr eigenes Leben gelebt. Trotz des allgemeinen kulturellen Kontaktes mit dem Kontinent während der Regierung von Königin Elisabeth blieb die Architektur isoliert. Im Verlauf der zweiten Dekade des Jahrhunderts änderte sich die Lage plötzlich infolge der grundlegenden Beiträge eines einzigen Architekten: Inigo Jones (1573-1652). Jones hatte zwischen 1597 und 1603 Venedig besucht, und 1613/14 verbrachte er nochmals ein halbes Jahr in Italien. In der Zwischenzeit (1609) war er auch in Paris gewesen. So hatte Jones' Ausbildung vor der eigentlichen Entwicklung des römischen und französischen Barock stattgefunden, und er fand seine Inspirationsquelle in den theoretischen Werken und in den Bauten von Palladio. Von dieser Zeit an war Palladio immer in irgendeiner Weise anwesend, wenn in England gebaut wurde. Es ist bezeichnend, daß Palladio der einzige Architekt war, dem es gelang, ein vollständiges architektonisches System ohne barocken Schwulst zu schaffen. Seine Kombination von Wandlungsfähigkeit und Selbstbeschränkung entsprach dem Charakter der englischen Gesellschaft und der englischen Psyche besonders gut. Im 17. Jh. gibt es in England weder eine dominierende Kirche noch eine absolute Monarchie. Vielmehr erscheinen Religion und Aristokratie als Faktoren eines umfassenden Ganzen, das auch den Bürger, den Kaufmann und den Freidenker einschloß. Der daraus entstehende Pluralismus verhinderte jedoch nicht, daß England ein machtvolles »System« eigener Art besaß. Wenn auch das Land einen Bürgerkrieg und die Enthauptung seines Königs erleben mußte, können wir doch von einer Gesellschaft sprechen, die demokratischer war als in den anderen Ländern Europas. Inigo Jones baute für den Hof, aber sein »Palladio-Stil« zeigt den Wunsch nach einer entsprechenden »demokratischen« Architektur. Sein Ziel war, eine Architektur zu schaffen, die neutrale Universalität besaß. Jones sah gewisse Dinge deutlich – deutlicher, als seine italienischen und französischen Zeitgenossen es mit ihrem so viel reicheren und hochentwickelten Hintergrund tun konnten. Er sah, daß die Antike in den fünf Ordnungen und in ihrer Verhaftung an spezielle Formen der räumlichen Anord-

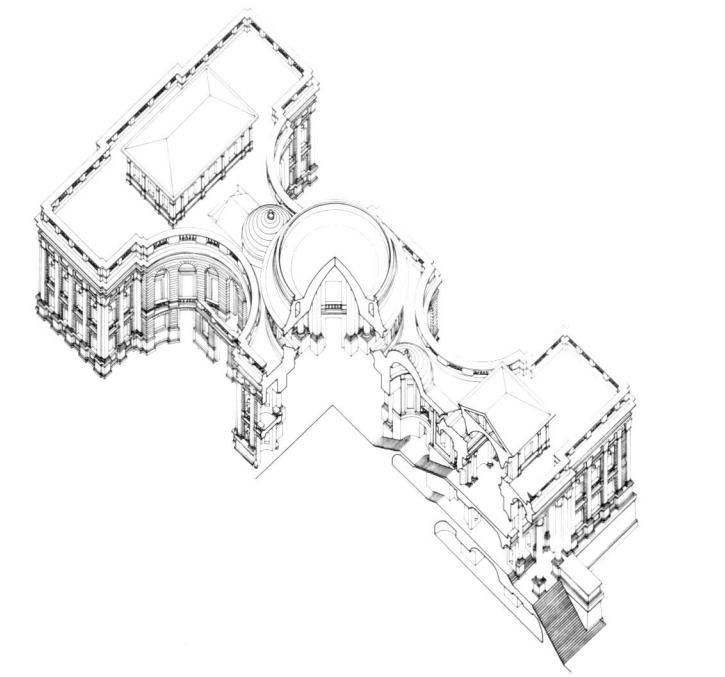

284. Versailles. Schloßkapelle, Inneres.

285. Antoine Le Pautre, Entwurf für ein Château, Isometrie.

286. Paris. Porte St. Denis. Stich von Perelle.

287. Juan Bautista de Toledo, Juan de Herrera, El Escorial.

288. Salamanca, Juan Gómez de Mora, Clerecía der Jesuiten und Kathedrale.

289. Madrid, Francisco Bautista, S. Isidro, Inneres.

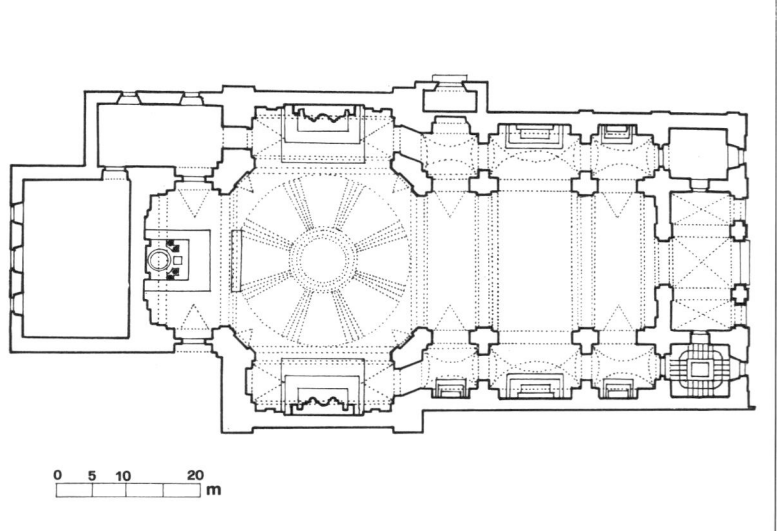

0   5   10   20
                m

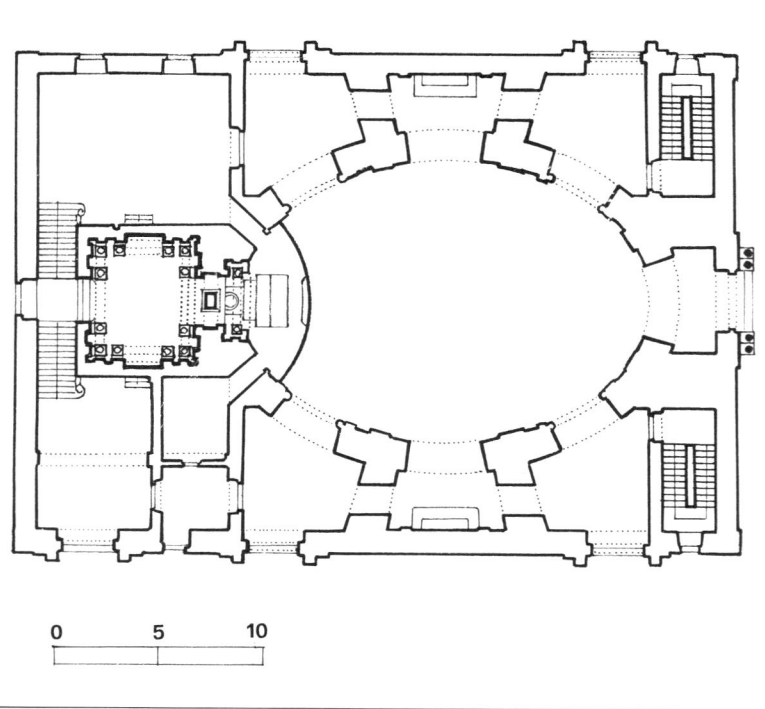

0   5   10

nung eine Sprache von zeitloser Gültigkeit anbot. Er war kein revolutionärer Geist; aber die Kraft seines Beispiels war so stark, daß es durch zwei Generationen auswählender Versuche und barocker Abenteuer hindurch den Weg in ein neues Zeitalter zu neuen Erkenntnissen zeigte.[25]

Der erste Bau, der Jones' Art zeigt, ist das Queen's House in Greenwich (1616-1635; Abb. 292, 293). Ursprünglich bestand das Gebäude aus zwei Flügeln, die mit einer Brücke in der Höhe des ersten Stocks zu einem Quadrat zusammengebunden waren. Das leicht vorspringende Zentrum des Eingangsflügels zeigt die große würfelförmige Halle an, die durch beide Stockwerke hindurchgeht. Das Erdgeschoß ist in Rustika und hatte ursprünglich kleinere Fenster. Das höhere Piano nobile hat einfachen ionischen Charakter, der besonders in der Loggia auf der Gartenseite sichtbar wird. Das flache Dach trägt zu dem italienischen Eindruck bei. Die hohen Fenster und die horizontal verlängerte Proportion des Blocks sind jedoch nordischen Ursprungs und schaffen ein unterdrücktes Spiel von Spannungen, in dem auch eine gewisse Betonung der Hauptachse liegt.[26] Im Jahre 1617 machte Jones einen Entwurf für eine neue »Star Chamber«, wobei er eine Kolossalordnung über einer Rustikabasis vorschlug. Das Innere, gegliedert durch zwei Reihen von Halbsäulen, sollte einer römischen Basilika ähnlich sehen. Das gleiche Thema wurde im Banqueting House monumentalisiert (1619-1622), dem bedeutendsten der auf uns gekommenen Werke von Jones. Das zweiachsige, zweistöckige Innere wird von ionischen Halbsäulen unten und Kompositpilastern oben gegliedert und von einer aus der Mauer vorspringenden Galerie umzogen. Ursprünglich gab eine Apsis dem Raum, der die statische Proportion eines doppelten Würfels hat, die Richtung. Die Ordnungen innen entsprechen denen des schön gegliederten Äußeren. Hier jedoch finden wir eine ähnliche Behandlung der beiden Reihen. Gekoppelte Pilaster bezeichnen die Ecken, und die drei Mitteljoche werden von Säulen betont. Diese harmonische Gliederung erscheint auf einer Rustika-Oberfläche, ein manieristisches Motiv, das jeden Sinn für Konflikte verloren hat. Im allgemeinen scheint das Banqueting House die Versöhnung von Gegensätzen und das Ideal friedlicher demokratischer Zusammenarbeit zu symbolisieren. Einen ähnlichen Charakter finden wir in Lindsay House in Lincoln's Inn Fields (1638-1640), das wahrscheinlich von Jones entworfen wurde und wo eine Kolossalordnung sich über einem niedrigen Rustika-Erdgeschoß erhebt. Jones' Plan für Covent Garden (1631) führte den Gedanken des Platzes in London ein. Der Raum wurde durch Arkaden geeint und auf die St.-Pauls-Kirche als Mittelpunkt ausgerichtet, die als toskanischer Tempel erbaut wurde. »Es ist eine außerordentliche Leistung,... ein archäologischer Versuch... prophetisch für die Theorie und Praxis des Neoklassizismus...«[27] Das große Projekt für den Whitehall Palace (1638), der das Opus magnum von Jones geworden wäre, kam durch den Bürgerkrieg nicht zur Ausführung (1642-1649). Der Entwurf zeigt ein großes Rechteck, das in etwa den Grundriß des Escorial übernimmt und mehr als doppelt so groß ist. Die Gliederung, die Jones in seinen Skizzen angedeutet hat, lenkt nicht von dem monotonen Gigantismus ab, der als eine Karikatur englischer Werte erscheint. »Hätte Charles I. so lange gelebt, um es zu erbauen, so wäre das neue Whitehall ein ernster und passender Hintergrund gewesen für die noch blutigere Revolution, die es gewißlich geholfen hätte zu beschleunigen.«[28]

Die englische Architektur des 17. Jhs.

Die englische Architektur des 17. Jhs. wurde durch den Bürgerkrieg in zwei scharf getrennte Phasen geteilt. Wie Inigo Jones die erste Phase beherrschte, so Christopher Wren (1632-1723) die zweite. Wren begann als Astronom und Mathematiker und wurde Mitglied der Royal Society, als diese 1662 gegründet wurde. Als Architekt muß man ihn als einen erfahrenen Dilettanten betrachten, da seine einzige Ausbildung außerhalb Englands in einer Reise nach Paris bestand, im Jahre 1665, wo er Bernini traf. In einem Brief schrieb er: »Ich habe mich befleißigt, die am meisten geschätzten Bauwerke von Paris und der Umgebung zu besehen. Eine Zeitlang war der Louvre mein tägliches Objekt, wo nicht weniger als tausend Hände ständig am Werke sind... Mons. Abbé Charles führte mich bei Bernini ein, der mir die Entwürfe zum Louvre zeigte... Für Berninis Louvre-Entwurf hätte ich meine Haut hergegeben...«[29] Nach wenigen tastenden Versuchen kam Wrens goldene Stunde nach dem großen Brand von London im September 1666. In wenigen Tagen waren mehr als dreizehntausend Häuser und siebenundachtzig Kirchen vom Feuer zerstört worden, auch die große St.-Pauls-Kathedrale (Abb. 297). Ungefähr zweihunderttausend Menschen verloren ihr Heim. Kurz danach legte Wren König Charles II. den Entwurf für eine neue Stadt vor. Die Lösung zeigt ein Barocksystem von Plätzen und davon ausstrahlenden Straßen mit der Royal Exchange als Hauptmittelpunkt. Auch die neue St.-Pauls-Kathedrale hat eine prominente Lage zwischen den Straßen, die von Ludgate im Westen zum Tower und zur Börse führen. Viele der Nebenstraßen sind auf Gemeindekirchen ausgerichtet.

Der große Plan wurde jedoch nicht ausgeführt, da er zu wenig Rücksicht auf die Grundbesitzer nahm. Statt dessen erhielt Wren den Auftrag, die Kathedrale und die städtischen Kirchen wieder

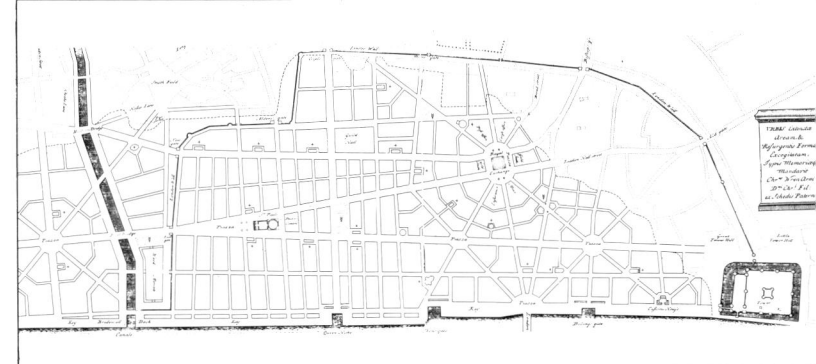

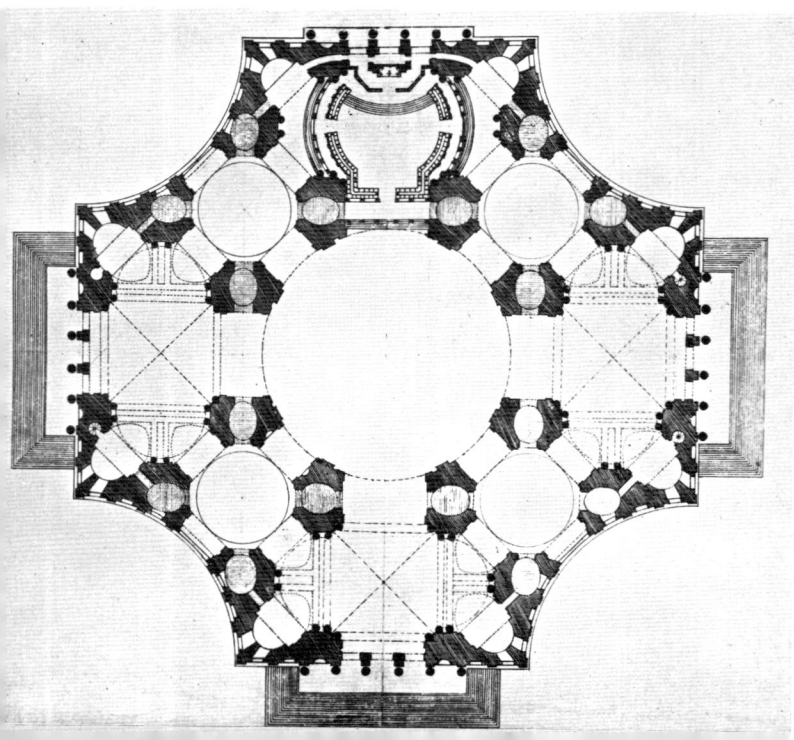

aufzubauen. Alles in allem baute er einundfünfzig Kirchen, die er meist 1670 und kurz danach entwarf. Aber nur wenige davon wurden wirklich von Wren selbst im Detail entworfen. »Gewöhnlich haben sie einen rechteckigen Grundriß und stellen Verkleinerungen traditioneller basilikaler Schemata dar, indem sie Hallen mit oder ohne Querschiffe bilden. Besondere Aufmerksamkeit wird den Kirchtürmen geschenkt, die sich erheben sollten in guter Proportion über die benachbarten Häuser »...und seien ein genügender Schmuck für die Stadt.«[30] Sie zeigen Wrens große Erfindungskraft und kombinieren klassische, gotische und barocke Züge zu höchst wirkungsvollen städtischen Brennpunkten. Aber sie zeigen auch einen gewissen Eklektizismus und scheinen oft eher zusammengesetzt als komponiert zu sein. Unter den Kirchen stellt St. Stephen Walbrook (1672-1687; Abb. 298, 299) eine wichtige und höchst originelle Leistung dar. In ein regelmäßig unterteiltes Rechteck wurde eine Kuppel eingestellt, die auf acht von Säulen getragenen Bögen ruht. Vier dieser Bögen bilden auch ein lateinisches Kreuz. Das Ergebnis ist eine genial einfache Synthese von längs-, zentral- und kreuzförmigen Entwürfen, »ein architektonisches Seitenstück zu dem anglikanischen Kompromiß zwischen der Nüchternheit des Kalvinismus und der Pracht des Barock in Rom«.[31]

Als er die neue St.-Pauls-Kathedrale plante, zielte Wren auf eine ähnliche Synthese ab, nur in viel größerem Maßstab. 1673 legte er seinen Entwurf in Form eines »great model« (Abb. 295) vor. Der zentralisierte Hauptraum ist klar von Michelangelos Projekt für St. Peter abgeleitet, aber kleinere überkuppelte Räume auf den Diagonalen öffnen sich auf das Hauptzentrum. So ist ein »barocker« Wunsch nach räumlicher Integration vorhanden. Aber während Michelangelos Entwurf zentripetal umschlossen ist, läßt Wren seine Raumgruppe mit der Umgebung durch konkave Außenwände in Wechselwirkung treten. Ein überkuppeltes Vestibül und ein klassischer Portikus führen eine Längsachse ein. Sowohl die Gliederung des Äußeren als auch die allgemeine Bedeutung zwischen dem Hauptbau und der Kuppel sind von St. Peter übernommen. Unglücklicherweise fand der Klerus den großartigen Entwurf nicht »kathedralartig genug«, so mußte Wren einen neuen Entwurf machen. Die endgültige Lösung (1675) ist eine ziemlich linkische Kombination von Längsbasilika und überkuppeltem Zentrum. Die beiden Schemata bilden kein überzeugendes Ganzes. Besonders unglücklich ist die Lösung der Diagonalachsen, wo der einheitliche Ring von Bögen von St. Stephen Walbrook einer Struktur aufgezwungen wird, zu der er keine Beziehung hat. Die Gliederung des Äußeren ist auch schwächer als in dem Great model, da die Kolossalordnung durch zwei Reihen von kleinen Pila-

297. *London, St. Paul's Cathedrai.*
298. *London, Christopher Wren,*
St. Stephen Walbrook. Grundriß.

299. *London, St. Stephen*
Walbrook, Inneres.
300. *Greenwich, Christopher*
Wren, Royal Naval Hospital.

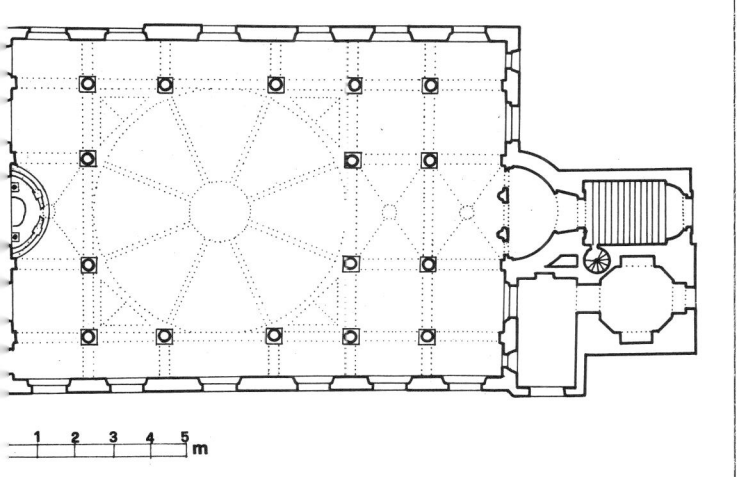

stern ersetzt worden ist. Ein gewisser monotoner und kleinlicher Charakter ist das Ergebnis.[32] Die Hauptfassade gewinnt durch die Einführung von Säulen, und die Türme sind durch »barocke« gegenseitige Durchdringung gut mit dem Mittelteil integriert. Vertikal jedoch steht der Entwurf allein, da die Türme nur Aufsätze von völlig »fremden« Superstrukturen erhalten, die von fern etwas an Borromini erinnern. Andererseits hat die Kuppel eine Regelmäßigkeit, die sie zum ziemlich banalen Ausdruck der englischen Architekturideale macht. »Ihre äußere Wirkung hat nicht, nach der Meinung von Engländern (und sogar einigen Ausländern), ihresgleichen.«[33] Zusätzlich zu seinen Sakralbauten hat Wren einige große Profanbauten entworfen. Das Royal Hospital in Chelsea (1682-1689) hat einen großen, barocken U-förmigen Grundriß, aber die Gliederung setzt den einfachen Klassizismus von Inigo Jones fort. 1683 entwarf Wren einen Plan für Winchester House, ähnlich Versailles, und im Hampton Court (1689) wandte er die einfache wiederholende Gliederung – etwa nach der Art Palladios – auf einen großen ausgedehnten Organismus an. Sein interessantester Entwurf jedoch war der für das Royal Naval Hospital in Greenwich (1695; Abb. 300). Nach einem Vorentwurf kam Wren zu einer Lösung, bei der Queen's House von Inigo Jones benutzt wird, um eine Achse zu beenden, die von einer weiten »Avenue« zwischen Kolonnaden und einem sich auf die Themse öffnenden Hof bestimmt wird.

Der Übergang zwischen den zwei Räumen wird durch hohe Kuppeln über der Kapelle und der Halle markiert. Der Entwurf ist eine großartige Variation von Barockthemen und zeigt die reife Handhabung der Beziehung zwischen Masse und Raum. Ein starkes Gefühl für Einheit wird durch den Gebrauch von gekoppelten Säulen im ganzen Bau hervorgebracht, selbst in den Kuppeln, die eine gewisse Verwandtschaft mit Hardouin-Mansarts Invalidendom aufweisen. Das Hospital in Greenwich wurde von John Vanbrugh und Nicholas Hawksmoor vollendet, aber der allgemeine Entwurf stammt von Wren und muß als sein erfolgreichstes Werk angesehen werden.

Zwei andere Architekten, die in der zweiten Hälfte des 17. Jhs. tätig waren, müssen wir noch erwähnen, weil sie entscheidend zu der Entwicklung der Profanarchitektur in England beigetragen haben. Roger Pratt (1620-1685) hatte die Jahre des Bürgerkriegs in Frankreich verbracht und von dort das Appartement double sowie die Cour d'honneur nach England mitgebracht. In Coleshill (1650)[34] baute er ein herrliches Treppenhaus und einen symmetrisch dahinter liegenden Salon auf der Hauptachse; in Clarendon House in Piccadilly (1664-1667) kombinierte er einen französischen U-förmigen Grundriß mit einer einfachen »Palladio-

Gliederung« und schuf damit einen Stil, der weit und breit nachgeahmt wurde. Hugh May (1622-1684) blieb während der Zeit des Commonwealth in Holland und brachte den holländischen Klassizismus nach England. Der einzige Bau, der von ihm überliefert ist, Eltham Lodge in London (1663-1664), wiederholt den »doppelten« Plan von Coleshill, aber die drei Mitteljoche sind nach dem Beispiel von Jacob van Campen und Pieter Post von Riesenpilastern eingerahmt.

Die Niederlande

Im 17. Jh. waren die Niederlande das wohlhabendste Land in Europa. Nach der Gründung der Union der Sieben Provinzen im Jahr 1579 blühten Handel und Industrie, und die Städte nahmen an Bedeutung und Bevölkerungszahl zu. Die Niederlande waren immer ein Land der Städte mit einer verhältnismäßig dezentralisierten Regierungsform. Selbst nach 1579 finden wir keinen absoluten Monarchen, sondern vielmehr militärische Führer, die keine echte Zivilgewalt besaßen und keine kulturelle Bedeutung hatten. Die Bürgerklasse bevorzugte eine mildere Form des Kalvinismus, der eine allgemeine Einfachheit des Geschmacks zur Folge hatte.

Um 1600 war Amsterdam das Handelszentrum des Landes geworden.[35] Es war eine blühende Stadt von fünfzigtausend Einwohnern, klug geführt von einem Rat, der sich hauptsächlich aus Handelsherren zusammensetzte. Gegen Ende des 16. Jhs. beauftragte der Rat Hendrik Staets, einen Entwurf für eine Stadterweiterung vorzulegen. Er machte den berühmten »Plan mit den drei Kanälen«, die konzentrische Ringe um den alten Stadtkern bilden. Für Kirchen und Marktplätze war Baugrund vorgesehen. Der Plan wurde von Daniel Stalpaert (1615-1676) ausgeführt, der das Gebiet in Zonen aufteilte und die Fronten entlang der drei großen Kanäle bedeutenden Handelshäusern und den Stadtwohnungen der Kaufherren zuwies. Die Baublocks für die untere Mittelklasse und die Handwerker verlegte er an die Nebenkanäle. In den Gebieten zwischen den drei konzentrischen Kanälen betrug die Größe eines Baugrundstücks 26 Fuß Frontlänge zu 180 Fuß Tiefe. Es wurde sichergestellt, daß höchstens 56 Prozent eines Baugrundstücks bebaut wurden. Andere Vorschriften trugen dazu bei, Amsterdam zu einer der bestintegrierten Stadtlandschaften zu machen, die es damals gab.

Der Bürgerstolz der Stadt fand seinen großartigen Ausdruck in dem neuen Rathaus von Jacob van Campen (1595-1657), das 1648 begonnen wurde, dem Jahr des Westfälischen Friedens, in dem die Unabhängigkeit der Niederlande offiziell anerkannt wurde. So hat das Rathaus von Amsterdam eine beträchtliche symbolische Bedeutung, und wir dürfen die große Halle als die »Kathedrale« der

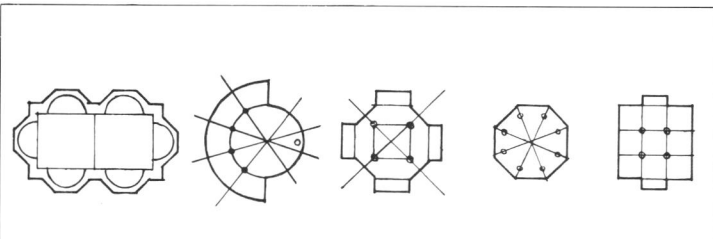

303. Den Haag, Pieter Noorwits,
Nieuwe Kerk.

niederländischen Republik verstehen. Der Grundriß des großen, rechteckigen Gebäudes zeigt einen ausgesprochenen Wunsch nach Systematisierung. Die Fassaden sind durch ein einförmiges System von Pilastern und Öffnungen gegliedert, das ohne Abänderung in beiden Stockwerken wiederholt wird. Das Ergebnis ist ein ziemlich strenger Bau, der Selbstsicherheit und Nüchternheit vereint. Viel reizender ist das kleine Mauritshuis in Den Haag (1633; Abb. 301), das van Campen für den Prinzen Johan Maurits van Nassau gebaut hat. Das einfache, fast quadratische Volumen wird durch eine Kolossalordnung von ionischen Pilastern gegliedert, die dazu benutzt wird, die Fassaden verschieden zu charakterisieren. So bestimmt ein erweitertes Joch in der Mitte der Eingangswand die Hauptachse; die äußeren Joche sind durch eine Unterbrechung im Gesims als rudimentäre Flügel gekennzeichnet. Die »Gartenmauer«, die hier am Wasser liegt, hat einen dreiteiligen Mittelrisalit. Die Seitenfassaden zeigen eine einförmige Wiederholung. Das Mauritshuis enthält daher alle üblichen Elemente eines Palastes aus dem 17. Jh., nur sind sie eher angedeutet als betont. Das beherrschte und subtile Ergebnis wird meist »Palladio-Stil« genannt. Es wäre jedoch angemessener, es »Holländisch« zu nennen. Der Klassizismus van Campens wurde von seinem Schüler und Mitarbeiter Pieter Post (1608-1669) weitergeführt, dessen Hauptwerk das Rathaus von Maastricht ist (1659-1664). Ähnliche Methoden finden wir bei Philip Vingboons (1614-1678), dessen Trippenhuis in Amsterdam (1660-1662) das Thema des Mauritshuis wiederaufnimmt, ihm aber eine monumentalere Note gibt.

Die Entwicklung der protestantischen Kirche ist eng mit den Niederlanden verbunden. Die neuen Kirchen von Amsterdam sind seit dem Beginn des 17. Jhs. ziemlich konventionelle Pseudobasiliken; nennen wir als Beispiele die Zuiderkerk (1606-1614) und die Westerkerk (1620-1638) von Hendrik de Keyser (1565-1621). Die Norderkerk von Staets zeigt jedoch ein originelleres Gesicht (1620-1623). Der Grundriß ist ein griechisches Kreuz, dessen Innenecken abgeschnitten sind, um eine bessere Raumintegration zu schaffen. Innerhalb dieses Raums sind die Sitze diagonal ausgerichtet. Die Einzelheiten sind manieristisch mit gotischen Reminiszenzen. Im Jahr 1639 begann Arent van s'Gravesande (†1662) mit dem Bau der oktogonalen Marekerk in Leiden. Die Kirche ist in klassischem Stil erbaut und von einer Kuppel überdeckt. Einen anderen »Grundtypus« benutzte van Campen bei der Nieuwe Kerk in Haarlem (1645): ein Quadrat mit eingeschriebenem griechischem Kreuz. Recht ungewöhnlich ist die Nieuwe Kerk in Den Haag (1649; Abb. 303) von Pieter Noorwits (†1669) und B. van Bassen. Sie besteht aus zwei Quadraten, denen rundherum Apsiden angefügt sind, was dem im Grunde einfachen Bau einen rei-

chen und vollständigen Charakter verleiht. Eine regelmäßige Abfolge von Pilastern läßt die Wand als eine fortlaufende »Muschel« erscheinen. Der bi-axiale Organismus wird durch ein Steildach zentralisiert, da die Kanzel auf die kürzere Achse gestellt ist. Schließlich sollten wir noch die Nieuwe Lutherse Kerk in Amsterdam (1668) von Adriaen Dortsman (1625-1682) erwähnen. Hier ist der Grundriß ein Kreis. Ein überkuppelter Hauptraum wird entlang der Hälfte seiner Peripherie von einer Wandelhalle umgeben, wodurch ein theaterähnlicher Raum entsteht. Die Gliederung zeigt dorische (toskanische) Säulen im Inneren und Pilaster außen. So wird offensichtlich, daß die niederländischen protestantischen Kirchen eine Neigung zu zentralisierten Grundrissen haben, und es ist höchst bezeichnend, daß die benutzten Formen geometrische Grundelemente sind: Quadrat, Oktogon, griechisches Kreuz, Doppelquadrat und Kreis (Abb. 302). Es ist, als ob die Architekten einen »Katalog« möglicher Lösungen innerhalb der Grenzen ein und desselben allgemeinen Typs bieten wollten: einen statisch zentralisierten Raum, der dem Wunsch nach selbstverständlicher Klarheit und Gesetzmäßigkeit entspricht. Dadurch wird ein kalvinistisches Ideal ausgedrückt. Schon im Jahr 1564 bauten die Hugenotten drei zentralisierte »Tempel« in Lyon (Fleur-de-lis, Paradis, Terreaux),[36] die die charakteristischen Züge der späteren protestantischen Kirchen trugen. Später wurde der Kalvinismus die Religion der handeltreibenden Stadtstaaten, wo seine harte, klare und wirkungsvolle Disziplin gut zu dem allgemeinen Charakter der Gesellschaft paßte. Die kleinen kalvinistischen Gemeinden benötigten eine gemeinsame Verteidigung. Daher wurde eine Kalvinistische Internationale gegründet. Die Synode von Dordt (1617) war das Gegenstück zu dem Katholischen Konzil von Trient. Trotz ihres »antibarocken« Charakters ist die kalvinistische Architektur so durch einen barocken Ésprit de système vereint.

Skandinavien
Obgleich die skandinavischen Staaten den Protestantismus annahmen, behielten sie die absolute Monarchie bei. Der Gesellschaft des 17. Jhs. in Skandinavien fehlt daher die eindeutige Richtung, die wir in anderen europäischen Ländern gefunden haben. Auf der einen Seite bestand eine Zentralisierung, die den Adel in die Hauptstädte zog, nach Kopenhagen und Stockholm. Auf der anderen Seite ähnelt die Entwicklung von Handel und Industrie – in kleinerem Maßstab – der der Niederlande. In der Architektur gab es daher französische, niederländische und sogar italienische Einflüsse. Man kann nicht von einer spezifisch skandinavischen Architektur sprechen, es gibt aber einzelne bedeut-

304. *Stockholm, Nicodemus Tessin d. J., Königliches Schloß, Vorhof.*
305. *Stockholm, Nicodemus Tessin d. J., Palais Tessin, Grundriß.*

306. *Stockholm, Palais Tessin, Garten.*

307. München, St. Michael,
Inneres.
308. Dillingen, Hans Alberthal,
Jesuitenkirche, Inneres.

same Bauten, die wir erwähnen wollen.[37]

In Dänemark blühte die Bautätigkeit unter König Christian IV.
(1577-1648), der Kopenhagen in eine echte Hauptstadt verwandeln wollte. Seit 1626 wurde seine Grundfläche verdoppelt, und
schon zuvor waren prächtige Gebäude in original manieristi-
schem Stil errichtet worden. Wir erwähnen das Lustschloß Ro-
senborg (1606-1617) und die Börse (1619-1630), für die der König selbst die Pläne zeichnete. Er plante einen achteckigen Platz
als Mittelpunkt der neuen Stadt, aber er wurde nicht ausgeführt
infolge der unglücklichen Rolle, die der König im Dreißigjährigen
Krieg spielte und die der Bautätigkeit ein Ende setzte. Unter der
Regierung seines Nachfolgers war wenig Interesse am Bauen vorhanden. Erst im Jahr 1672 wurde der erste Barockpalast in Kopenhagen, Schloß Charlottenborg, gebaut. Es stand zwischen einer Art von Place royale, Kongens Nytorv, mit der Statue Chri-
stians V., und einem Garten.

Schweden hingegen stieg im 17. Jh. zu voller Macht auf und erlebte ein Zeitalter großer, künstlerischer Leistungen. Während
der ersten drei Jahrzehnte folgte die Architektur den Wegen des
dänischen Manierismus. Das änderte sich, als der Franzose Simon
de la Vallée im Jahr 1639 zum Königlichen Architekten ernannt
wurde. Er bildete seinen Sohn, Jean de la Vallée, und Nicodemus
Tessin d. Ä. (1615-1681) aus, die beide einen entscheidenden
Einfluß auf die Entwicklung der Barockarchitektur in Schweden
haben sollten.

Nach seiner Rückkehr aus Italien, 1650, erbaute Jean de la Vallée
den Oxenstierna Palast in Stockholm im Stil eines römischen Palazzo. Im Jahr 1656 löste er das Problem der protestantischen Kirche mit dem Bau der Katharinenkirche. Der Grundriß ist eine interessante Synthese von Quadrat und griechischem Kreuz. Im gleichen Jahr erbaute er den Bonde-Palast und führte dort die Cour
d'honneur für Schweden ein. Der komplizierte Bau wird durch eine fortlaufende Rustika zusammengefaßt, die einzelnen Volumina
aber werden durch hohe Dächer bestimmt.[38] Das Corps-de-logis
und die Eckpavillons sind durch eine Kolossalordnung von Rusti-
kapilastern gegliedert. So stellt der Palast eine Weiterentwicklung
des Stils von de Brosse dar. Im Jahr 1659 übernahm de la Vallée
den Bau des Riddarhuset (Adelshaus), das der holländische Architekt Justus Vingboons 1653 entworfen hatte. Vingboons ist verantwortlich für die Einführung einer »holländischen« Kolossalordnung von Pilastern, einem Thema, das er bereits im Palast des holländischen Kaufmanns Louis de Geer, 1646, verwandt hatte, einem Bau, der die Grundanlage des Mauritshuis wiederholte. De la
Vallée wollte dem Riddarhuset eine Cour d'honneur geben, aber
die geplanten Flügel wurden nie ausgeführt.

309. *Augsburg, Elias Holl,*
Rathaus.
310. *Prag, Francesco Caratti,*
Czernin-Palais.
311. *Wien, Carlo Antonio*
Carlone, Jesuitenkirche »Am Hof«.

Nicodemus Tessin d. Ä. wurde 1649 zum königlichen Architekten ernannt und errichtete verschiedene wichtige Bauten, die eine kuriose Mischung von französischen und italienischen Zügen aufweisen. Seine Kathedrale in Kalmar ist ein verlängerter bi-axialer Bau mit vier Türmen, die das Zentrum betonen sollen. Der Stil der Gliederung kommt der römischen Cinquecento-Architektur sehr nahe. Im Caroline-Mausoleum in Stockholm (1672) nähert sich Tessin dem französischen Klassizismus, doch gelingt ihm eine echte Barockintegration durch konvexe Ecken, die sich in die Kuppel fortsetzen. Die Lösung ist bemerkenswert und sichert dem Bau einen Ehrenplatz in der skandinavischen Architektur des 17. Jhs. Tessins Opus magnum, das große Landschloß von Drottningholm (1662), hat ein doppeltes Corps-de-logis mit Eckrisaliten und angefügten Pavillons. Die Gliederung ist einfach und stark. Sie zeigt eine Kolossalordnung von Pilastern über einem Erdgeschoß in Rustika. Alles in allem wirkt der Bau etwas konservativ.[39]

Ihre Hauptwerke verdankt die schwedische Architektur des 17. Jhs. Tessins Sohn, Nicodemus Tessin d. J. (1654-1728). Ein Architekt von außergewöhnlichem Talent, war er in Rom ausgebildet (1673-1678 und 1687/88), wo er häufig bei Bernini und Carlo Fontana weilte. In den Jahren 1678-1680 und 1687 besuchte er Frankreich und studierte die Anlagen von Le Nôtre.[40] Ein erstes Ergebnis seiner Reisen war der prächtige Garten von Drottningholm. Als königlicher Architekt des jungen und dynamischen Karl XII. erhielt Tessin viele Aufträge; sie gipfelten im Wiederaufbau des königlichen Schlosses in Stockholm (Abb. 304), den er bald nach seiner Rückkehr nach Schweden, 1688, begann. Wegen seines religiösen Interesses wünschte der König als erstes eine neue Palastkapelle (1689), aber 1690 entschloß er sich, auch einen neuen Flügel nach Norden hin zu bauen. Tessins Entwurf[41] zeigt einen großen römischen Palazzo über einer Basis von »natürlichen Felsen« und Rustika. Die Herkunft von Berninis Palazzo Montecitorio ist klar ersichtlich. Im Jahr 1697 brannte der alte Palast nieder, und bald danach hatte Tessin die Entwürfe für ein neues grandioses Bauwerk bereit. Einige Jahre zuvor (1694) hatte er den Plan für einen neuen königlichen Palast in Kopenhagen entworfen, mit U-förmigem Grundriß und einer großen Cour d'honneur. Der Charakter jedoch sollte völlig römisch sein und von Berninis Palazzo Chigi-Odeschalchi inspiriert. Der junge König Karl XII. von Schweden wünschte ein noch prächtigeres Bauwerk, und Tessin entwickelte einen großen quadratischen Palast mit einem Hof, dem er den einige Jahre zuvor entworfenen Nordflügel einverleibte. Der Bau erscheint als einheitlicher Block, der uns an Berninis letzten Entwurf für den Louvre denken läßt. Nach Westen zu fügte Tessin jedoch niedri-

ge, gekurvte Stallungen an, die eine Avant-cour bildeten. Nach Osten zu begrenzte er eine weiträumige Gartenterrasse durch vorspringende Flügel. So stellt die Lösung eine Kombination aus italienischen und französischen Zügen dar. Der große Hof sollte eine Place royale werden, wo Tessin ein Reiterstandbild von Karl XI. aufstellen wollte. Dadurch hätte der Platz einen Brennpunkt erhalten, den er heute entbehrt. Die Wandgliederung ist im Stil römisch, aber die allgemeinen Proportionen schaffen einen Effekt der Ausdehnung. Die Fassade zur Cour d'honneur hat eine gewisse Verwandtschaft mit dem Palazzo Barberini, wohingegen die Zentren der anderen Aufrisse durch Kolossalpilaster oder Säulen betont sind. Zweifellos ist das Königliche Schloß von Stockholm der einheitlichste aller großen Paläste des europäischen Seicento und bildet einen würdigen Abschluß einer Epoche in der Geschichte der Architektur.[42] In Verbindung mit dem Königlichen Schloß plante Tessin ein grandioses monumentales Zentrum für Stockholm mit einer neuen Kathedrale jenseits des Flusses auf der Querachse des Schlosses und mit anderen öffentlichen Bauten (1704-1713). Die monumentalen Projekte Tessins zeichnen sich durch klassische Regel-

mäßigkeit aus und zeigen keinerlei echte barocke Plastizität oder räumlichen Dynamismus. In seinem eigenen Stadthaus jedoch, dem Palais Tessin, experimentierte er freier (1692-1700; Abb. 305, 306). Das Haus liegt dem Königlichen Schloß gegenüber, auf einem engen, unregelmäßigen Grundstück. Das Corps-de-logis überblickt die Straße auf italienische Art, und die Fassade ist römisch. Zwei vorspringende Wände jedoch deuten eine Art von Cour d'honneur an.[43] Hinter dem Corps-de-logis liegt ein herrlicher Garten, den auf beiden Seiten flache divergierende Flügel begleiten. Auf halbem Weg etwa verengt sich der Raum, und hier hat er zwei freistehende Architekturelemente hingestellt, die eine halbrunde Exedra mit Fontäne begrenzen. Die Exedra führt zu einer wirkungsvollen wechselseitigen Raumdurchdringung der beiden Gartenteile, und die ganze Komposition endet in einer hohen Nische, die durch einen Verkürzungstrick wie eine tiefe Säulenhalle erscheint. So kombiniert der Garten Intimität mit anscheinend unendlicher Bewegung in die Tiefe. Es dürfte schwierig sein, in der ganzen Profanarchitektur des 17. Jhs. einen faszinierenderen und echteren Barockraum zu finden. In höchst origineller Weise vereint er römische und französische Ideen und legt Zeugnis ab von der großen Begabung seines Schöpfers. Mit Tessin erreichte die skandinavische Architektur europäischen Standard, vielleicht das einzige Mal in ihrer Geschichte.

Mitteleuropa

Der Dreißigjährige Krieg (1618-1648) zeigt die verworrene Situation der germanischen Länder im 17. Jh. Vor Ausbruch des Krieges finden wir eine ganze Reihe von Bau-Initiativen, meistens in Verbindung mit Reformation und Gegenreformation. Während der letzten Jahrzehnte des Jahrhunderts kam die Bautätigkeit langsam wieder in Schwung, aber der voll entwickelte deutsche Barock gehört erst dem 18. Jh. an.[44]
Die Architektur der Gegenreformation wurde in Deutschland durch den Bau der Jesuitenkirche St. Michael in München (Abb. 307) eingeführt, die nach 1583 von einem unbekannten Meister erbaut wurde. Das weite Mittelschiff ist klar verwandt mit Il Gesù, aber das System ist in bezeichnender Weise durch die Anpassung an die lokale Wandpfeilerkonstruktion verwandelt. »Wandpfeiler« sind spätgotische Strebepfeiler, die mehr im Inneren als am Äußeren des Baus verwandt werden. In der Kirche von St. Michael ruht ein breites Tonnengewölbe von 20 m Spannweite direkt auf solchen Pfeilern. Zwischen ihnen dringen hohe Nischen in das Gewölbe ein. Die Außenwand ist daher zu einer strukturell neutralen Oberfläche reduziert. Der fortlaufende Architrav, der eine Empore zwischen den Wandpfeilern bildet, ist

eine Erinnerung an klassische Gliederung. Im allgemeinen gelang hier eine Integration von Raum und Struktur, die die Möglichkeiten der römischen Basilika übertrifft.

Hans Alberthal (um 1575-1657) entwickelte die in St. Michael angeklungenen Gedanken weiter in seinen drei Wandpfeilerkirchen für die Jesuiten: Dillingen (1610-1617), Eichstätt (1617-1620) und Innsbruck (1619-1621).[45] In diesen Bauten ließ er die horizontale Empore weg, so daß er zu einer höchst eindrucksvollen Raumintegration gelangte. Der Dreißigjährige Krieg unterbrach jedoch die originelle Initiative von Hans Alberthal. Sie wurde fünfzig Jahre später durch Baumeister aus Vorarlberg fortgeführt und hatte entscheidende Bedeutung für die Entwicklung der großen Sakralarchitektur des Spätbarock in Mitteleuropa.[46] Vor dem Dreißigjährigen Krieg kann man kaum von barocker Profanarchitektur in Deutschland sprechen. Deutsche Autoren preisen oft das Rathaus von Augsburg (1614-1620; Abb. 309) als den ersten Barockbau nördlich der Alpen. Es wurde von Elias Holl (1573-1646) für diese bedeutende Handelsstadt erbaut und ist eine kuriose Kombination eines hohen mittelalterlichen Bürgerhauses mit einem italienischen Palazzo. Sein Stil weist eine Mischung von römischen und von Palladio entlehnten Elementen auf. Trotz der ungeschickten Gliederung ist die Wirkung sehr eindrucksvoll, und der Bau wird zu Recht als Stadtkrone bezeichnet. In Böhmen war der Krieg schon 1620 mit dem Sieg der Katholiken-Liga am Weißen Berge beendet. 1621 begann Wallenstein mit dem Bau eines großen Stadtpalastes in Prag. Sein Architekt war der Italiener Andrea Spezza. Der interessanteste Zug des Baus ist die Wandgliederung der großen Halle, wo das Hauptgesims unterbrochen wird, um die vertikalen Glieder als selbständige Einheiten erscheinen zu lassen, die zusammen mit dem Gewölbe einen großen Baldachin bilden. Ein anderer Italiener, Carlo Lurago (1618-1684), spielte um die Mitte des Jahrhunderts eine bedeutsame Rolle in Böhmen. Sein Klementinum (Jesuitenkolleg) in Prag hat noch manieristischen Charakter (1654-1658), aber gegen Ende seiner Laufbahn verwirklichte er vollausgereifte Barockarchitektur, vor allem in dem prächtigen Mittelschiff des Doms von Passau (1668). Der Raum ist als eine Abfolge von querovalen Kugelkalotten auf Kuppelzwickeln konzipiert. Die üppige Stuckdekoration stammt von Giovanni Battista Carlone. In Prag baute Francesco Caratti (✝ 1679) weitere Paläste. Er war es wahrscheinlich, der das Palais Nostitz mit der ersten echten Kolossalordnung in der Stadt versah (1660). Später baute Caratti das riesengroße Palais Czernin (1669-1689; Abb. 310), wo eine Kolossalordnung im Stil Palladios ad infinitum wiederholt wird und einen Effekt von barockem Schwulst hervorruft. Mit der An-

kunft des französischen Architekten Jean-Baptiste Mathey (1630-1695) in Prag verfeinerte die böhmische Architektur ihren Stil.[47] Sein Troja-Gartenpalais (1679-1697) benutzt das französische Pavillonsystem und wird durch eine fortlaufende Ordnung von Kolossalpilastern zusammengefaßt. Das Hauptwerk von Mathey ist die St.-Franz-Seraphicus-Kirche (Kreuzherrenkirche), erbaut in den Jahren 1679-1688. Der Grundriß ist eine Kombination von Längsoval und verlängertem griechischem Kreuz. Das Äußere ist sehr feinfühlig gegliedert. Die Grundelemente sind römisch (so wie die Riesenädikula der Fassade und die Kuppel), aber die verfeinerte Gliederung der Oberfläche erinnert an den französischen Klassizismus.

In Wien begann die Bautätigkeit etwas später und erreichte ihren Aufschwung erst nach dem Sieg über die Türken im Jahr 1683. Das erste Werk von einiger Bedeutung ist die neue Fassade für die Jesuitenkirche »Am Hof« (Abb. 311), die 1662 von Carlo Antonio Carlone (✝ 1708) erbaut wurde. Mittels vorspringender Flügel wird die Kirche mit den angrenzenden Palästen integriert und steht in Wechselwirkung mit dem vor ihr liegenden Platz. Die Lösung ähnelt der Minimitenkirche von François Mansart. Etwa zur gleichen Zeit baute Filiberto Lucchese den Leopoldinischen Trakt der Hofburg, wobei er sich einer beschränkt manieristischen Wandgliederung bediente (1661-1668). Ein wirklich barocker Zug wurde erst von Domenico Martinelli (1650-1718) eingeführt, der sich 1690 in Wien niederließ.[48] Seine bedeutendsten Werke sind die beiden Liechtenstein-Palais, das Stadtpalais, begonnen 1692, und das Gartenpalais von 1696. Das Stadtpalais ist das erste wirklich barocke Gebäude in Wien. Es erscheint als eine monumentalisierte Version von Berninis Chigi-Odescalchi-Palast und zeugt von einem beachtenswerten Architekturtalent. Das Gartenpalais hat ein herrliches Vestibül, das durch die ganze Tiefe des Gebäudes hindurchgeht. Symmetrisch angelegte Treppenhäuser tragen zu der fortschrittlichen Raumlösung bei. Die äußere Gliederung folgt mit einer Kolossalordnung von Pilastern über einem Rustika-Erdgeschoß bester römischer Tradition. Martinelli bestätigte seine Begabung durch den Bau seines Palais in Austerlitz (Slavkov), das er kurz nach 1700 erbaute und wo er die Cour d'honneur einführte.[49] Auch in Süddeutschland waren italienische Architekten die führenden Baumeister. Der bedeutendste von ihnen ist Agostino Barelli (1627-um 1690), der die große Theatinerkirche in München entwarf (1663; Abb. 312), wobei ihm S. Andrea della Valle in Rom als Modell diente. Er fügte der Fassade noch Zwillingstürme hinzu und schuf so ein eindrucksvolles Ganzes.[50] Das Innere hat infolge der Gliederung durch kannelierte Halbsäulen einen etwas

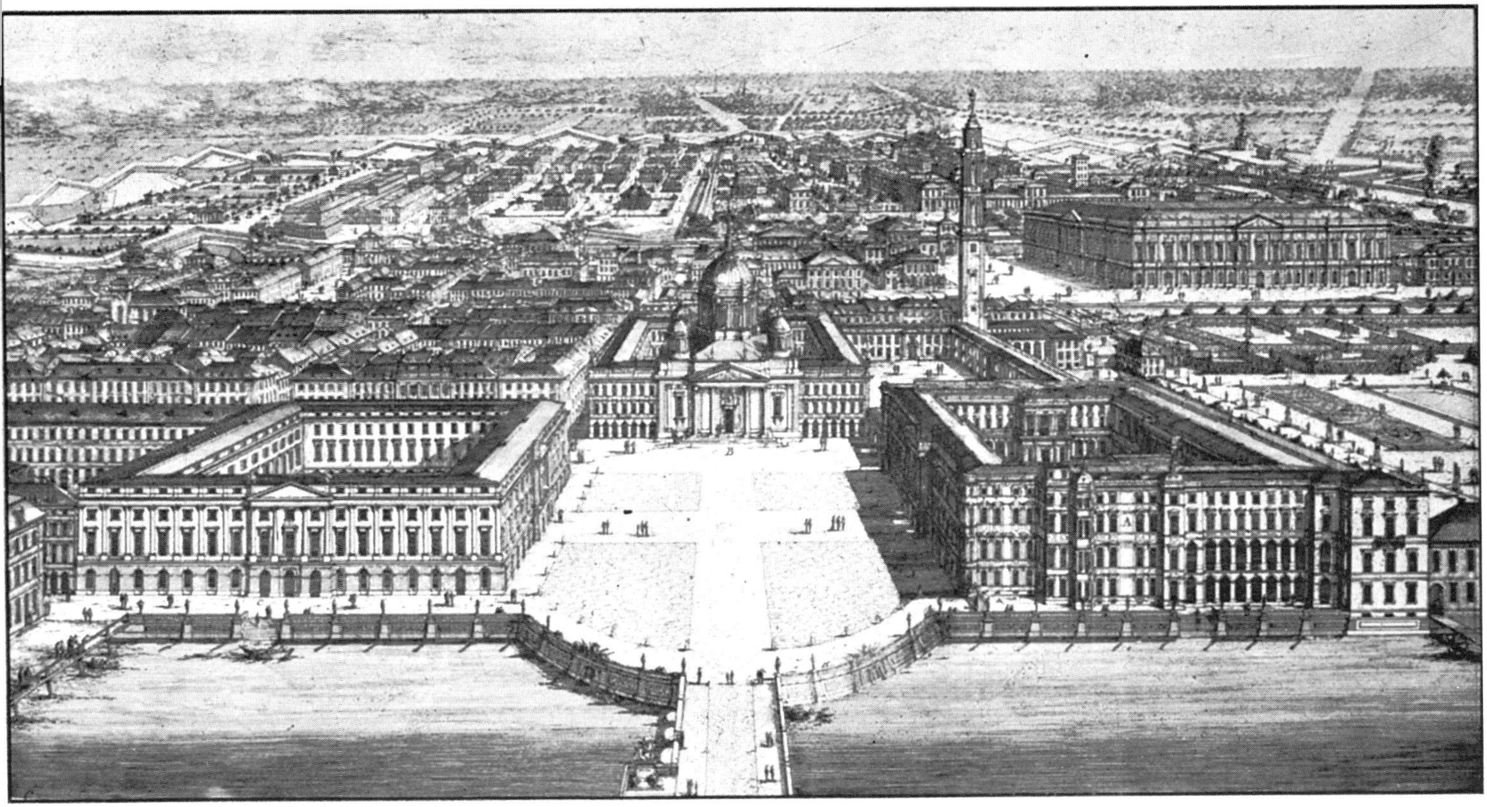

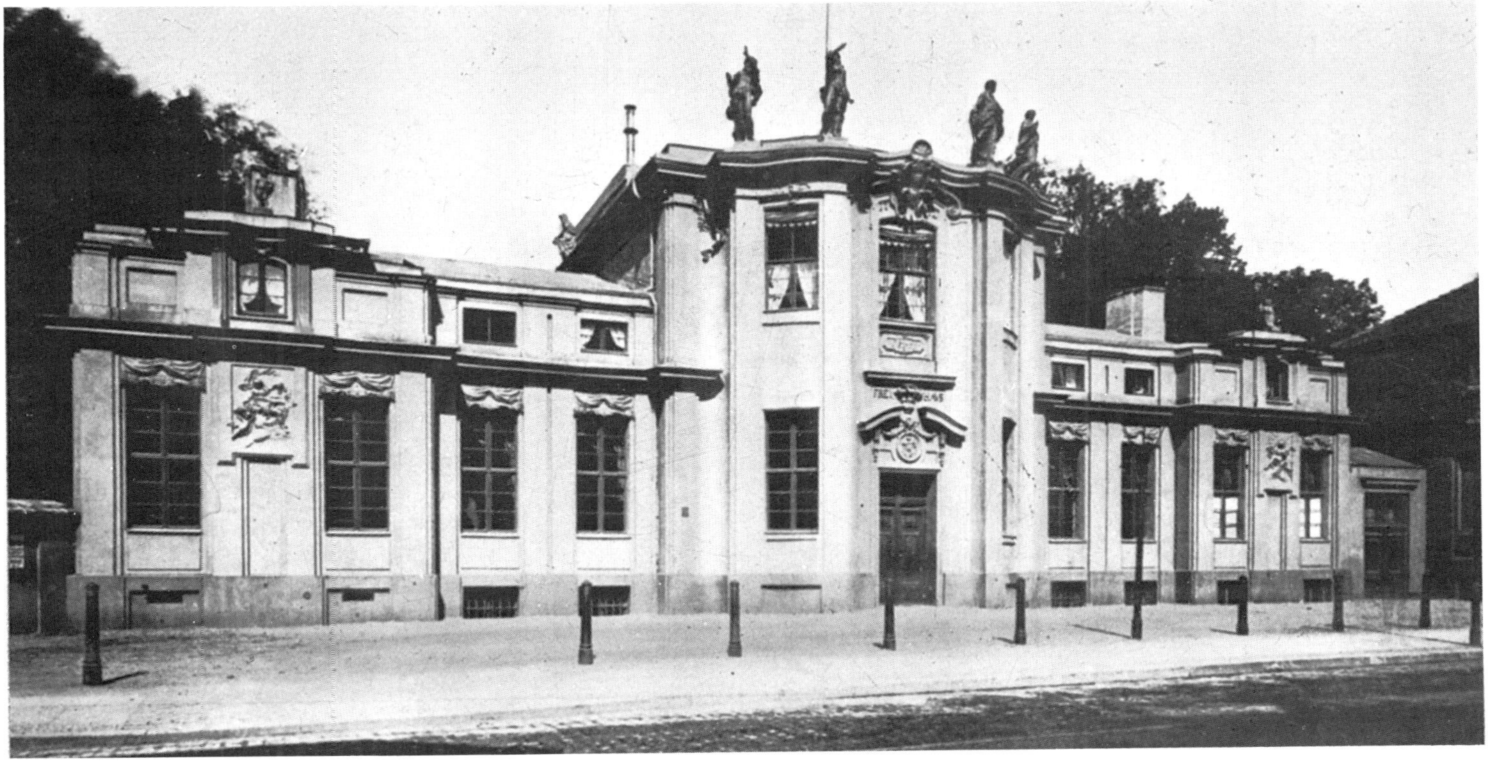

»klassischen« Charakter. Auf jeden Fall ist der Raum weniger interessant als das zeitgleiche Mittelschiff in Passau. Barelli begann auch das Schloß von Nymphenburg (1664), das von Enrico Zuccalli (um 1642-1724)[51] fortgeführt wurde, der auch das große Schloß von Schleißheim entwarf (1692). Fast alle erwähnten Bauten verdanken wir italienischen Architekten, die nach dem Dreißigjährigen Krieg die Szene in Mitteleuropa beherrschten. Die meisten von ihnen waren Figuren zweiten Ranges aus Norditalien (oder der italienischen Schweiz), und ihre Arbeiten erreichen selten eine echte, schöpferische Originalität. Sie trugen jedoch in entscheidender Weise zu der allgemeinen Verbreitung der Ideen ihrer Zeit bei und legten zusammen mit einer Menge von italienischen Steinmetzen und Stukkateuren den Grundstein für die große Spätbarock-Architektur des 18. Jhs.

Bevor wir schließen, sollten wir jedoch noch einen deutschen Architekten nennen, der geistig zu dem 17. Jh. gehört: Andreas Schlüter (1664-1714).[52] Ursprünglich Bildhauer, wurde er 1698 mit dem Entwurf für das Königliche Schloß in Berlin beauftragt (Abb. 314).[52] Das Schloß war gedacht als Teil einer größeren Stadtanlage, in der eine Kathedrale die Hauptachse und das Schloß die Querachse bestimmen sollten. Der konservative Entwurf mit Hof wurde durch das alte Schloß bestimmt. Der allgemeine Charakter ist – wie klar ersichtlich – durch Berninis Projekt für den Louvre beeinflußt. Schlüter fügte jedoch plastische Akzente und verschiedene Motive hinzu und erreichte so eine ausgesprochen schwülstige Wirkung. Nach dem Zweiten Weltkrieg wurde das Schloß abgerissen, um das Gedächtnis an die Anfänge des deutschen Absolutismus auszumerzen.

Schlußfolgerung

Üblicherweise wird der Barock als der letzte der großen »Stile« in der europäischen Kunst angesehen. Dies erscheint sehr natürlich, wenn wir uns an den starken Wunsch der Epoche erinnern, die Welt in Begriffen eines integrierten Systems zu erfassen. Aber wir haben auch gesehen, daß das 17. Jh. eine Menge verschiedener Systeme anbot, Systeme religiöser, philosophischer oder politischer Art. Wie ist es denn dann möglich, »Barock« als einheitliches Konzept aufrechtzuerhalten? »Die Kunst des Barock ist voll von dem Echo der unendlichen Räume und des Miteinanderverbundenseins alles Seienden. Das Werk der Kunst in seiner Totalität wird das Symbol des Universums als eines einheitlichen Organismus, der in allen seinen Teilen lebendig ist. Jeder dieser Teile weist – wie die Himmelskörper – auf eine unendliche, ungebrochene Kontinuität hin. Jeder Teil enthält das Gesetz, das das Ganze beherrscht; in jedem Teil ist die gleiche

Kraft, der gleiche Geist am Werk.«[53]

Barocke Architektur konkretisiert die existentielle Struktur der Epoche auf allen Ebenen der Umgebung. Entsprechend dem in Frage stehenden System kann man mehr Betonung auf eine oder auf mehrere Ebenen legen. So wurde in Frankreich die Landschaft die Hauptebene, und wir betrachten Le Nôtre als den echten Protagonisten der französischen Architektur des 17. Jhs. Die Stadt spiegelte den Einfluß von Landschaftsentwürfen wider und erhielt dadurch eine neue Dimension. In Italien blieben der Bau und ganz besonders die Kirche das konstituierende Umgebungselement. In beiden Fällen jedoch war das Problem der Raumgliederung wesentlich. Die französischen Architekten entwickelten ein rationales System der Raumorganisation, das sich auf Rondpoints und Places und sie verbindende gerade Pfade gründete.[54] Italienische Architekten (vor allem Borromini und Guarini) behandelten den Raum als eine Art »Negativ« eines Bauwerks, als einen plastischen »Körper«, den man modellieren konnte und der mit den umgebenden Räumen in Wechselwirkung trat. Die italienische Barockarchitektur hat daher einen sinnlicheren Einschlag als die »intelligenten« französischen Entwürfe. In Frankreich sind die Brennpunkte zumeist Räume, während die italienischen Brennpunkte plastische »Dinge« sind. Weiter rührt der besondere Dynamismus der italienischen Architektur von der Wechselwirkung zwischen Raum und Masse her, während man die französische Architektur besser als eine rein räumliche Ausdehnung bezeichnen kann. Wir haben diese Grundzüge schon interpretiert als Ausdruck des existentiellen Systems der beiden Länder. In anderen europäischen Ländern war die Idee eines Systems weniger stark entwickelt, so daß wir keine völlig integrierten, architektonischen Systeme finden. Dies ist besonders in den Niederlanden der Fall, die eine überaltete regionale Selbstregierung beibehielten.[55]

Im wesentlichen war Barockarchitektur eine Konkretisierung von zentralisierten, autoritativen Systemen. Ungeachtet dieser Tatsache können wir von Aktualität der Barockarchitektur sprechen. Als eine Richtung bestimmter Phänomene gehört der Barock sicherlich der Vergangenheit an. Zusätzlich zu den historischen Ereignissen ist es jedoch notwendig, eine Geschichte der Ideen oder der existentiellen Möglichkeiten einzuführen. In dieser Geschichte nimmt der Barock einen wesentlichen Platz ein, als ein System von Formen, das bedeutungsvoll den existentiellen Raum des Menschen erweitert und ihm eine »offene« Welt anbietet, die mit Zentren von Bedeutung verbunden ist.[56] Dieses allgemeine Modell kann immer neue und besondere Inhalte erhalten und daher helfen, eine neue pluralistische Welt wirksam zu machen.

Kapitel I

1 E. Cassirer, »The Philosophy of the Enlightenment (1932)«, Boston 1935, S. 39.

2 Alberti sagt: »Es ist offenbar, daß die Natur vor allem runde Körper liebt...« (Ten Books on Architecture, VII/4, London 1755, S. 138).

3 Pico della Mirandola, »De hominis dignitate (1487)« (Rede über die Würde des Menschen). »Er nahm daher den Menschen als ein Geschöpf unbestimmter Art, wies ihm einen Platz mitten in der Welt an und sprach zu ihm: ›Weder eine feste Wohnung noch eine Form, die dir allein gehört, noch irgendeine Tätigkeit, die dir besonders zukommt, Adam, haben wir dir gegeben, damit du entsprechend deinem Verlangen und deinem Urteil haben mögest und besitzen, welche Wohnung, welche Form und welche Tätigkeit du selbst wünschen wirst... Du sollst die Macht haben, in niedrigere Lebensformen zu entarten, die viehisch sind. Du sollst die Macht haben, durch die Entscheidung deiner Seele höheren Formen wiedergeboren zu werden, die göttlich sind.‹ «

4 Goethe nennt die heliozentrische Welt des Kopernikus »die größte, erhabenste, folgenreichste Entdeckung, die je der Mensch gemacht hat, wichtiger als die ganze Bibel« (Brief an von Müller, 1832).

5 René Descartes, »Discours de la Méthode«. »Ich prüfte aufmerksam, was ich war, und als ich sah, daß ich behaupten konnte, keinen Körper zu haben und daß da keine Welt oder kein Platz war, worin ich mich befand, daß ich aber trotz allem nicht behaupten konnte, nicht zu existieren, und daß im Gegenteil, aus der Tatsache selbst, daß ich daran dachte, die Wahrheit anderer Dinge zu bezweifeln, folgte daraus sehr offensichtlich und sehr gewiß, daß ich existierte...«

6 F. E. Sutcliffe, »Introduction to Descartes: Discours de la Méthode«, Harmondsworth 1968, S. 19. »Die große Originalität von Descartes und das, was ihn befähigt, die Schlußfolgerungen von Montaigne und den Skeptikern zu vermeiden, ist, daß er, anstatt die Objekte des Zweifels zu betrachten, den Akt des Zweifels von allen Nebensächlichkeiten ablöst und so den Skeptizismus in die Enge treibt.«

7 Siehe D'Alemberts »Discours préliminaire« zu der französischen Encyclopédie (1751), in der er den Unterschied am System als solchem unterschied vom Esprit systématique seines eigenen Jahrhunderts.

8 Heute ist der Pluralismus dank der neuen Kommunikationsmittel in eine neue Phase getreten.

9 Giordano Bruno, »De l'infinito universo e mondi«, Dialoghi I, III (1584).

10 So sagte Galilei: »... ich bin es nicht, der will, daß der Himmel als der edelste Körper auch die edelste Form habe, welche die vollkommene Kugel ist, sondern Aristoteles selbst... und ich, was mich betrifft, der ich nicht die Chroniken gelesen habe über den besonderen Adel der Figuren, ich weiß nicht, welche von ihnen mehr oder weniger edel seien, mehr oder weniger vollkommen; aber ich glaube, daß alle alt und edel sind in ein und derselben Weise – oder um es besser zu sagen, daß, was sie angeht, sie weder edel und vollkommen noch unedel und unvollkommen seien.« Opere, Florenz 1842-1856, Band IV, S. 293.

11 Es gibt wenig bedeutende Ausnahmen, wie die Abhandlungen von Blondel, Perrault und Guarini, aber wir müssen beachten, daß diese Autoren keine Fachleute im üblichen Sinn des Wortes sind.

12 F. E. Sutcliffe, a.a.O., S. 14.

13 Lehren und Dekrete des Konzils von Trient, XXV. Sitzung Tit. 2, zitiert aus A. Blunt, »Artistic Theory in Italy 1450-1600«, Oxford 1956, S. 108.

14 Albert Schweitzer hat in der Tat gezeigt, wie die Werke von Bach auf »natu-ralistischen« und »literarischen« Bildern beruhen, wodurch sie zwei grundlegende barocke Charakteristiken besitzen: eine systematische Struktur, die auf einem »axiomatischen« Thema beruht, und überredende Ausdruckskraft. Siehe A. Schweitzer, »J. S. Bach«, Leipzig 1908.

15 Die Königliche Französische Akademie für Malerei und Bildhauerei wurde 1648 und die Akademie für Architektur 1671 gegründet.

16 Diese Haltung ist schon offensichtlich in den Werken von Bramantes Schülern Raffael und Peruzzi.

17 Mit der Ausnahme von Palladio, der gewiß ein sehr klares und verständliches »Architektursystem« schuf. Wir werden später auf seine Leistung zurückkommen und ihre Beziehung zur Architektur des 17. Jhs.

18 Ein guter Grund wird von S. Giedion angegeben in »Sixtus V. (1585-1590) and the planning of the Baroque Rome«, in »Space Time and Architecture«, 5. Auflage, Cambridge (Mass.) 1967, S. 75 ff. Siehe auch: G. Giovannoni, »Roma dal Rinascimento al 1870« in »Topografia e Urbanistica di Roma« (Storia di Roma, Bd. XXII, Rom 1958).

19 Giedion, a.a.O., S. 93, übersetzt aus »Della Trasportazione dell'Obelisco Vaticano et delle Fabriche Di Nostro Signore Papa Sisto V, fatto dal Cav. Domenico Fontana, Architetto di Sua Santità« (Rom 1590). Fontana schreibt: »Da unser Herr wünschte, den Weg für diejenigen zu erleichtern, die um der Andacht oder um ihrer Gelübde willen die heiligsten Stätten der Stadt Rom häufig besuchen, insbesondere die sieben Kirchen, die so berühmt sind für ihre Ablässe und Reliquien, ließ er viele äußerst bequeme und gerade Straßen von vielen Plätzen ausgehen. So kann man zu Fuß, zu Pferd oder im Wagen, von welchem Platz in Rom man immer mag, im wesentlichen in einer geraden Linie zu den berühmtesten Andachtsstätten gelangen.«

20 Die mittlere Straße, der Corso, folgt der alten Via Lata, während die Straße zur Rechten, die Via di Ripetta, unter Papst Leo X. und Papst Paul III. ausgeführt wurde (1534-1549).

21 Giovannoni, a.a.O., S. 407.

22 Descartes, a.a.O., Discours 2. In seinem »Discours« schreibt Descartes: »... oft ist weniger Vollkommenes in Werken, die aus verschiedenen Einzelstücken von verschiedenen Meistern zusammengestellt sind, als in denen, woran nur ein Mann gearbeitet hat... So kommt es, daß diese alten Städte, die ursprünglich nur Dörfer waren, die im Lauf der Zeit zu großen Städten geworden sind, gewöhnlich im Vergleich zu den methodischen Städten, die ein Baumeister nach seinem Willen auf irgendeiner Fläche plant, so schlechte Proportionen haben, wenn auch ihre einzelnen Bauwerke oft ebenso kunstvoll sind wie die der geplanten Städte oder sogar noch kunstvoller...«

23 Der erste Obelisk wurde aufgestellt, um dem Hauptplatz der Stadt, die Piazza S. Pietro, zu bestimmen. Domenico Fontana löste das schwierige technische Problem, und am 10. September 1586 war der große Monolith »messo in opera«.

24 G. C. Argan, »L'Europa delle Capitali 1600-1700«, Genf 1964, S. 45.

25 Das Wort »Monument« wird hier in seinem ursprünglichen Sinn gebraucht, d.h. etwas, was uns erinnert.

26 Argan, a.a.O., S. 57.

27 P. Lavedan, »French Architecture«, Harmondsworth 1956, S. 239.

28 L. B. Alberti, »Ten Books on Architecture«, englische Ausgabe, London 1755, Nachdruck, London 1955, S. 136.

29 A. Palladio, »I quattro libri dell'Architettura«, Venedig 1570, englische Ausgabe von Isaac Ware, London 1738.

[30] Eine Ausnahme bildet Pietro Cataneo, der daran festhielt, daß die Hauptkirche einer Stadt Kreuzesform haben sollte, weil das Kreuz das Zeichen der Erlösung sei. P. Cataneo, »I quattro Libri di Architettura«, Venedig 1554.

[31] Siehe S. Sinding-Larsen, »Einige funktionelle und ikonographische Aspekte der Zentralkirche in der italienischen Renaissance«, Acta ad archaeologicam e artium historiam pertinentia, Bd. II, Rom 1965, S. 203 ff.

[32] Siehe C. Norberg-Schulz, »Le Ultime Intenzioni di Alberti«, Acta ad archaeologicam et artium historiam pertinentia, Bd. I, Oslo-Rom 1962, S. 131 ff.

[33] Sinding-Larsen, a.a.O., S. 240.

[34] Siehe W. Lotz, »Die ovalen Kirchenräume des Cinquecento«, Römisches Jahrbuch für Kunstgeschichte, Bd. 7.

[35] C. Borromeo, »Instructiones Fabricae et Supellectilis Ecclesiasticae (1577)«, übersetzt von Sindig-Larsen, a.a.O., S. 205.

[36] Die Kirche wurde von Vignola 1568 begonnen und von Giacomo della Porta 1576 beendet, der die Fassade und die Kuppel entwarf. Zu gleicher Zeit sah Palladio die Basilika als das Modell für die zeitgenössische Kirche an und sagte: »Ma noi... edifichiamo li Tempij che si assimigliano molto alle Basiliche...« (a.a.O., IV, 5).

[37] Siehe C. Galassi Paluzzi, »Storia segreta dello stile dei Gesuiti«, Rom 1951. »Era stato così posto in luce che le costituzioni dell'Ordine in merito alla construzione di chiese, collegi, convitti ecc., non prescrivevano nessuna legge, né prevedevano regolamenti circa lo stile architettonico, o le piante, o la decorazione pittorica o scultorea« (S. 39). Geheimgeschichte der Stile der Jesuiten... »daß sie... in bezug auf die Konstruktion von Kirchen, Kollegien, Konvikten keinerlei Gesetz vorschrieben, noch Regeln vorsahen über den architektonischen Stil oder die Pläne oder die Ausschmückung durch Malerei oder Skulpturen.«

[38] A. Blunt, a.a.O., S. 127 ff.

[39] Argan, a.a.O., S. 106.

[40] Im Grunde ist die Kirche eine Ausweitung des öffentlichen Raumes der Stadt, wenn auch mit einer besonderen, geheiligten Eigenschaft, da sie das private »Haus Gottes« ist.

[41] Ihre Wurzeln werden natürlich im römischen Altertum gefunden. Die Villa stellt daher einen bewußten Versuch einer »Renaissance« dar. Alberti zitiert Martial:
Du sagst mir, Freund, du wünschst so sehr zu wissen,
was ich in meiner Villa finden kann zu tun?
Ich esse, trinke, singe, spiele, bade, schlafe und esse wieder,
oder lese oder scherze im Gefolge der Musen.
Alberti, a.a.O., IX, 2.

[42] Die Beispiele sind Legion. Wir wollen nur erinnern an Giuliano da Sangallos Poggio a Caiano für Lorenzo den Prächtigen (1480).

[43] Das heißt Palazzo Pitti in Florenz von Brunelleschi (?), um 1455, und Palazzo Piccolomini in Pienza von Bernardo Rossellino, um 1460. Die echte »Villa suburbana« wurde im 16. Jh. entwickelt.

[44] Alberti, a.a.O., V, 18. »Das Landhaus und das Stadthaus für den Reichen unterscheiden sich in dieser Hinsicht: Sie benutzen ihr Landhaus hauptsächlich als Sommerwohnung und ihr Stadthaus als eine geeignete Unterkunft im Winter. In ihrem Landhaus genießen sie daher die Freuden von Licht, Luft, weiten Alleen und schönen Ausblicken. In der Stadt gibt es nur wenige Freuden außer Luxus und Nacht.«

[45] Alberti, a.a.O., IX, 2.

[46] S. Serlio, »Tutte l'Opere d'Architettura«, IV.

[47] A. Palladio, a.a.O., II/12.

[48] Dieser Gegensatz in Maß und Struktur ist gut in Ferrara zu sehen, wo die mittelalterliche Stadt von Biagio Rossetti nach 1492 erweitert wurde. Rossetti führte ein System von regelmäßig angeordneten Palästen ein. Siehe B. Zevi, »Biagio Rossetti«, Turin 1960.

[49] Alberti, a.a.O., IX, 2.

[50] Das Wiener Stadtpalais typologisch eher vom italienischen Palazzo als von dem französischen Hôtel entlehnt, das eine andere Beziehung zwischen dem Bau und seiner Umgebung darstellt.

[51] Dieses Problem wurde mit großer Emphase von Robert Venturi aufgebracht in seiner grundlegenden Studie »Complexity and Contradiction in Architecture«, New York 1966.

[52] L.C. Sturm, »Vollständige Anweisung, alle Arten von regulären Prachtgebäuden nach gewissen Regeln zu erfinden«, Augsburg 1716, Kap. 2.

[53] A.C. Daviler, »Cours d'Architecture qui comprend les ordres de Vignole«, Paris 1691, Vorwort. »Für Minerva, Mars und Herkules wird man dorische Tempel erbauen; denn Bauwerke für diese Götter sollten ihrer Macht wegen ohne schmückendes Beiwerk errichtet werden. Tempel im korinthischen Stil scheinen Einzelheiten zu haben, die sich für Venus, Flora, Proserpina, Quellen und Nymphen eignen, denn für diese sanften Göttinnen scheinen Werke, die in leichteren Proportionen erbaut sind, durch den Schmuck mit Blumen, Blattwerk, Spiralen und Voluten zu gewinnen. Errichtet man ionische Tempel für Juno, Diana, Vater Bacchus und ähnliche Götter, so muß man ihre mittlere Qualität bedenken, denn der bestimmte Charakter ihrer Tempel muß die strenge Art des Dorischen und die sanftere Art des Korinthischen vermeiden.«

[54] Le Corbusier, »Vers une Architecture«, Paris 1923. Englische Ausgabe, London 1927, S. 126, 188, 191.

[55] Vitruvius, »De Architectura«, I, 2, 5. Englische Ausgabe, London 1931, S. 29.

[56] Siehe E. Forssman, »Dorisch, Ionisch, Korinthisch. Studien über den Gebrauch der Säulenordnungen in der Architektur des 16.-18. Jhs.«, Stockholm 1961.

[57] Serlio, a.a.O., IV, Vorwort.

[58] Serlio, a.a.O., IV.

[59] M. de Chantelou, »Journal du voyage du Cav. Bernin en France«, Paris 1855 (20. Oktober 1665).

[60] M. Heidegger, »Sein und Zeit«, 1927, 11. Aufl., Tübingen 1967, S. 104.

[61] Siehe C. Norberg-Schulz, »Existence, Space and Architecture«, London 1970.

[62] Siehe Norberg-Schulz, a.a.O. Wir verweisen auch auf Susanne K. Langer, die sagt: »Eine Kultur wird tatsächlich durch die Tätigkeit der menschlichen Wesen gemacht. Sie ist ein System von miteinander verbundenen und sich überschneidenden Handlungen, ein ständiges funktionelles Muster... Der Architekt schafft sein Bild; ein physisch gegenwärtige, menschliche Umgebung, die die charakteristischen, rhythmischen, funktionellen Muster ausdrückt, die eine Kultur ausmachen.« (»Feeling and Form«, New York 1953, S. 96).

Kapitel II

[1] Für eine vollständige Übersicht siehe E.A. Gutkind, »International History of City Development«, New York 1964.

2 Die Villa des Papstes, Villa Montalto, wurde in diesen »Stern« einbezogen, der seinen Hauptzugang von der Piazza vor der Apsis von S. Maria Maggiore hatte, von wo ein Dreizack zu dem Garten hinführte. Sie wurde von Domedico Fontana zu der Zeit gebaut, als Sixtus V. noch Kardinal war. Die Villa wurde im 19. Jh. zerstört. Die Verbindungen zwischen S. Maria Maggiore und S. Lorenzo fuori le Mura sind auch verschwunden, infolge des Baus des Bahnhofs. Eine Straße von SS. Trinità dei Monti zur Piazza del Popolo wurde nie gebaut. Sie hätte ein viertes Glied zu den von der Piazza ausstrahlenden Straßen hinzugefügt.

3 Z. B. die geschäftige Piazza Colonna, die die Längsbewegung des Corso unterbricht. Sie wurde schon zur Zeit Sixtus' V. begonnen. Siehe S. Giedion, a.a.O., S. 99.

4 Eine beträchtliche Anzahl wurden von Giacomo della Porta gebaut, der schon vor dem Pontifikat Sixtus' V. »Architetto delle Fontane di Roma« geworden war: Piazza Colonna (1574), Piazza Navona (seitliche Brunnen, 1574-1576), Piazza della Rotonda (1575), Piazza Mattei (1581-1584), Piazza Madonna dei Monti (1588-1589), Piazza Campitelli (1589), Piazza d'Aracoeli (1589), Piazza della Chiesa Nuova (1590), Via del Progresso (1591), Piazza del Quirinale (1593). Siehe C. d'Onofrio, »Le Fontane di Roma«, Rom 1957.

5 Fontanas Palazzo del Laterano (1586) wird z. B. allgemein als »langweiliger« Bau charakterisiert. Der Grundriß zeigt jedoch eine systematische Anlage, wie sie bei kaum einem anderen Palast aus dieser Zeit gefunden wird.

6 Fontana, a.a.O.

7 Siehe H. Siebenhüner, »Das Kapitol in Rom«, München 1954; auch J. S. Ackerman, »The Architecture of Michelangelo«, London 1961.

8 Als sie aufgestellt wurde (1539), mag mancher geglaubt haben, die Statue stelle Konstantin, den ersten christlichen Kaiser, dar.

9 Siehe C. de Tolnay, »Michelangelo architetto«, in »Il Cinquecento«, Florenz 1955.

10 Der dritte Palast, der den Palazzo dei Conservatori nachahmte, wurde von G. Rainaldi 1654 fertiggestellt.

11 Siehe Ackerman, a.a.O., II, S. 76 ff.

12 Der Unterschied, den Hans Rose macht, der den Dreizack, der von einem Punkt wegführt, als »italienisch« und die gegenteilige Figur als »französisch« bezeichnet, stammt aus einem Mißverständnis. Man kann barocke Ausstrahlungen natürlich von beiden Seiten her »lesen«, wenn man sie auch in gewissen Fällen allein für Konzentration oder Ausstrahlung gebrauchen sollte. Siehe »Spätbarock«, München 1922, S. 79.

13 P. Portoghesi legt dar, daß diese Wirkung verstärkt wird durch die Tatsache, daß die Achsen der Kirche nach der Piazza zu konvergieren. Siehe »Roma Barocca«, Rom 1966, S. 277.

14 Siehe Wittkower, »Carlo Rainaldi and the Roman Architecture of the Full Baroque«, »The Art Bulletin«, Bd. XIX, Nr. 2, Juni 1937.

15 Der Entwurf von Rainaldi zeigt einen Portikus, der von einer Attika gekrönt wird, die später von Bernini weggelassen wurde, der sich als Oberaufseher (1674) einmischte. Siehe Portoghesi, a.a.O., S. 277.

16 Im Herbst 1878 wurde die Porta del Popolo wegen des gestiegenen Verkehrs um zwei seitliche Tore erweitert.

17 Der Auftrag geht zurück auf 1794, und der erste Entwurf war 1812 fertig.

18 Für die Geschichte der Piazza Navona siehe P. Romano und P. Partini, »Piazza Navona nella storia e nell'arte«, Rom 1944.

19 Die Geschichte von S. Agnese in Agone geht zurück bis 1123, als eine Kirche für die Heilige Jungfrau geweiht wurde. 1652 erhielt Carlo Rainaldi den Auftrag, am gleichen Platz eine neue Kirche zu bauen. Als die Fundamente gelegt waren, übernahm Borromini den Bau und veränderte den Plan erheblich (1653). Vor allem gab er dem Zentralbau eine neue konkave Fassade und erhöhte auch die Kuppel, indem er sie auf einen hohen Tambour setzte. Aber Borromini wurde abgesetzt, ehe die Kirche vollendet war, und eine Gruppe von Architekten übernahm gemeinsam den Bau (1657). G.M. Baratta entwarf die Glockentürme und Carlo Rainaldi die Laterne. Siehe E. Hempel, »Francesco Borromini«, Wien 1924, S. 138 ff.

20 Siehe D'Onofrio, a.a.O., 201 ff., auch Wittkower, »Bernini«, London 1955, S. 34 ff.

21 Portoghesi, a.a.O., S. 229. Für eine umfassende Studie über S. Maria della Pace siehe P. Portoghesi, »S. Maria della Pace di Pietro da Cortona«, »L'architettura«, VII, S. 840 ff.

22 S. Maria della Pace zeigt auch verschiedene charakteristische Details, die die spätbarocke Architektur übernahm, wie die sanft anschwellenden Triglyphen der Brüstung auf beiden Seiten der Kirche.

23 Wir kennen den Entwurf aus einer Zeichnung, die Portoghesi veröffentlicht hat (»Roma Barocca«, S. 193).

24 Für eine vollständige Geschichte des Projekts siehe H. Brauer und R. Wittkower, »Die Zeichnungen des Gianlorenzo Bernini«, Wien 1931. Auch C. Thoenes, »Studien zur Geschichte des Petersplatzes«, »Zeitschrift für Kunstgeschichte«, 1963.

25 Das Oval ruht auf zwei sich durchschneidenden Kreisen, die jeweils durch die Mitte voneinander gehen, eine Lösung, die schon bei Serlio zu finden ist, a.a.O., I, S. 14. Innenmaße: 196 × 142 m.

26 Codex Chigiana H. II, 22.

27 Siehe R. Wittkower »Il terzo braccio del Bernini in Piazza San Pietro«, in »Bollettino d'arte«, 1949, S. 129 ff.

28 Der trapezoide Grundriß der Piazza retta wurde durch den bestehenden Vatikanspalast nahegelegt. So zog Bernini seinen Vorteil aus einer gegebenen Bedingung, gerade wie es Michelangelo hundert Jahre zuvor getan hatte, als er den Platz auf dem Kapitol entwarf.

29 Wir dürfen in diesem Zusammenhang die interessante Interpretation der Kolonnade, als aus einer Reihe von Ehrensäulen bestehend, erwähnen: Die Welt wird in den Platz »gefiltert« durch Reihen von Heiligen. Siehe Maurizio und Marcello Fagiolo dell'Arco, »Bernini«, Rom 1967, S. 153.

30 Argan, a.a.O., S. 45.

31 Siehe H. Hibbard, »The Architecture of the Palazzo Borghese«, Rom 1962, S. 75 ff.

32 Siehe C. Elling, »Function and Form of the Roman Belvedere«, Kopenhagen 1950, S. 44.

33 Wir sollten erwähnen, daß die Bevölkerung von Rom im 17. Jh. nur knapp 100000 Personen betrug.

34 Wir haben schon erwähnt, daß man glaubte, als die Statue des Mark Aurel aufgestellt wurde, es handle sich um ein Bildnis Konstantins. Pierre Lavedan vergißt den Platz auf dem Kapitol und erklärt die Place royale als eine italienische Vereinigung des italienischen viereckigen Platzes (z.B. Vigevano) mit einer Statue des Herrschers (z.B. der Statue des Großherzogs Ferdinand von Toskana in Leghorn). Siehe P. Lavedan, »Les Villes Françaises«, Paris 1960, S. 128.

35 Die Statue wurde von Heinrichs Gattin, Maria de' Medici, im Jahr 1604 bestellt und schließlich 1614, nach dem Tode des Königs, aufgestellt.

36 Die Entwicklung der Ile St. Louis, der Querachse zwischen dem Collège des Quatre Nations (1662) und dem Louvre, und die verschiedenen Pläne aus dem 18. Jh. für symmetrische Plätze auf und neben den Inseln (veröffentlicht von Patte 1765) sollten in diesem Zusammenhang erwähnt werden.

37 Die Basis des Dreiecks wurde 1874 abgerissen und die Häuser sehr verändert.

38 Die Place royale wurde zwischen 1605 und 1612 gebaut. Sie mißt 140 × 140 m. Nach der Französischen Revolution wurde ihr Name geändert.

39 Covent Garden von Inigo Jones (1631-1635) ist klar von der Place royale in Paris abgeleitet.

40 Der Plan wurde von Claude Chastillon und Jacques Alleaume gemacht, die zusammen mit Louis Métézeau und Baptiste Du Cerceau Architekten des Königs waren. Man nimmt jedoch allgemein an, daß der König selbst der eigentliche Planer gewesen ist, geradeso wie Sixtus V. es in Rom war. Siehe A. Blunt, »Art and Architecture in France 1500-1700«, Harmondsworth 1957, S. 94.

41 P. Lavedan, »French Architecture«, Harmondsworth 1956, S. 239.

42 Siehe Lavedan, »Les Villes Françaises«, S. 120.

43 Auch auf anderen Gebieten ist die Zeit durch reiche und vielfältige Aktiväten charakterisiert. Auf religiösem Gebiet: der hl. Franz von Sales, St. Vinzenz von Paul, Cornelius Jansen; auf philosophischem Gebiet: Descartes; und in der Literatur: Corneille.

44 Das Wort »Boulevard« bedeutet ursprünglich die flache Krone eines Walles oder Dammes.

45 Da das Schema den konkreten städtischen Umständen angepaßt werden mußte, ist die Symmetrie nicht genau. Vier Gruppen toskanischer Säulen wurden an die Straßenecken gestellt, um den Platz zu schmücken. Sie sind inzwischen verschwunden, und andere Änderungen haben dem Platz viel von seinem architektonischen Zusammenhang geraubt. Die Place des Victoires hat 78 m Durchmesser, während die Fassaden etwas über 15 m hoch sind. So ist das Verhältnis 1:5, in Übereinstimmung mit den Regeln von Alberti. Unter der Statue Ludwigs XIV. waren vier Figuren in Ketten: Deutschland, Piemont, Spanien und Holland. Für die allgemeine Geschichte des Projekts siehe P. Bourget und G. Cattaui, »Jules Hardouin-Mansart«, Paris 1956, S. 99 ff.

46 Der allgemeine Eindruck wird heutzutage durch die hohe Vendôme-Säule gestört, die Napoleon 1810 nach der Zerstörung der Statue während der Revolution aufstellen ließ, und durch die nach Norden und Süden führenden neuen Straßen. Der Platz mißt 124 × 140 m.

47 Im Falle der Piazza del Popolo und der Piazza Navona sollten wir sagen, daß der Platz mit den Bauwerken in Beziehung steht.

48 Zwei dieser Tore stehen noch: die Porte St. Denis von François Blondel (1672) und die Porte St. Martin von Pierre Bullet (1679). Beide sind mit Reliefs geschmückt, die die Siege Ludwigs XIV. feiern.

49 Ein analoges Phänomen erlebte man zu gleicher Zeit in Salzburg und später in Wien.

50 Die Piazza wurde von 1605 an gebaut. Die Arkaden bezahlte der Herzog selbst. Sie wurden denjenigen geschenkt, die dahinter bauten, aber verpflichtet waren, dem vorgezeichneten Schema zu folgen. Für die Baugeschichte von Turin siehe das prächtige dreibändige Werk von A. Cavallari-Murat, »Forma Urbana ed Architettura nella Torino Barocca«, Turin 1968. Wir fügen hinzu, daß 1620 Turin 20.000 Einwohner und im Jahr 1700 bereits 40.000 Einwohner hatte.

51 Der Platz wurde 1637 geplant und 1644 unter der Leitung von Carlos Sohn, Amedeo di Castellamonte (1610-1683), begonnen. Er mißt 170 × 76,70 m.

52 Die römische Lösung ist jedoch später als die Kirchen von Carlo di Castellamonte.

53 Die hohe Kuppel gehört zu der Kapelle von S. Sindone, entworfen von Guarini 1668, während der Kampanile 1720 von Juvarra erhöht wurde. Die Gruppe umfaßt auch die Kirche S. Lorenzo von Guarini, die dort steht, wo der linke Flügel des Königspalastes auf die Piazza Castello trifft.

54 Die Lösung stammt im allgemeinen von französischen Prototypen, insbesondere dem Palais du Luxembourg in Paris von Salomon de Brosse (1615). Der Turm, der aus Holz und Gips bestand, wurde 1811 durch Feuer zerstört und der »screen« ist seither ebenfalls zerstört worden.

55 Die Porta di Po wurde in Napoleonischer Zeit zusammen mit den Befestigungsanlagen von Turin zerstört.

56 Die Gärten wurden von Le Nôtre (1697-1698) geplant.

57 Trotz dieses späten Datums hielt sich der Architekt B. Alfieri erstaunlich eng an den Geist von Vitozzi und Castellamonte. Siehe Cavallari-Murat, a.a.O., S. 1282.

58 Cavallari-Murat, a.a.O., S. 1050; a.a.O., S. 1036.

59 Die Kirche wurde kurz nach der Ankunft von Vitozzi in Turin (1584) begonnen. 1596 lieferte er einen entscheidenden Beitrag zu dem Entwurf der großen Wallfahrtskirche von Vicoforte bei Mondovì.

60 Siehe A. di Castellamonte, »La Venaria Reale palazzo di piacere e di caccia ideato dall'altezza reale Carlo Emanuele II«, Turin 1674.

61 Die Literatur über Versailles ist sehr umfangreich. Für eine allgemeine Einführung siehe B. Teyssèdre, »L'art au siècle de Louis XIV«, Paris 1967.

62 Bourget und Cattaui, a.a.O., S. 113 ff.

63 G. C. Argan, »Giardino e Parco«, Enciclopedia Universale dell'Arte, VI, Florenz 1958, S. 159.

64 »Man sucht also dreierlei: das Schmückende, das Wohnliche und das Natürliche, eine Trilogie der Bedürfnisse...« H. Rose, »Spätbarock«, S. 36.

65 Siehe M. Fagiolo dell'Arco, »Villa Aldobrandini Tuscolana«, Quaderni dell'Istituto di Storia dell'Architettura, XI/62-66, Rom 1964.

66 Siehe E. de Ganay, »André Le Nôtre«, Paris 1962; H. M. Fox, »André Le Nôtre, Garden Architect to Kings«, London 1962. Für die Phänomenologie des Barockgartens siehe die vorzügliche Darstellung von Rose in »Spätbarock«.

67 So finden wir das alte Motiv des »Kardinalpunktes« in den Plan integriert. Er symbolisiert den »kosmischen« Charakter der Anlage.

68 Siehe R. Blomfield, »Sébastien Le Prestre de Vauban«, London 1938.

Kapitel III

1 Natürlich fand die Tätigkeit ihren Schwerpunkt in Rom. Jedoch nur wenige der führenden Architekten waren dort geboren, eine Tatsache, die bezeichnend ist für den »überpersönlichen« Charakter der barocken Bewegung.

2 Mit diesen Begriffen führen wir nur eine zweckdienliche Unterteilung ein, die es ermöglicht, einen komplexen Prozeß zu gliedern. Wir beabsichtigen keinerlei historische Wesenheiten.

3 Ein wichtiges Buch ist von Leonard Christoph Sturm, »Vollständige Anweisung aller Arten von Kirchen wohl anzugeben«, Augsburg 1718.

4 Während der Architrav und der Fries über jedem Pilaster unterbrochen sind, läuft das Kranzgesims durch. Unter den Kuppelzwickeln ist es eingeschnitten, um die stark vorspringenden Ecken zu eliminieren und eine gewisse vertikale Kontinuität zwischen Vierung und Kuppel zu schaffen. Die Unterbrechungen im Architrav und im Fries zeigen den Beginn einer Tendenz zu einer mehr vertikalen Integration. Eine andere Besonderheit der Kirche ist die Einführung einer Querachse im Mittelschiff, ein Gedanke, der im 17. Jh. beträchtliche Bedeutung gewinnen sollte.

5 Von besonderem Interesse sind S. Maria in Vallicella (»Chiesa Nuova«) für die Oratorianer (1575), S. Carlo al Corso (1612), begonnen nach der Heiligsprechung von Karl Borromäus, und S. Ignazio (1626) für die Jesuiten. Alle drei sind vom architektonischen Standpunkt aus mittelmäßig.

6 Im Jahr 1689 entwarf der Theatiner P. Francesco Grimaldi aus Neapel einen Plan für die Kirche. Der benutzte Entwurf stammt jedoch wahrscheinlich aus einer Intervention von Giacomo della Porta aus dem gleichen Jahr. Die spätere Ausführung durch Maderno hielt sich treulich an della Portas Entwurf. Nur die Kuppel trägt deutlich den Stempel Madernos. Siehe H. Hibbard, »The Early History of Sant'Andrea della Valle«, »Art Bulletin«, 1961, Bd. XLIII, S. 289 ff.

7 In der kleineren Kirche von S. Maria della Vittoria (1606) wiederholte Maderno das allgemeine System von S. Andrea della Valle.

8 Die Kuppel wurde 1623 entworfen, aber sie wiederholt das Motiv der gekoppelten Säulen, die auch den Einfluß von Michelangelos Kuppel in St. Peter widerspiegeln.

9 Siehe R. Wittkower, »Carlo Rainaldi«, S. 258 ff.

10 Sinding-Larsen, a.a.O., S. 205.

11 Le Corbusier, a.a.O., S. 158 ff.

12 Argan, a.a.O., S. 45.

13 Nach Förster sah Bramante ein Mittelschiff in seinem endgültigen Entwurf vor. Da er aber auf keine endgültigen Dokumente verweisen kann, muß die Frage offenbleiben. Siehe O.H. Förster, »Bramante«, Wien 1956, S. 240 ff., Fig. 120.

14 »Die Fassade von Maderno (1612) opfert jede Regel oder proportionale Tradition der Notwendigkeit, kein optisches Hindernis für die Kuppel zu bilden; deshalb ist sie niedrig und breit; deshalb setzt sie der einzigen Ordnung der Säulen eine hohe Attika auf, die die Frontebene an die Kuppel bindet... Gezwungen, Michelangelo zu verbessern, tut Maderno dies mit bewundernswerter Diskretion, aber auch mit scharfer, kritischer Intelligenz...« G. C. Argan, »L'architettura barocca in Italia«, Mailand 1960, S. 13.

15 Berninis Vorschlag, die Kampanile von der Fassade durch tiefe Rücksprünge zu trennen, wäre eine geniale Lösung gewesen. (Dieser Gedanke wurd in der Tat von K. I. Dientzenhofer in St. Nicholas in Prag – Staré Mesto in 1732 – benutzt.) Als Maderno seine Fassade plante, war jedoch eine solche Freiheit in der plastischen Modellierung noch unfaßbar.

16 Die Lösung von Palladio, der eine Kolossalordnung einführte, um das Mittelschiff anzudeuten, beeinflußte den Entwurf der Basilikafassaden in der Barockzeit kaum. (Die Kolossalordnung von S. Carlo al Corso in Rom muß man als sehr unglücklich bezeichnen.) Selbst im 18. Jh. war der zweistöckige Typ normal. Eine Kolossalordnung findet man gewöhnlich in Verbindung mit kleineren Zentralbauten. Die Lösung von St. Peter jedoch, mit einer Hauptordnung plus Attika, hatte eine gewisse Nachfolge.

17 Der Auftrag wurde 1646 von Lemercier übernommen, als der Bau bis zum Hauptgesims gediehen war. Siehe A. Braham, »Mansart Studies I: The Val-de-Grâce«, »Burlington Magazzine«, 1963, S. 351 ff.

18 Die Gedanken von Mansart führten jedoch nicht zu irgendeiner schöpferischen Entwicklung in Frankreich, wenn sie auch von de l'Ormes Kapelle in Anet stammen könnten (1549-1552).

19 Peruzzi scheint bereits mit ovalen Räumen experimentiert zu haben, und Serlio veröffentlichte einen ovalen Entwurf für Il Gesù (vor 1658). Siehe W. Lotz, »Die ovalen Kirchenräume des Cinquecento«.

20 Die große ovale Kuppel wurde von Francesco Gallo nach 1728 ausgeführt.

21 Die allgemeine Lösung ist von Michelangelo Cappella Sforza in S. Maria Maggiore (um 1560) entlehnt. Die Geschichte der Kapelle, wie sie G. Spagnesi in »Giovanni Antonio de Rossi«, Rom 1964, S. 101 ff., berichtet, ist nicht korrekt. Die vorher bestehende Kapelle von Volterra und Maderno hatte einen anderen Grundriß.

22 R. Wittkower, »Art and Architecture in Italy 1600-1750«, Harmondsworth 1958, S. 119.

23 Siehe F. Borsi, »La Chiesa di S. Andrea al Quirinale«, Rom 1966.

24 Eine Art Vorläufer stellt die Kirche SS. Annunziata von Parma dar, von Fornovo (1566), die auf eine transversale Pseudoellipse gegründet ist. Siehe Lotz, op. cit., S. 55 ff. Die Lösung Berninis wurde vielleicht durch den zur Verfügung stehenden Raum nahegelegt, der nur wenig tief war, aber wir müssen uns daran erinnern, daß er bereits die Transversalellipse in der Kapelle des Palastes der Propaganda Fide in Rom (1634, um 1654 durch Borromini abgebrochen) angewandt hatte.

25 Wittkower, »Art and Architecture in Italy 1600-1750«, S. 120.

26 Die Wände sind vor einiger Zeit verkürzt worden, damit die Straße davor weiter würde.

27 Das Längsoval erscheint in der Kapelle, die dem Louvre in seinem dritten Entwurf angegliedert wurde.

28 Wir können z. B. die Dreifaltigkeitskirche in Kappel bei Waldsassen von Georg Dientzenhofer (1685-1689) erwähnen.

29 Siehe P. Smith, »Mansart Studies III: The Church of the Visitation in the Rue St. Antoine«, »Burlington Magazine«, 1964, S. 202 ff.

30 Im Jahr 1635 plante Mansart eine kleinere Rundkapelle für das Château de Blois, wo das ovale Presbyterium dem Hauptraum in ähnlicher Weise verbunden worden wäre.

31 Der Gedanke, eine einfache Ädikula für die Fassade von kleineren Zentralkirchen zu verwenden, kann bis zur »Tempelfront« von Alberti zurückverfolgt werden. Giacomo della Porta versuchte eine frühbarocke Lösung in S. Maria in Scala Coeli (1582), und Ricchino führte an seiner Fassade von S. Pietro alla Rete in Mailand eine Kolossalordnung ein (zerstört 1632).

32 Die Kirche wurde erst 1747 fertig; 1823 wurde sie zerstört.

33 Man hat klargestellt, daß in einigen Werken von Brunelleschi ein kleines überkuppeltes Presbyterium dem Hauptraum hinzugefügt worden war. Der Gedanke, solche Räume zu benutzen, um eine Längsachse einzuführen, stammt jedoch aus dem 16. Jh. So wurde ein überkuppeltes Presbyterium der achtekigen Kirche von S. Maria di Canepanova in Pavia (1499) nach 1561 angefügt. Siehe F. Fagnani, »S. Maria di Canepanova«, Pavia 1961. Die frühesten Versuche, zwei zuvor überkuppelte Räume zu verbinden, stammt unseres Wissens von Antonio da Sangallos Entwurf für S. Maria di Monte Moro bei Montefiascone (1562).

[34] Besonders in dem Werk von Johann Michael Fischer.

[35] Siehe Sinding-Larsen, a.a.O.

[36] R. Wittkower, »S. Maria della Salute: Perspektivische Architektur und der Venezianische Barock«, »Journal of the Society of Architectural Historians«, XVI (1957), siehe auch »Art and Architecture in Italy 1600-1750«, S. 191 ff.

[37] Wittkower, »Art and Architecture in Italy 1600-1750«, a.a.O., S. 192.

[38] Wittkower, a.a.O., S. 194.

[39] Im allgemeinen werden die Räume additiv behandelt. Hinter dem Hauptaltar jedoch, wo die Kirche der Kapelle von Libéral Bruant angefügt worden ist, zeigt ein »unvollständiges« rundes Übergangsjoch eine räumliche gegenseitige Durchdringung an. Es ist wichtig anzumerken, daß diese besondere Lösung benutzt wird, um die Längsachse zu bestimmen, die die Kirche und das Hôtel gemeinsam haben.

[40] Die Fassade wurde 1635-1638 von G. B. Soria hinzugefügt.

[41] Lemercier hielt sich von 1607-1614 in Rom auf. Auch Fischer von Erlachs Kollegienkirche in Salzburg (1694-1707) stammt von S. Carlo ai Catinari ab.

[42] Siehe E. Hubala, »Entwürfe Pietro da Cortonas für SS. Martina e Luca in Rom«, »Zeitschrift für Kunstgeschichte«, XXV, 1962. P. Portoghesi, »SS. Luca e Martina di Pietro da Cortona«, »L'architettura«, IX, 1963.

[43] Die Übereinstimmung ist mehr allgemein als genau. Bis in die 1930er Jahre war die Kirche zwischen Häusern eingeklemmt. Die sichtbaren Teile jedoch waren nach den hier dargelegten Prinzipien gestaltet.

[44] Eine verwandte, aber weniger reife Leistung finden wir in S. Maria di Loreto in Mailand von Ricchino (zerstört 1616), wo ein griechisches Kreuz so gelagert ist, daß das Mittelschiff schmäler und das Querschiff breiter wird. Die Kuppel ist daher ein Längsoval.

[45] Siehe F. Fasolo, »L'Opera di Hieronimo e Carlo Rainaldi«, Rom 1960. Wittkower hat die bi-axiale Organisation zurückverfolgt bis zur Kirche S. Salvatore in Bologna (1605-1623) von Giovanni Magenta. G. Rainaldi baute in der gleichen Stadt im Jahr 1623 S. Lucia, d.h. nach dem Entwurf für S. Teresa.

[46] Die bi-axiale Organisation von S. Teresa hat eine gewisse Nachfolge gefunden. Wir nennen: S. Francesco di Paola von Torriani (1624-1630) und S. Salvatore in Campo von Peparelli (1639), beide in Rom. Das Schema wurde auch von Carlo Rainaldi in Monteporzio (um 1670) und in der Chiesa del Sudario, Rom (1687 bis 1689), übernommen.

[47] Siehe C. Norberg-Schulz, »Kilian Ignaz Dientzenhofer e il Barocco Boemo«, Rom 1968, S. 164 ff.

[48] G. C. Argan. »S. Maria in Campitelli a Roma«, »L'architettura«, VI, 1960.

[49] S. Maria Maddalena wurde von Carlo Fontana 1668 begonnen. Der Bau kam jedoch nicht über die Apsis hinaus. 1695 übernahm de Rossi den Bau und gab der Kirche ihre heutige Gestalt. Nach dem Tode von de Rossi baute sein Schüler, G. C. Quadrio, die Kirche fertig. Sie wurde am 22. Juli 1698 eingeweiht. Die Fassade wurde 1734-1735 von Giuseppe Sardi hinzugefügt.

[50] Siehe G. Spagnesi, »Giovanni Antonio de Rossi«, Rom 1964, S. 204 ff.

[51] P. Portoghesi, »Roma Barocca«, Rom 1966, S. 155.

[52] Zitiert aus P. Portoghesi, »Borromini«, Rom 1967, S. 375.

[53] P. Portoghesi, »Borromini nella Cultura Europea«, Rom 1964, S. 32.

[54] P. Portoghesi, a.a.O., Tafeln B, C, D, E.

[55] Wittkower, »Art and Architecture in Italy 1600-1750«, a.a.O., S. 132 ff.

[56] Diese Interpretation gab uns Hans Sedlmary, der zeigte, daß sogar die Balustrade vor dem Hauptaltar durch die gleichen strukturellen Prinzipien bestimmt wird. Siehe »Die Architektur Borrominis«, München 1930.

[57] Siehe Portoghesi, »Borromini«, a.a.O., S. 50 ff.

[58] Portoghesi, a.a.O., Tafel XXXII.

[59] Die frontal gestellten Säulen auf der Altarwand stammen aus einer späteren Intervention von Arcucci.

[60] F. Borromini, »Opus Architectonicum«, Rom 1725, S. 11.

[61] Jeder Raum muß selbstverständlich als Kräftefeld verstanden werden. Borromini macht diese Kräfte »sichtbar«. Siehe C. Norberg-Schulz, »Existence, Space and Architecture«. Auch Portoghesi, »Borromini«, a.a.O., S. 384.

[62] Für die Gesamtgeschichte des Palazzo della Sapienza siehe H. Thelen, »Der Palazzo della Sapienza in Rom, Miscellanea Bibliothecae Hertzianae«, München 1961. Das Hofsystem geht zurück auf Guidetto Guidetti (1562). Die Exedra fügte sein Nachfolger Pirro Ligorio ein, während della Porta das meiste des Baus zwischen 1577 und 1602 ausführte. Borrominis Kirche wurde 1660 geweiht.

[63] F. Borromini, a.a.O., S. 5.

[64] Für die geometrische Basis des Grundrisses siehe Portoghesi, »Borromini nella Cultura Europea«, a.a.O., Tafeln G, H, I.

[65] Eine vertikale Kontinuität, ähnlich wie in S. Ivo, finden wir in der Kapelle in Lomec (Böhmen), gebaut kurz vor 1700, möglicherweise von Giovanni Santini Aichel. Im Santuario della Visitazione al Vallinotto wiederholte Vittone den Plan von S. Ivo, gab ihm jedoch eine andere vertikale Entwicklung.

[66] Der Auftrag geht zurück auf das Jahr 1647, aber die Kapelle wurde erst nach 1660 erbaut. Auf den Palast werden wir im nächsten Kapitel zurückkommen.

[67] Portoghesi (»Borromini«, S. 159) hat eine schöne Rekonstruktion von Borrominis Projekt ausgearbeitet. Sie zeigt ein elegantes System von sich verflechtenden Rippen, die auf einem durchsichtigen Lichtgaden des Mittelschiffs ruhen.

[68] Die folgende Bekundung von Venturi paßt daher besonders gut auf das Werk Borrominis: »Wenn man von Innen nach Außen ebenso wie von Außen nach Innen entwirft, so schafft das die notwendigen Spannungen, die helfen, Architektur zu machen. Da das Innere etwas anderes ist als das Äußere, so wird die Wand - der Punkt des Wechsels - ein architektonisches Ereignis. Architektur tritt da auf, wo die inneren und äußeren Kräfte von Gebrauch und Raum sich treffen. Diese inneren und umgebenden Kräfte sind beide allgemein und besonders, generisch und zufällig.« R. Venturi, »Complexity and Contradiction in Architecture«, New York 1966, a.a.O., S. 88 ff. Der Begriff »Feld« (campo) wurde von Portoghesi in »Borromini«, S. 384, eingeführt.

[69] Siehe Norberg-Schulz, »Existence, Space and Architecture«.

[70] Die Illustrationen wurden gesondert 1686 unter dem Titel »Disegni d'architettura civile ed ecclesiastica« veröffentlicht. Eine vollständige Ausgabe erschien 1737, herausgegeben von B. Vittone.

[71] Siehe Guidoni, »Modelli Guariniani, Guarino Guarini e l'internazionalità del Barocco«, Accademia delle Scienze di Torino, 1970.

[72] Guidoni legt dar, daß das Konzept von Zellen in die Wissenschaft von R. Hooke in seinen »Micrographica« (London 1665) eingeführt wurde. Guidoni, a.a.O., S. 39.

[73] G. Guarini, »Placita Philosophica«, Paris 1665, S. 755. Zitiert nach Guidoni, a.a.O.

[74] Die Kirche wird allgemein auf 1680 datiert. Da Guarini Lissabon wahrscheinlich vor 1660 besucht hat, haben wir Grund, ein früheres Datum anzunehmen. 1755 wurde die Kirche durch ein Erdbeben zerstört.

[75] Diese Unterscheidung geht zurück auf H. Sedlmayr, a.a.O., S. 108. Dort charakterisiert er »Raumverschmelzung« als »eine gesteigerte Form der Raumdurchdringung. Beispiel: S. Maria della Divina Provvidenza. Diese großen Ovalzellen würden, wenn man sie vervollkommnet denkt, sich gegenseitig anschneiden. Aber anders als in dem Beispiel der Raumdurchdringung, treffen die einzelnen Raumeinheiten nicht in einem klaren Schnitt aufeinander, sondern dort, wo die Zellen einander treffen, fließen sowohl die Gewölbe als auch die senkrechten Hüllen der einen Raumeinheit in die der anderen in weicher Kurve über.«

[76] Guidoni, a.a.O., S.7.

[77] Typologisch jedoch ist der Bau völlig konventionell.

[78] Wir haben eine analoge »Offenheit« in einigen Kirchen Borrominis gefunden, jedoch kaum eine ähnliche Trennung von Struktur und »Haut«.

[79] Siehe D. de Bernardi Ferrero, »Disegni d'Architettura Civile ed Ecclesiastica di Guarino Guarini e l'arte del Maestro«, Turin 1966.

[80] R. Wittkower, »Art and Architecture in Italy 1600-1750«, S. 274.

[81] Siehe M. Passanti, »La Cappella della S. Sindone in Torino di Guarino Guarini«, »L'architettura, VI«, 1961.

[82] Für eine Interpretation seines Symbolismus siehe M. Fagiolo dell'Arco, »La Geosofia del Guarini«, Accademia delle Scienze di Torino, 1970.

[83] Der Bau wurde 1680 fertiggestellt, außer der Fassade. Siehe G. Brotto, V. Todesco, »S. Lorenzo a Torino«, »L'architettura«, VII, 1961. Auch G. Torretta, »Un'analisi della cappella di S. Lorenzo«, Turin 1968.

[84] Der Begriff wurde von Heinrich Gerhard Franz eingeführt.

[85] Erst heute werden die Folgerungen verstanden und ausgewertet, besonders in den architektonischen Werken von Paolo Portoghesi.

[86] Unglücklicherweise wurde das Projekt nie ausgeführt. Die bestehende Theatinerkirche in Prag wurde 1691-1717 über einem mehr konventionellen Grundriß erbaut. Die Fassade wurde von Johann Santini Aichel hinzugefügt.

[87] G. Guarini, »Architettura Civile«, I, 3.

[88] E. Forssman, a.a.O., S. 91.

[89] Borromini und Guarini bevorzugten oft die vielleicht noch umfassendere Kompositordnung.

[90] G. C. Argan, »L'Europa delle Capitali 1600-1700«, S. 106.

Kapitel IV

[1] Dies sagte Colbert über Berninis Entwurf für den Louvre: »Der Cavaliere hat eine Banketthalle geplant und den Rest mit Riesenräumen ausgefüllt. Aber für das persönliche Wohlbefinden des Königs hat er nicht das Geringste getan.« Chantelou, a.a.O. (Colberts Antwort auf die Eingabe von Chantelou vom 15. Juni 1668).

[2] In wenigen Fällen wurde der Hof kreisrund angelegt, um diesen Grundcharakter zu betonen: Bramantes Entwurf für S. Pietro in Montorio, Vignolas Palast in Caprarola und Machucas Palast für Karl V. in Granada.

[3] Später wurde diese Lösung in der Literatur »appartement semi-double« genannt.

[4] Das erste bedeutende Beispiel ist der Palazzo Medici-Riccardi von Michelozzo (um 1444-1464).

[5] Alberti hatte bereits das Übereinanderstellen von Ordnungen im Palazzo Rucellai eingeführt (um 1450). Die interessantesten Experimente des Cinquecento findet man in den Arbeiten von Raffael, Peruzzi, Giulio Romano, Sanmicheli, Sansovino und Palladio.

[6] Das erste bedeutende Beispiel ist der Palazzo Baldassini (1512). Die Lösung erhielt eine schöne Interpretation in Raffaels unvollendetem Palazzo Pandolfini in Florenz (1520).

[7] Michelangelo veränderte die Behandlung des obersten Stockwerks.

[8] Im Erdgeschoß ist noch eine leichte Erinnerung an die umlaufende horizontale Kontinuität des Palazzo Caetani vorhanden.

[9] Für die umfassende Geschichte dieses Palastes siehe H. Hibbard, »The Architecture of the Palazzo Borghese«, Rom 1962.

[10] In einigen seiner Entwürfe versuchte Sangallo jedoch eine regelmäßigere Verteilung, so wie bei dem großartigen Schema für den Palazzo de' Medici in Rom (1513), der gewisse Konzepte des Spätbarock vorausnimmt. Siehe G. Giovannoni, »Antonio da Sangallo il Giovane«, Rom 1959, Abb. 239. Die römische Mißachtung für Beziehungen zwischen Innen und Außen findet man noch in Borrominis letzter Lösung für die Casa dei Filippini und S. Maria dei Sette Dolori. Letztere zeigt jedoch eine neue Art von Beziehung, die wir »ergänzend« (»komplementär«) genannt haben.

[11] Die Rückseite des Palastes wurde geschlossen, nachdem er von der »comune« im Jahr 1850 übernommen worden war. Siehe L. Vagnetti und andere, »Genova, Strada Nuova«, Genua 1967, S. 215.

[12] Siehe A. Blunt, »The Palazzo Barberini«, in »Journal of the Warburg and Courtauld Institutes«, XXI, 1958.

[13] Im allgemeinen wird eine ähnliche Anlage in allen Villen von Palladio benutzt. Für die Farnesina siehe C. L. Frommel, »Die Farnesina und Peruzzis architektonisches Frühwerk«, Berlin 1961.

[14] Der Durchbruch durch die Hauptachse wurde 1670 vollzogen, vielleicht auch von Bernini. Maderno plante wahrscheinlich einen kleinen Giardino segreto hinter dem ovalen Raum, während im Originalbau von Bernini keinerlei Öffnung von dem Portikus in den Garten führte. Siehe E. Hempel, »Francesco Borromini«, Wien 1824, S. 26.

[15] G. C. Argan, »L'Europa delle Capitali 1600-1700«, S. 18.

[16] Siehe F. Borsi, »Il Palazzo di Montecitorio«, Rom 1967.

[17] Die Literatur über die Entwürfe zum Louvre ist sehr umfangreich. Die wichtigste Quelle ist M. de Chantelou, »Journal du voyage du Cav. Bernin en France (1655)«, Paris 1885.

[18] Die Untersuchungen von A. Laprade haben gezeigt, daß man Claude Perrault nur wenig von dem Entwurf zurechnen kann, der an Le Vau in Auftrag gegeben, aber hauptsächlich von d'Orbay ausgeführt wurde. Siehe A. Laprade, »François d'Orbay«, Paris 1960.

[19] Der Entwurf kann möglicherweise von A. Le Pautres Projekt für ein Idealschloß beeinflußt worden sein, das er in seinen »Dessins de plusieurs Palais« (1652) veröffentlicht hatte. Die Attika wurden von Colbert als unkorrekte Wiedergabe der französischen Krone interpretiert. Siehe R. W. Berger, »Antoine Le

Pautre and the Motif of the Drumwithout-Dome«, »Journal of the Society of Architectural Historians«, XXV, 1966/3.

[20] Man achte darauf, wie die Arkaden mit Pfeilern enden, indem man sie visuell mit den »massiven« Seitenflügeln verbindet.

[21] Wittkower, »Art and Architecture in Italy 1600-1750«, S. 125.

[22] Der Grundriß von Cortonas Entwurf ist nicht erhalten.

[23] P. Portoghesi, »Gli Architetti Italiani per il Louvre«, Saggi di Storia dell'Architettura in onore del professore Vincenzo Fasolo, Rom 1961, S. 246.

[24] In der Tat zeigen auch erste Entwürfe von Le Vau und F. Mansart einen »Drumwithout-Dome« (Tambour ohne Kuppel) als Überkrönung von ovalen Vestibülen. Für eine Diskussion des Problems siehe Berger, a.a.O.

[25] Siehe Portoghesi, a.a.O., S. 254.

[26] Das hier diskutierte Projekt geht wahrscheinlich auf etwa das Jahr 1644 zurück. Siehe Portoghesi, »Borromini«, S. 172.

[27] Der endgültige Entwurf für den Propaganda-Fide-Palast wurde vermutlich nach 1654 erstellt, und der Bau wurde von 1660-1664 ausgeführt. Siehe Portoghesi, a.a.O., S. 277 ff.

[28] Die offene Seite nach dem Garten zu wurde später geschlossen.

[29] Die Lösung ist offensichtlich von Berninis erstem Entwurf für den Louvre inspiriert. Guarinis Behandlung der räumlichen Beziehungen ist jedoch freier, und er kommt zu einer fortgeschritteneren Wechselbeziehung zwischen den Elementen.

[30] Den ausgedehntesten Gebrauch finden wir in K. I. Dientzenhofers Entwurf für das Zollhaus in Prag (um 1726). Siehe C. Norberg-Schulz, «Kilian Ignaz Dientzenhofer e il Barocco Boemo«, Rom 1968, S. 92.

[31] Lavedan, »French Architecture«, S. 194.

[32] In der Tat wurde es sehr pupulär, gedeckte hölzerne Balkons an die Außenseite römischer Paläste zu hängen, besonders an die Ecken, um einen guten Einblick in das Geschehen auf der Straße zu gestatten.

[33] Das Schloß Chambord wurde wahrscheinlich von dem Italiener Domenico da Cortona entworfen. Der Bautyp ist jedoch völlig französisch. Nur die kluge Gliederung durch übereinandergestellte klassische Ordnungen verrät eine italienische Hand. Das Beispiel ist charakteristisch: die reisenden italienischen Architekten brachten eher Mittel zur Gliederung mit als feststehende Bautypen.

[34] Siehe A. Blunt, »Philibert de l'Orme«, London 1958, S. 28 ff.

[35] A. Blunt, a.a.O., S. 80 ff.

[36] Nur kleine Teile des Schlosses stehen noch. Der Entwurf von de Brosse wird in J. Marot, «Recueil des Plans, Profils et Elévations« (nach 1654), gezeigt. Neudruck 1969. Der ausgedehnte Gebrauch von Rustika geht offensichtlich auf italienische Vorbilder zurück, so wie den Hof des Palazzo Pitti in Florenz.

[37] Siehe A. Roussy, »Le Palais du Luxembourg«, Paris 1962. Nach der Revolution wurde der Palast Sitz des Sénat conservateur, und 1837 begann A. de Gisors mit dem Bau einer großen Versammlungshalle auf der Hauptachse. Sie wurde mit einer neuen Gartenfassade verdeckt, die ziemlich genau eine Kopie der Originalfassade von de Brosse ist.

[38] Der Gedanke jedenfalls hatte Vorläufer. Schon in Chambord finden wir abgetrennte Eck-Appartements.

[39] Zitiert aus Lavedan, a.a.O., S. 198.

[40] Der Orléans-Flügel ist nur ein Bruchteil eines viel größeren Plans, der aus Blois eine größere und monumentalere Version des Palais du Luxembourg gemacht hätte. Siehe A. Blut, »François Mansart«, London 1941.

[41] Es ist höchst wahrscheinlich, daß die Werke von Mansart eine der Quellen gewesen sind, aus denen sich Guarini für seine vertikal organisierten Räume inspirieren ließ.

[42] Siehe J. Stern, »Le Château de Maisons«, Paris 1934.

[43] Der Palast wurde während der Revolution zerstört. Siehe Marot, a.a.O.

[44] Im Jahr 1645 hatte Bernini noch nicht seinen reifen Stil erreicht.

[45] Die Geschichte von Vaux-le-Vicomte ist bekannt. »Am 17. August 1661 gab Fouquet dort ein Fest für den König, die Königin, Mlle. de la Vallière und den ganzen Hof. Nach einem Abendessen, das Vatel zubereitet hatte, wurde ein neues Komödienballett, Les Fâcheux, aufgeführt, das Molière für diese Gelegenheit gedichtet hatte. Die Ausstattung war von Lebrun und die Musik von Lully. La Fontaine, der Dichter von Fouquet, war unter den Zuhörern und gab eine Beschreibung des Abends, der mit einem herrlichen Feuerwerk endete. Drei Wochen später wurde Fouquet wegen Unterschlagung verhaftet. Alle seine Güter werden beschlagnahmt, und sein Feind und Ankläger, Colbert, übernahm seine Künstler, damit sie für den König arbeiteten.« A. Blunt, »Art and Architecture in France 1500-1700«, S. 137.

[46] Ein doppeltes Corps-de-logis war bereits von François Mansart im Hôtel du Jars in Paris (1648) eingeführt worden.

[47] Im allgemeinen siehe J. F. Bondel, »L'architecture française«, VI, Paris 1725-1756.

[48] Zitat aus H. Rose, a.a.O., S. 175.

[49] Lavedan, a.a.O., S. 197.

[50] Für eine detaillierte Beschreibung des Gebrauchs siehe A. C. Daviler, »Cours d'Architecture«, Paris 1691. Neuauflage 1720.

[51] H. Rose, a.a.O., S. 178 ff.

[52] In seinem »Cours d'Architecture« integriert Daviler daher die Ställe in den Haupthof und sagt: »...ich habe die Symmetrie und die Großartigkeit einer wirtschaftlicheren Verteilung vorgezogen, als wenn er z.B. auf dem gleichen Platz eine Bassecour (Hinterhof) für Ställe und Remisen gegeben hätte...«, S. 172.

[53] Es scheint vernünftig anzunehmen, daß das System des Hofes von dem ursprünglichen Hôtel de Bouillon (1613) von de Brosse herstammt, wohingegen die Gartenfassade von Lemercier entworfen sein muß, als er den Bau im Jahr 1623 erweiterte.

[54] Das Hôtel wurde im 19. Jh. abgerissen.

[55] Es wurde von Daviler in sein »Standard« Hôtel in »Cours d'Architecture« aufgenommen.

[56] Das Hôtel wurde ausgiebig wiederaufgebaut. Es ist auch unter dem Namen Hôtel de Toulouse bekannt und bildet heute einen Teil der Banque de France.

[57] Nichts ist von dem Hause übriggeblieben.

[58] Das Hôtel wurde 1844 zerstört. Das Hôtel Bautru, wahrscheinlich von Le Vau nach 1634 gebaut, zeigt noch eine dekorative, altmodische Art (siehe G. Pillement, »Paris disparu«, Paris 1966, S. 122). Le Vau könnte das Hôtel d'Aumont in den dreißiger Jahren entworfen haben. Das Haus wurde 1649 fertiggestellt. Stilistisch ist es ein Schritt vorwärts zu der großen Einfachheit des Hôtel Tambonneau.

⁵⁹ Wir finden das gebrochene Dach am Hôtel d'Aumont, an Raincy und Vaux-le-Vicomte. Die Eckpavillons von Vaux-le-Vicomte haben jedoch Steildächer, die (zusammen mit einer Kolossalordnung) sie als »Türme« kennzeichnen, die das massige Corps-de-logis umgeben. So benutzte Le Vau die Ordnungen mit viel Verständnis, wenn er auch die traditionellen Regeln brach.

⁶⁰ J.F. Blondel bestätigt, daß kleine Ordnungen auf Wänden gebraucht werden sollten, die man aus der Nähe sieht, wohingegen Fassaden, die man aus der Ferne sieht, eine Kolossalordnung haben sollten. Siehe »Cours d'Architecture«, III, Paris 1772.

⁶¹ Blunt bezeichnet Le Vaus Gebrauch der Ordnungen als »unkorrekt« und sagt: »Sie zeigen einen Mangel an Gefühl für die plastische Einheit des Ganzen...« (»Art and Architecture in France«, S. 134). Eine Strukturanalyse von Le Vaus Werken zeigt, daß seine Gliederung von dem Ganzen bestimmt wird und daß er einer der großen Neuerer unter den Architekten des 17. Jhs. war.

⁶² Das Gebäude wurde 1827 zerstört. Siehe Pillement, a.a.O., S. 136.

⁶³ Der Entwurf für die »enveloppe« stammt aus 1667 und wurde in einen größeren Bau 1669 übernommen. Le Vau starb 1670; wahrscheinlich spielte François d'Orbay eine bedeutende Rolle bei der Entwicklung des Entwurfs, besonders bei dem Entwurf der Gartenfassade. Siehe A. Laprade, »François d'Orbay«, Paris 1960.

⁶⁴ Le Vau benutzte Fenster, aber Hardouin-Mansart wünschte offenbar, gerade die Glasflächen noch zu vergrößern. Er erreichte auch einen Rhythmus von sich wiederholenden Einheiten, eher als eine fortlaufende horizontale Linie.

⁶⁵ Das Schloß wurde während der Revolution zerstört.

⁶⁶ Der Palast wurde während der Revolution zerstört.

⁶⁷ In seinen wenigen Stadpalästen konnte Hardouin-Mansart offensichtlich nicht das gleiche Ideal von Ausdehnung verwirklichen. Die Grundabsichten jedoch sind klar ersichtlich, da er versucht, das Bau in ein transparentes Skelett umzuwandeln (Hôtel de Lorge, 1670). Ein späterer Entwurf für »ein zu erbauendes Haus« (siehe Bourget-Cattaui: a.a.O., S. 152) zeigt einen gut angelegt Grundriß mit einem doppelten Corps-de-logis und einer verlagerten Hauptachse.

⁶⁸ So sagt Daviler, daß die Ordnungen deshalb so zu preisen seien, weil sie «auf den wahrscheinlichsten Gründen der Natur beruhen, auf der Lehre von Vitruv und auf den besten Beispielen antiker Bauten«. A. C. Daviler, »Les cinq ordres d'Architecture de Vincent Scamozzi«, Paris 1685, Vorwort.

Kapitel V

¹ Für eine allgemeine Theorie der »Umgebung« siehe T. Parsons, »Societies«, New York 1966, auch A. Rapoport, «House Form and Culture«, New York 1969.

² Eine Monographie von della Porta fehlt noch. Schon 1912 schrieb Giovannoni: »...er kann sich auf diesem Gebiet die Zentralfigur der Periode aus dem Übergang des 16. zum 17. Jh. nennen... in seiner außergewöhnlichen Fruchtbarkeit verwandelt er die neuen Konzepte und die neuen Formen in so viele vielfältige praktische Anwendungen, daß sie es leicht machen, die Arbeit fortzuführen.« (G. Giovannoni, »Chiese della seconda metà del '500 in Roma«, »L'Arte«, XV-XVI, 1912-1913).

³ R. Wittkower, «Art and Architecture in Italy 1600-1750«, S. 73.

⁴ Unseres Wissens ist das Motiv der dreifachen Säule nie mehr wiederholt worden. Bei der Abteikirche von Zwiefalten von Johann Michael Fischer wird der Eingang von Dreiergruppen flankiert, die aus einem Pilaster und zwei Säulen bestehen.

⁵ Wittkower, a.a.O., S. 115.

⁶ Portoghesi, »Roma Barocca«, S. 86.

⁷ Siehe E. Panofsky, »Die Scala Regia im Vatikan und die Kunstanschauungen Berninis«, »Jahrbuch der Preußischen Kunstsammlungen«, 1919.

⁸ Das Hauptmotiv wurde von Kilian Ignaz Dientzenhofer in St. Nicholas/Malà Strana in Prag wiederholt (1739).

⁹ Eine überzeugende Vereinfachung und Integration finden wir in seiner letzten Kirche Gesù e Maria al Corso (1670-1680).

¹⁰ Ende des 17. Jhs. lag die Villa schon in Trümmern, aber man kennt sie aus mehreren Stichen.

¹¹ Noch fehlt eine Monographie von Cortona mit einer befriedigenden Analyse seiner Bauten.

¹² Ähnliche Absichten findet man in der Kunst des römischen und des byzantinischen Kaiserreichs. In der Tat imitierte Ludwig XIV. antiken römischen Symbolismus.

¹³ Ein ähnlicher Prozeß hat bereits im Mittelalter stattgefunden, als die »klassische« Basilika des Mittelmeerraumes mit örtlichen »nordischen« Strukturtypen verschmolz. Siehe W. Horn, »The Origins of the Medieval Bay System«, »Journal of the Society of Architectural Hostorians«, XVII/2.

¹⁴ Die Fassade wurde von Jacques-Clément Métézeau gebaut, wahrscheinlich nach einem Entwurf von de Brosse.

¹⁵ Das Motiv klang bereits an bei Lescot im Hof des Louvre und wurde voll entwickelt bei de l'Orme in Anet (1550).

¹⁶ Siehe A. Braham und P. Smith, »Mansart-Studies V: The Church of the Minimes«, »Burlington Magazine«, 1965, S. 123 ff. Nur ein kleiner Teil der Fassade steht noch.

¹⁷ Der Bau wurde von François d'Orbay ausgeführt, der wesentliche Beiträge zu den Details der Kirche leistete. Siehe A. Laprade, a.a.O.

¹⁸ Blunt, »Art and Architecture in France 1500-1700«, S. 130.

¹⁹ Wird allgemein dem Amateur Claude Perrault wegen seine »archäologischen Wissens« zugeschrieben. A. Laprade (a.a.O.) hat seinen Beitrag auf das wahre Maß zurückgeführt, das heißt auf Null. François d'Orbay studierte 1659-1660 in Rom und spielte offenbar eine entscheidende Rolle in den Jahren des Übergangs vom «Hochbarock« von F. Mansart und Le Vau zu dem neuen Stil von Hardouin-Mansart. D'Orbay ist vermutlich auch der Erbauer des Observatoriums in Paris (1668), das im allgemeinen Perrault zugeschrieben wird.

²⁰ Siehe R.W. Berger, »Antoine Le Pautre«, New York 1969.

²¹ A. Blunt, a.a.O., S. 216.

²² Selbst der Dôme des Invalides repräsentiert mehr den Staat als die Kirche.

²³ Eine allgemeine Übersicht wird gegeben in G. Kubler und M. Soria, »Art and Architecture in Spain and Portugal 1500-1800«, Harmondsworth 1959.

²⁴ Der Gedanke ist typisch für Spanien und erreichte seinen Höhepunkt mit dem »Transparente« in der Kathedrale von Toledo von Narciso Tomé (1721-1732).

²⁵ J. Summerson, »Inigo Jones«, Harmondsworth 1966, S. 139. Um diesen Stil mit den Prinzipien von Palladios Architektur zu vergleichen, siehe R. Wittkower, »Architectural Principles in the Age of Humanism«, London 1949.

²⁶ So wurde der Bau ein natürlicher Teil des späteren grandiosen Entwurfs von Wren.

[27] J. Summerson, a.a.O., S. 89.

[28] J. Summerson, a.a.O., S. 134.

[29] Zitiert nach P. Murray, »A History of English Achitecture«, Teil II, Harmondsworth 1962, S. 188 ff.

[30] Zitiert nach P. Murray, a.a.O., S. 193 ff.

[31] P. Murray, a.a.O., S. 197.

[32] John Summerson preist die »reiche und brillante Detailarbeit« und sagt: »Die gesamte Konzeption von St. Paul's Aufriß ist in der Tat ein 'Aufarbeiten' von Banqueting House zu einem neuen monumentalen Plan.« Tatsächlich machte Wren den gleichen Fehler wie Sangallo ihn mehr als hundert Jahre zuvor in seinem Plan für St. Peter gemacht hatte, als er versuchte, das ungeheure Gebäude zu gliedern, indem er Glieder hinzufügte, die er von viel kleineren Bauten entlehnt hatte. Die Schwäche von St. Paul's liegt also nicht im Detail, sondern im Maßstab.

[33] J. Summerson, a.a.O., S. 133.

[34] Das Haus brannte 1952 nieder.

[35] Siehe G.L. Burke, »The Making of Dutch Towns«, London 1956.

[36] Diese Kirchen wurden schon 1567 zerstört.

[37] Für eine allgemeine Einführung in das Thema siehe T. Paulsson, »Scandinavian Architecture«, London 1958.

[38] Für die Originalansicht des Bonde-Palastes und anderer schwedischer Bauten aus dieser Zeit siehe E. Dahlberg, »Svecia Antiqua et Hodierna«. Neue Auflage, Stockholm 1924.

[39] Tessin besuchte Italien, Frankreich und Holland von 1651-1653. Seine Sakralbauten spiegeln hauptsächlich italienischen Einfluß wider, während seine Profanbauten auf französischen und holländischen Vorbildern beruhen. So führte er im Baat-Palast in Stockolm die Cour d'honneur ein und eine Kolossalordnung nach Le Vau. Der Palast für die Königliche Bank (1668) hat jedoch römischen Charakter.

[40] Für Tessin d. J. siehe die vorzügliche Monographie von R. Josephson, »Tessin«, 2 Bde., Stockholm 1930-1931.

[41] Josephson, a.a.O., I, Abb. 148.

[42] Im Jahr 1704 entwarf Tessin ein großartiges Projekt für den Louvre. Er verwandelte den Hof in einen kreisrunden Raum und schuf eine Cour d'honneur, indem er der Fassade von d'Orbay Flügel anfügte.

[43] Diese Wände stehen nicht mehr.

[44] Die Arbeiten von Fischer von Erlach, Hildebrandt, den Dientzenhofers und den Baumeistern aus dem Vorarlberg werden daher im Band Spätbarock und Rokoko dieser Geschichte behandelt werden.

[45] Siehe D. Kessler, »Der Dillinger Baumeister Hans Alberthal«, Dillingen 1949. Die Kirche in Eichstätt wurde nach dem Originalentwurf wiederaufgebaut. Sie war 1634 abgebrannt, als die Stadt von den schwedischen Truppen geplündert wurde.

[46] Die Gegenreformation brachte auch einen Import von mehr konventionellen Bautypen für Kirchen aus Italien mit. Als Beispiel erwähnen wir den Dom von Salzburg von Santino Solari (1614-1628).

[47] Mathey studierte in Rom, zusammen mit Carlo Fontana, und ging danach nach Prag, wo er bis kurz vor seinem Tode, 1695, blieb.

[48] Martinelli ist bei weitem der beste von den italienischen Architekten, die in Mitteleuropa gegen Ende des 17. Jhs. arbeiteten. Er studierte zusammen mit Carlo Fontana in Rom (1678) und lehrte an der Accademia di S. Luca.

[49] Die Flügel wurden später von Joseph Emanuel Fischer von Erlach verlängert. Eine U-förmige Anlage finden wir bereits im Palast von Roudnice (Raudnitz) in Böhmen (1652), dessen Baumeister wahrscheinlich Francesco Caratti ist.

[50] Enrico Zuccalli vollendete sowohl die Türme als auch die Kuppel, wohingegen die Fassade von François de Cuvilliés in den Jahren 1765-1768 vollendet wurde.

[51] Der Palast wurde von Zuccalli nach 1674 fortgeführt und später von Viscardi und Effner.

[52] Gegen Ende seiner Laufbahn baute Schlüter ein fein empfundenes Gartenschloß im Stile Borrominis in Berlin für von Kamecke (1711/12).

[53] A. Hauser, »The Social History of Art«, Bd. II, London 1962, S. 167.

[54] Diese Struktur finden wir auch auf »niedrigeren« Ebenen. Die Entwicklung der Diagonalachsen in den Kirchen von François Mansart kann man so mit dem städtischen »rond-point« vergleichen.

[55] In der holländischen Kunst wird die Unendlichkeit daher eher in der Malerei als in der Architektur ausgedrückt.

[56] Die Anerkennung der Barockarchitektur als eines der »konstituierenden Fakten« der modernen Architektur verdanken wir Siegfried Giedion, »Space, Time and Architecture«, Cambridge (Mass.) 1941.

QUELLEN

BLONDEL, A., *Cours d'architecture*, Paris 1675.

BORROMEO, C., *Instructiones Fabricae et Suppellectilis Ecclesiasticae*, Mailand 1577.

BORROMINI, F., *Opera et Opus Architectonicum*, Rom 1722-25.

CAMPBELL, C., *Vitruvius Britannicus*, London 1715-25.

CHANTELOU, P.F. DE, *Journal du voyage du Cav. Bernin en France (1655)*, Paris 1885.

DAHLBERG, E., *Suecia antiqua et hodierna*, Stockholm 1716.

DAVILER, A.C., *Cours d'Architecture*, Paris 1691.

GUARINI, G., *Architettura Civile*, Turin 1737.

LE PAUTRE, A., *Les Œuvres d'Architecture*, Paris 1652.

MARIETTE, J., *L'architecture française*, Paris 1727.

MAROT, J., *L'architecture française*, Paris um 1660.

MAROT, J., *Recueil des plans, profils et élévations*, Paris um 1654.

ROSSI, D. DE, *Studio d'architettura civile*, Rom 1702-21.

ROSSI, G. DE, *Insignum Romae Templorum*, Rom 1684.

Theatrum Statum Regiae Celsitudinis Sabaudiae Ducis, Amsterdam 1682.

NEUE VERÖFFENTLICHUNGEN

ARGAN, G.C., *Borromini*, Verona 1952.

ARGAN, G.C., *L'architettura barocca in Italia*, Mailand 1957.

ARGAN, G.C., *The Europe of the Capitals 1600-1700*, New York 1964.

BATTISTI, E., *Rinascimento e Barocco*, Turin 1960.

BERGER, R.W., *Antoine Le Pautre*, New York 1970.

BERNARDI FERRERO, D. DE, *Disegni d'architettura civile e ecclesiastica di Guarino Guarini e l'Arte del maestro*, Turin 1966.

BLUNT, A., *Art and Architecture in France 1500-1700*, Harmondsworth 1957.

BLUNT, A., *Artistic Theory in Italy 1450-1600*, Oxford 1956.

BLUNT, A., *François Mansart*, London 1941.

BORSI, F., *Il palazzo di Montecitorio*, Rom 1967.

BORSI, F., *La chiesa di S. Andrea al Quirinale*, Rom 1966.

BOURGET, P., und CATTAUI, G., *Jules Hardouin-Mansart*, Paris 1956.

BRAHAM, A., und SMITH, P., *»Mansart Studies I-V«*, Burlington Magazine, 1963-65.

BRAUER, H., und WITTKOWER, R., *Die Zeichnungen des Gianlorenzo Bernini*, Wien 1931.

BRAUN, J., *Die belgischen Jesuitenkirchen*, Freiburg 1907.

BRINCKMANN, A. E., *Die Baukunst des 17. und 18. Jahrhunderts in den romanischen Ländern*, Berlin 1919.

BUSCH, H., und LOHSE, B., *Baroque Europe*, New York 1962.

CAFLISCH, N., *Carlo Maderno*, München 1934.

CARBONERI, N., *Ascanio Vitozzi*, Rom 1964.

CAVALLARI-MURAT, A., *Forma urbana ed architettura nella Torino barocca*, Turin 1968.

COUDENHOVE-ERTHAL, E., *Carlo Fontana und die Architektur des Römischen Spätbarocks*, Wien 1930.

Dizionario Enciclopedico di architettura e urbanistica, Hrsg. P. PORTOGHESI, Rom 1968-69.

DONATI, U., *Artisti ticinesi a Roma*, Bellinzona 1942.

DONATI, U., *Carlo Maderno*, Lugano 1957.

DOWNES, K., *English Baroque Architecture*, London 1966.

ELLING, C., *Form and Function of the Roman Belvedere*, Kopenhagen 1950.

FAGIOLO DELL'ARCO, M., *»Villa Aldobrandini Tuscolana«*, Quaderni dell'Istituto di Storia dell'Architettura, Rom 1964.

FASOLO, F., *L'opera di Hieronimo e Carlo Rainaldi*, Rom 1960.

FOKKER, T.H., *Roman Baroque Art*, Oxford 1938.

FORSSMAN, E., *Dorisch, Ionisch, Korinthisch*, Stockholm 1961.

FOX, H.M., *André Le Nôtre*, London 1962.

FRANCK, C., *Die Barockvillen in Frascati*, München 1956.

FÜRST, V., *The Architecture of Sir Christopher Wren*, London 1956.

GALASSI-PALUZZI, C., *Storia segreta dello stile dei Gesuiti*, Rom 1951.

GANAY, E. DE, *André Le Nôtre*, Paris 1962.

GERSON, H., und TER KUILE, E.H., *Art and Architecture in Belgium 1600-1800*, London 1960.

GIEDION, S., *Space, Time and Architecture*, 5. Aufl., Cambridge (Mass.) 1967.

GRIMSCHITZ, B., *Johann Lukas von Hildebrandt*, Wien 1959.

GRISERI, A., *Le metamorfosi del barocco*, Turin 1967.

Guarino Guarini e l'internazionalità del barocco, Hrsg. V. VIALE, Turin 1970.

HAGER, W., *Barockarchitektur*, Baden-Baden 1968.

HAUSER, A., *The Social History of Art*, London 1962.

HAUTECŒUR, L., *Histoire de l'architecture classique en France*, 4 Bde., Paris 1943-57.

HEMPEL, E., *Baroque Art and Architecture in Central Europe*, Harmondsworth 1965.

HEMPEL, E., *Carlo Rainaldi*, München 1919.

HEMPEL, E., *Francesco Borromini*, Wien 1924.

HIBBARD, H., *Bernini*, Harmondsworth 1965.

HIBBARD, H., *The Architecture of the Palazzo Borghese*, Rom 1962.

HITCHCOCK, H.-R., *Rococo Architecture in Southern Germany*, London 1969.

HOFFMANN, H., *Hochrenaissance, Manierismus, Frühbarock*, Zürich 1938.

JOSEPHSON, R., *Tessin*, 2 Bde., Stockholm 1930-31.

KESSLER, D., *Der Dillinger Baumeister Hans Alberthal*, Dillingen 1949.

KUBLER, G., und SORIA, M., *Art and Architecture in Spain and Portugal 1500-1800*, Harmondsworth 1966.

LAPRADE, A., *François d'Orbay*, Paris 1960.

LAVEDAN, P., *French Architecture*, Harmondsworth 1956.

LAVEDAN, P., *Les Villes Françaises*, Paris 1960.

MAHON, D., *Studies in Seicento Art and Theory*, London 1947.

Manierismo, Barocco, Rococo. Concetti e termini, Accademia Nazionale dei Lincei, Rom 1962.

MARCONI, P., *»La Roma del Borromini«*, Capitolium, Rom 1967.

MILLON, H., *Baroque and Rococo Architecture*, New York 1961.

MORTON, H.V., *Fountains of Rome*, New York 1966.

Mostra del barocco piemontese, catalogo, Hrsg. V. VIALE, Turin 1963.

MÜLLER, L.P., *Bartolomeo Bianco*, Rom 1968.

MUÑOZ, A., *Roma barocca*, Mailand 1928.

NOEHLES, K., »Die Louvre-Projekte von Pietro da Cortona und Carlo Rainaldi«, *Zeitschrift für Kunstgeschichte*, 1961.

NOEHLES, K., *La Chiesa dei Santi Luca e Martina nell'opera di Pietro da Cortona*, Rom 1970.

NORBERG-SCHULZ, C., *Kilian Ignaz Dientzenhofer e il Barocco Boemo*, Rom 1968.

ONOFRIO, C.D., *Le Fontane di Roma*, Rom 1957.

L'opera di Carlo e Amedeo di Castellamonte. Hrsg. G. BRINO, A. DE BERNARDI, G. GARDANO ... Turin 1966.

PANE, R., *Architettura dell'età barocca in Napoli*, Neapel 1939.

PASSANTI, M., *Nel mondo magico di Guarino Guarini*, Turin 1963.

PAULSSON, T., *Scandinavian Architecture*, London 1958.

PILLEMENT, G., *Les Hôtels de Paris*, Paris 1945.

PILLEMENT, G., *Paris disparu*, Paris 1966.

POMMER, R., *Eighteenth-Century Architecture in Piedmont*, New York 1967.

PORTOGHESI, P., *Borromini nella cultura europea*, Rom 1964.

PORTOGHESI, P., *Roma Barocca*, Cambridge (Mass.) 1971.

PORTOGHESI, P., *The Rome of Borromini*, New York 1968.

PORTOGHESI, P., »Gli architetti italiani per il Louvre«, *Saggi di storia dell'architettura*, Rom 1961.

RIEGL, A., *Die Entstehung der Barockkunst in Rom*, Wien 1923.

ROSE, H., *Spätbarock*, München 1922.

ROSENBERG, J., SLIVE, S., und TER KUILE, E.H., *Dutch Art and Architecture 1600-1800*, Harmondsworth 1966.

SEDLMAYR, H., *Die Architektur Borrominis*, München 1930.

SEDLMAYR, H., *Johann Bernhard Fischer von Erlach*, Wien 1956.

SEKLER, E.F., *Wren and His Place in European Architecture*, New York 1956.

SEMENZATO, C., *L'architettura di Baldassare Longhena*, Padua 1953.

SPAGNESI, G., *Giovanni Antonio de Rossi*, Rom 1934.

STERN, J., *Le château de Maisons*, Paris 1934.

Studi sul Borromini, Accademia di San Luca, Rom 1967.

SUMMERSON, J., *Architecture in Britain 1530-1830*, Harmondsworth 1953.

SUMMERSON, J., *Inigo Jones*, Harmondsworth 1966.

SUMMERSON, J., *Sir Christopher Wren*, London 1953.

TAPIÉ, V., *The Age of Grandeur: Baroque Art and Architecture*, New York 1966.

TEYSSÈDRE, B., *L'art au siècle de Louis XIV*, Paris 1967.

VAGNETTI, L., *Genova, Strada Nuova*, Genua 1967.

WACKERNAGEL, M., *Die Baukunst des 17. und 18. Jahrhunderts in den germanischen Ländern*, Berlin 1915.

WITTKOWER, R., *Art and Architecture in Italy 1600-1750*, Harmondsworth 1958.

WITTKOWER, R., »Carlo Rainaldi and the Roman Architecture of the Full Baroque«, *Art Bulletin*, 1937.

WÖLFFLIN, H., *Renaissance und Barock*, Neuauflage 1966.

QUELLENANGABEN ZU DEN BILDERN

Die Aufnahmen stammen von Pepi Merisio und Bruno Balestrini, außer den folgenden:

Alinari, Florenz: 80, 195, 203, 266, 275.

Anelli, Sergio, Electa Editrice, Mailand: 13, 14, 17, 27, 57, 59, 65, 66, 82, 83, 194, 196, 202, 204, 215, 237.

Archivio fotografico Gallerie e Musei Vaticani, Rom: 12.

Biblioteca Ambrosiana, Mailand: 223, 224, 250.

Biblioteca Apostolica Vaticana, Rom: 15, 159, 160, 213, 214.

Biblioteca Reale, Turin: 51.

Bighini, Otello, Madrid: 287, 289.

Birelli, Diego, Mestre: 97, 274.

Bruno, Giuseppe, Mestre: 52, 53, 54, 55, 56, 58, 88, 180, 184, 187, 188, 189, 219, 220, 221.

Bulloz, Paris: 11.

Cassa di Risparmio delle Province Lombarde: 94.

Connaissance des Arts, J. Guillot, Paris: 90, 278.

Editions Vincent-Fréal, Paris: 101.

Foto Mas, Barcelona: 288.

Keetman, Jan, Bavaria Verlag, Gauting: 307.

Keetman, Peter, Bavaria Verlag, Gauting: 312.

Lennart af Petersens, Stockholm: 306.

Musée du Louvre, Cabinet des Dessins, Paris, Musées Nationaux: 205, 211.

Nationalmuseum, Stockholm: 305.

Norberg-Schulz, Christian, Oslo: 18, 33, 74, 76, 81, 91, 121, 300, 304, 310, 313.

Photographie Giraudon, Paris: 229, 276, 280.

Photo Meyer, Wien: 311.

Richard, Jules, Paris: 3.

Rijksdienst v.d. Monumentenzorg, Den Haag: 301, 303.

Savio, Oscar, Rom: 129, 147, 270, 271.

Schmidt-Glassner, Helga, Stuttgart: 231.

Sheridan, Ronald, London: 292, 293, 297, 299.

Staatliche Museen, Kunstbibliothek, Berlin: 315.

Staatliche Schlösser und Gärten, Berlin: 314.

University Press, Oxford: 296.

Verroust, Jacques, Neuilly: 281.

Windstosser, Ludwig, Bavaria Verlag, Gauting: 309.

INHALTSVERZEICHNIS